당치(黨治)국가 중국:
시진핑 시대 통치구조와 정치의 변화

장윤미

동서대학교 중국연구센터 연구교수. 연세대학교 중어중문학과를 졸업했고, 한양대학교 국제학대학원에서 중국지역학을 공부했다. 중국 베이징대학교 정부관리학원에서 『시장화 개혁시기 중국의 노동정치』에 관한 연구로 박사 논문을 썼다. 서강대 동아연구소, 인천대 인문학연구소, 성균관대 동아시아학술원 등에서 연구했다. "중국모델론", "문화대혁명 기억의 정치", "중국의 관행", "중국식 민주", "중국 국가정체성 연구" 등 선배 및 동료 학자들과 공동연구를 진행하며 많은 도움과 지적 자극을 받았고, 그 결과물을 공저 및 번역서, 논문으로 발표했다. 현재 동서대학교 인문사회연구소사업단 소속으로 "동아시아 서발터니티와 시민성"이란 주제로 연구에 참여하고 있다.

서강학술총서
141

당치(黨治)국가 중국:
시진핑 시대 통치구조와 정치의 변화

장윤미 지음

서강대학교출판부

서강학술총서 141

당치(黨治)국가 중국:
시진핑 시대 통치구조와 정치의 변화

초판 1쇄 발행 | 2023년 5월 26일

지 은 이 | 장윤미
발 행 인 | 심종혁
편 집 인 | 주세형
발 행 처 | 서강대학교출판부
등록 번호 | 제2002-000170호

주 소 | 서울특별시 마포구 백범로 35(신수동)
전 화 | (02) 705-8212
팩 스 | (02) 705-8612

ISBN 978-89-7273-386-7 94300
ISBN 978-89-7273-139-9 (세트)

값 32,000원

* '서강학술총서'는 SK SUPEX 기금의 후원으로 제작됩니다.

서 문

미 · 중 경쟁과 중국 정치의 전변(轉變)

중국공산당의 '신시대(新時代)' 선언

중국공산당이 2021년 7월 1일 창당 100주년을 맞이했다. 인민복 차림으로 등장한 시진핑(習近平) 주석은 "외부 세력이 (중국을) 괴롭히면 14억 명의 강철 만리장성에 부딪혀 피가 날 것"이라고 경고하면서 "중화민족이 당하는 시대는 끝났다"라고 선언했다. 당의 생일을 '축하'가 아닌 '결전'에 임할 때나 쓸 법한 단어와 어조로, 더는 중국을 괴롭히고 깔볼 수 있는 세력은 없다고 단호하게 밝혔다. 내부적으로 '중화민족'의 단결을 외치면서 대외적으로 '강국'을 향한 꿈과 의지를 강경한 어조로 피력했다.

중국은 어디로 가는가? 시진핑 집권 이후 보여준 중국공산당의 정책 변화는 중국 정치를 읽어왔던 기존의 해석을 무용(無用)하게 만들며 많은 전문가와 사람들을 혼란에 빠뜨렸다. 그러나 중국공산당 관점에서 지난 백 년의 역사를 돌이켜본다면, 현재 진행되고 있는 중국의 변화에도 분명 합리적 이유가 있을 것이다. 2012년 18차 당대회에서 시진핑이 새로운 총서기로 등장할 때만 해도 내부적으로 개혁의 방향을 두고 많은 논쟁이 있었고, 중국이 좀 더 진화된 '연성 권위주의(Soft Authoritarianism)' 체제로 나아갈 것이란 예측도 있었지만,[1] 지금 돌이켜보면 그때 이미 중국의 방향은 정해져 있었다.

중국이 개혁 이후 추진해왔던 국가발전의 방식과 방향에 대해 재고하기 시작한 계기는 2008년 세계금융위기 때였다. 당시 미국을 방문한 왕치산(王岐山) 부총리는 헨리 폴슨(Henry Hank Polson) 미 재무장관을 만나 "당신은 나의 스승이었지, 그렇지만 지금 당신네 시스템을 보게, 우리가 더이상 당신들로부터 배워야 하는지 모르겠네"라고 말했다고 전해진다.[2] 이후 2010년 미국의 '아시아 재균형 전략'과 2011년 '아랍의 봄' 민주화 물결은 중국공산당의 위기감을 고조시켰다. 이미 내부적

---

1 2000년대 이후 중국의 경제성장을 배경으로 한 체제의 안정성에 주목하며 중국의 정치체제를 권위주의의 한 형태로 설명하는 연구들이 대거 등장했다. 대표적으로 '탄력적 권위주의(Resilient Authoritarianism)', '적응적 권위주의(Adaptive Authoritarianism)', 연성적 권위주의(Soft Authoritarianism), 협상적 권위주의(Consultative Authoritarianism) 등을 꼽을 수 있다. Andrew J. Nathan, "Authoritarian Resilience", *Journal of Democracy*, Volume 14, Number 1, January 2003; David Shambaugh, *China's Communist Party: Atrophy and Adaptation* (Berkeley: University of California Press, 2009); Minxin Pei, "China's Evolution Toward Soft Authoritarianism", in Edward Friedman and Barrett L. McCormick (eds.), *What If China Doesn't Democratize? Implications for War and Peace* (Armonk: ME Sharpe, 2000); J. C. Teets, "Let Many Civil Societies Bloom: The Rise of Consultative Authoritarianism in China", *The China Quarterly*, Volume 213, March 2013.

2 「왕치산, 중국공산당과 월가 자본을 잇다」『한겨레신문』 2021/01/19.

으로 시장경제가 초래한 빈부격차와 잦은 시위로 체제는 불안했고, 세계적으로 포퓰리즘의 등장과 민주주의의 퇴행, 사회분열 현상 등이 나타났다. 이러한 상황에서 2012년 후진타오(胡錦濤) 총서기는 18차 당대회에서 "폐쇄적이고 경직된 낡은 길(封閉僵化的老路)을 걷지 않고, 또한 기치를 바꾸는 그릇된 길(改旗易幟的邪路)로도 가지 않을 것"이라고 천명하며, 중국이 걸어가야 할 길이 서구와도 다르고 지난 과거와도 다르다는 점을 강조했다. 다른 나라의 제도모델을 그대로 중국에 옮기지 않을 것이며, 오직 "중국특색사회주의의 길"을 확고히 간다는 것이었다.

이렇게 보면 2008년에서 2012년까지는 서구식의 발전모델이 위기를 맞고 실패의 징후들이 나타남에 따라 중국이 새로운 발전 방향을 모색했던 일종의 과도기적 시간이었다고 볼 수 있다. 물론 당시만 해도 중국특색사회주의의 길이 어떠한 길인지 분명하지는 않았지만, 2013년 개최된 18기 3중전회 이후 중국공산당은 자신의 제도를 구체화하며 중국의 길을 만들어간다. 특히 시진핑 집권이 본격화되면서 중국의 길과 제도의 내용은 사람들의 예측을 뛰어넘었고, 급기야 2018년에는 「헌법」 수정을 통해 국가주석 임기 제한을 폐지함으로써 시진핑 종신 집권의 가능성까지 열었다. 2017년 19차 당대회에서는 18기 3중전회를 그 이전의 시기와는 다른, 일종의 "시대를 구분하는" 전환점으로 규정하며, 이른바 '신시대'를 선언했다.[3] 그리고 2022년 창당 백 년 이후 열린 첫

3 중국공산당은 18기 3중전회부터는 개혁을 전면적으로 심화시키고 시스템 전체를 설계하고 개혁하는 시기로 접어들었다고 판단하며, 이를 '신시대'라고 규정한다. 개혁개방 시기에는 각 주요 영역에서 기초적 제도체계를 형성했다면, 18기 3중전회 이후 신시대 개혁개방 시기에는 중국제도와 통치체계의 완성을 목표로 한다. 즉 21세기 중반까지 중국의 꿈을 이루기 위해서는 중국특색사회

번째 당대회인 20차 당대회에서 시진핑 총서기의 3번째 임기와 '두 번째 백 년'의 목표를 선언했다. 중국공산당은 지금의 이 시대가 바야흐로 자신의 길과 제도를 견지하고 완성해나가는 새로운 시대로 접어들었다고 보고 있다.

당 영도 강화와 '당치(黨治)국가'로의 재편

새로운 변화의 국면에서 두드러진 점은 바로 '당'의 영도와 역할 강화이다. 이러한 흐름은 좀 더 긴 역사적 시야를 두고 봐야 한다. 중국은 '당-국가체제(Party-State System)'로 당이 국가를 통치해왔다. 즉 당조직(黨組)을 국가기관의 각 기구 안에 설치하는 방식으로 자신의 집정(執政)을 관철할 수 있는 관료 시스템을 체계화해왔다. 당이 국가기관을 영도한다는 이른바 '당의 일원화 영도원칙'은 이미 항일투쟁 시기였던 1942년에 수립되었다.

개혁개방 시기에는 국가 목표가 기존의 '계급투쟁'에서 '경제건설'로 전환되었다. 시장경제 도입에 따라 경제 분권화와 지방정부의 재량권을 중시했기 때문에, 정치적 영도의 역할을 담당하는 각급 당 위원회의 역할과 기능은 잘 보이지 않았다. 즉 경제 분야에서 정부 역할이 강조되고 또한 중앙정부의 권한을 지방정부나 기업, 사회 각 영역으로 적절하게 이양하는 '중국식 분권화(放)'의 시기에는 당의 역할이 크게 강조되지 않았다. '당의 영도'를 견지한다는 이른바 "4개 항 기본원칙"[4]에도 불

주의라는 제도적 보장이 필요하고, 이를 현실화하기 위한 구체적인 로드맵과 이를 실천하고 집행하는 국가통치의 현대화가 이루어져야 한다는 것이다.

4 "4개 항 기본원칙"은 덩샤오핑이 1979년 3월 30일 「이론공작학습토론회」에서

구하고, 실제 경제정책의 실행 과정에서는 전문관료와 기업가, 사회조직 등의 역할과 능력이 중요했다. 게다가 고속 성장이 지속하면서 이러한 분권의 흐름이 당의 지위를 위협하지도 않았다.

그러나 분권화 정책과 함께 강조되던 "작은 정부(小政府), 큰 사회(大社會)" 논의나 "행정과 사회의 분리(政社分開)" 방침은 중국공산당이 원치 않는 결과를 가져왔다. 즉 분권이 지향하는 방향과 그 과정 자체에 내포하고 있는 가치들이 결국 '당의 일원화 영도'라는 정치원칙과 모순된다는 점을 발견하게 된다. 정부의 역할을 축소하고 사회의 역량과 조직력을 강화할수록 민간의 자율적 공간은 커지고 법치와 인권, 자유 등의 가치를 요구하게 된다. 정부와 사회 간의 갈등이 점차 커지게 되면, 이는 결국 당이 추구하는 통합이나 안정의 가치와는 모순된다. 물론 '영도력'을 발휘하는 '당'과 행정기관인 '국가기관(정부)'은 엄연히 다른 조직이지만, 당이 국가기관을 통해 통치하는 '당정(黨政)체제'에서는 국가에 대한 비판의 초점이 언제든 당에 대한 비판으로 향할 수 있다.

결국 중국공산당은 다시 당의 정치 생활을 강조하고, 당을 중심으로 사회를 재조직하려 했다. 당과 간부가 초심으로 돌아가 인민에게서 멀어지지 말아야 한다는 오래되고 익숙한 강령들을 다시 불러왔다. "당정군민학, 동서남북중, 당이 모든 것을 영도한다(黨政軍民學, 東西南北中, 黨領導一切)"[5]는 원칙에 따라 정부와 지방과 기업과 사회에 이양되었

밝힌 어떠한 논쟁도 허용하지 않는 4가지 의제로, 사회주의의 길, 무산계급 독재, 공산당 영도, 마르크스레닌주의와 마오쩌둥 사상의 견지를 말한다.

5 "당이 모든 것을 영도한다"라는 표현이 중국공산당의 공식 문건에 처음 등장한 것은 1942년 9월 1일 통과된 「항일 근거지 당의 영도 통일과 각 조직 간의 관계 조정에 관한 결정」에서이다. 이후 마오쩌둥이 1973년 12월 정치국 회의를 주

던 권한들을 다시 당 중앙으로 거두어들이는(收) '집권(集權)'의 방침으로 선회했다. 정부와 지방, 기업, 사회 등 각 기관과 조직의 역할을 법의 틀 안에서 규정하고 작동하게 하는 '의법치국(依法治國, 법에 의한 통치)'의 방침을 강조하는 동시에, 이 모든 것을 이끄는 '당 영도'에 대해서는 그 어떠한 비판도 허용하지 않았다. 중국에는 의법치국이나 의법집정(依法執政, 법에 의한 집정)이란 말은 있지만, 의법영도(依法領導, 법에 의한 영도)라는 말은 없다. 국가 통치는 법에 따라 운용하지만, 당의 영도력은 법이 아닌 혁명 역사에서 형성된 당의 권위에서 나오는 것으로 정치적인 범주에 있기 때문이다.

따라서 현재 진행되는 정책 방향은 '법에 의한 통치'를 강조한다는 면에서 지난 사회주의 건설기와는 다르지만, 동시에 개혁개방 이후 진행되어왔던 분권의 방향이 역전되어 다시 강력한 당 중앙의 역할을 강조하는 '재집권(再集權)'으로의 반전이라 하겠다. 우리가 목도하듯이 이러한 추세는 현재 국가주석 임기제한 폐지, 시진핑 개인 권력의 강화, 영원히 당을 따르겠다는 충성맹세, 금융자본과 민간 기업가에 대한 제재, 풀뿌리 NGO에 대한 탄압, 대중적 사상정치교육의 확대 등으로 나타나고 있다.

이는 자유주의적 시각에서 보면 '독재'와 '인치(人治)'로의 역행으로, 명백한 정치적 퇴행 현상으로 보이지만, 현재 진행되는 중국 정치의 패러다임 전환은 단순히 과거로의 회귀가 아니다. 오히려 중국 통치구조

재하면서 "당정군민학, 동서남북중, 당이 모든 것을 영도한다"는 표현을 썼고, 2017년 개최된 19차 당대회에서는 이 표현을 당장에 추가한다. 赵刚印, 「"党领导一切"是怎么来的」『中国共产党历史网』 2017/11/27.

전체와 정치 논리의 총체적 재편이다. 국가의 행정 및 통치 영역은 법 규범에 따라 제도화하면서, 정치와 사상의 영역은 일원적 영도권을 가진 당이 독점하는 구조로 재편하고 있다. 이는 개혁개방 이후 야기된 문제들을 완화하고 나아가 "두 개의 백 년"으로 상징되는 장기적인 국가목표를 달성하기 위한, 체제 전체의 통치구조 및 운행 메커니즘의 재조정이라 할 수 있다. 이 모든 과정이 '당'을 주체로 하는, '당'의 관점에서 진행되고 있다. 당과 국가 간의 긴장이 내재되어있던 기존의 당정체제는 당이 직접 국가를 통치하는 실질적인 '당치(黨治)'국가로 빠르게 재편되고 있다.

미국의 기대와 오판

가히 '전변(轉變)'이라 할 수 있는 이러한 중국 정치의 전환은 국내 요인뿐 아니라 국제 정세 변화에 대한 중국의 판단과 또한 서구, 특히 미국의 대중국 평가 및 전략 변화와도 관련이 깊다. 2020년 5월 20일 미국 백악관이 의회에 제출한 「미국의 대중국 전략적 접근」에서 밝히고 있듯이, 미국은 경제교류와 협력이 증가하면 중국이 자유주의적 질서로 수렴될 것이라는 기대와 이에 기반을 둔 기존의 전략이 철저히 실패했음을 자인하고 있다. 이 보고서에서는 중국을 전략적 경쟁 대상으로 전환하고, 미국의 이익과 '가치'를 내세우며 중국에 대한 압박 전략을 명시하고 있다.[6]

---

6 "Unites States Strategic Approach to the People's Republic of China", 2020/05/20, https://trumpwhitehouse.archives.gov/wp-content/uploads/2020/05/U.S.-Strategic-Approach-to-The-Peoples-Republic-of-China-Report-5.24v1.pdf

미국의 세계경영 전략은 19세기에서 20세기 초 진행되었던 유럽 제국주의의 식민지 방식이 아니라, 초국적 기업의 자유로운 경영 활동을 통한 미국의 통상이익 확보이다. 2차 세계대전 이후 미국은 달러의 우월적 지위를 활용해 자신이 지속해서 이익을 볼 수 있는 통상구조를 만들고 시장을 확대해왔다. 이는 상대국가의 정치와 경제 영역을 기능적으로 분리하고 예측 가능한 법칙으로 규범화하여, 자유로운 비즈니스 활동을 보장하는 기반을 만드는 것이다. 이것이 우리가 아는 '글로벌 스탠다드(global standard)'로, 그 주요 원리는 경쟁적 다원주의, 시장경제와 법치, 개인의 자유와 권리 보장 등이다. 미국이 주도하고 서구가 합의해서 만들어온 시장 규범은 탈냉전 이후 옛 사회주의 진영인 소련과 동유럽 지역까지 확대되었고, 이후 생산과 금융의 세계화가 빠르게 진행되었다.

그러나 20세기 미국은 자신의 국익을 위해서라면 제3세계 독재 정권을 적극적으로 지원하기도 했고, 남미의 민중 정권을 끌어내리기도 했으며, 존재하지 않는 증거를 이유로 전쟁을 일으키기도 했다. 정확히 말한다면 미국의 목적은 전 세계의 민주화가 아니라, 미국이 지속해서 통상이익을 확보할 수 있게 만드는 체제로의 개편이다. 미국이 내세우는 '민주주의'는 자본주의 체제에 걸맞게 진화되어온 제한된 민주주의이다. '민주주의'와 '시장경제'를 보편적 가치로 내세웠지만, 이러한 '보편적' 가치의 헤게모니를 무너뜨린 것은 바로 미국 자신이었다.

1989년 6월 중국 천안문에서 유혈참극이 발생한 지 한 달이 지난 7월 초, 미국의 부시 대통령은 중국에 비밀 대표단을 파견한다. 이른바

'선진국'들은 자국의 이익을 위해 중국과의 교역의 창구를 잇달아 개방했다. 탈냉전 이후 진행된 세계화는 사실상 중국이라는 거대한 시장에서 얻게 될 '이익'을 위해 민주와 인권의 문제에 대해 눈 감고 시작했던 세계화였다. 물론 미국을 위시한 서방은 경제적 협력과 교류가 확대되고 중국 사회 각 영역에 시장 규범이 자리 잡게 되면, 중국 역시 보다 자유로운 체제로 변화될 것으로 생각했다. 그러나 이러한 낙관적 기대는 오판으로 끝났다.

중국 일당체제와 세계시장 규범 간의 균형과 파국(破局)

중국은 '사회주의' 체제다. 내부의 전제 왕조를 전복시키고 외부 제국주의 세력과 투쟁하는 혁명전쟁에서 공산당이 승리하며 현대국가를 세웠다. 덩샤오핑(鄧小平)은 사회주의가 곧 가난은 아니고 또한 '계획'을 의미하는 것도 아니라며 '시장' 개념을 재정의했다. 중국의 지도부는 경제 영역을 개방하고 세계 경제의 궤도 안으로 진입하며 내부 체제를 정비해왔다. 행정개혁을 통해 시장 메커니즘이 제대로 작동되도록 지원했고 기업들의 독자적인 경영 활동을 보장했으며, 시장경제를 매개하고 뒷받침하는 다양한 사회조직이 등장하고 국가로부터 독립적인 민간의 자유로운 공간도 확대되었다. 그러나 이러한 행정, 경제, 사회의 영역과 기능 분리는 경쟁적 다원주의 체제와는 달리 당의 의지와 정책에 의해 진행된 것으로, 어디까지나 중국공산당의 정치적 영도를 견지한다는 대원칙의 아래에서만 가능한 것이었다. 다원주의 체제에서는 정치, 경제, 사회 각 영역이 분리되고 각 영역의 활동이 법에 따라 운영되고 보장되는 '법치'의 원리에 따르지만, 일당체제 중국에서 각 영역의 기능적 분리는 법이 아니라 당의 정치적 결단으로 추진됐다.

중국 개혁개방의 범위는 어디까지나 일당체제에서 통제 가능한 범위, 즉 개방으로 인해 중국 체제의 속성이 변하지 않는 지점까지의 개혁이다. 중국은 지난 40년간 당 영도라는 체제 속성을 유지하면서도 개혁개방이 가져다주는 최대한의 이익을 확보할 수 있는, 이 양자 사이의 균형을 끊임없이 관리해왔다.[7] 지금 벌어지고 있는 미·중 갈등의 원인 중 하나는 중국 체제가 스스로 허용할 수 있는 개혁과 개방의 임계점에 도달했기 때문이라고 볼 수 있다. 즉 점진적 분권화로 역할과 비중이 커진 각 영역이 거꾸로 당의 권위와 영도를 침해할 수 있는 임계점을 말한다. 투자와 교역을 넘어 제도와 금융 개방으로까지 확대되면 중국의 체제 속성까지 변화될 수 있는 임계점에 도달한 것이다.

이러한 상황에서 중국공산당이 선택한 방법은 개혁개방의 전체적인 판을 뒤집어 전면 재편하는 방식으로 외압에 대응하는 동시에 위기 상황을 '내부화'하는 것이었다. 망국(亡國)과 망당(亡黨)의 위기감에서 벗어나는 동시에[8] 장기적 국가발전에 맞춰 판을 다시 짰다. 장기적인 목

---

7 1987년 13차 당대회 보고에서 밝힌 사회주의초급단계에서의 기본노선은 "한 개의 중심과 두 개의 기본점"이다. 한 개의 중심(一個中心)은 "경제건설"을 말하고, 두 개의 기본점(兩個基本點)은 "4개 항 기본원칙"과 "개혁개방"을 말한다. 지난 40년간의 개혁개방은 이 4개 항 기본원칙과 개혁개방이라는 두 개의 기본점을 주축으로 진행되어왔다고 볼 수 있다.

8 시진핑은 총서기로 당선된 후 2012년 11월 17일에 개최된 18기 중앙정치국 1차 집체학습회의와 2013년 1월 22일 개최된 중앙기율위 2차 전체회의를 통해, 부패문제를 해결하지 않으면 '망당 망국'할 수 있다는 발언을 한다. 이러한 기조는 지속하여 2015년 1월 13일에 개최된 중앙기율위 5차 전체회의에서도 '망당 망국'하고 싶지 않다면 반드시 반부패를 지속해야 한다고 강조한다. 「这件

표에 맞춰 당 중심의 정치적 원칙을 강조하면서 경제와 산업구조, 사회관리영역도 함께 재편했다. 이는 기존 국제표준의 논리에서 보면 이해되지 않지만, 세계시장 규범과 중국 체제원리 사이에서 고도의 균형을 유지해왔던 중국의 시각에서 볼 때, 현 정세는 이러한 균형점이 깨지기 시작한 것이며, 이러한 상황에서 중국 나름의 해법을 찾은 것으로 볼 수 있다. 중국은 일당체제를 유지할 수 있는 선에서는 무엇이든 개방할 수 있다고 보았고, 미국은 자유로운 개방 원칙이 진행되면 중국 체제를 변화시킬 수 있다고 판단했다. 중국 스스로 정한 한계선과 미국의 낙관적 기대가 충돌하며 지난 40년간 유지되던 미·중 협력체제인 '키신저 질서'가 해체되기 시작한 것이다.[9]

지난 40년간 진행되어온 세계화의 시간 동안 중국은 자신의 정치규칙을 바꾸지 않고 개방을 통해 고속 성장을 거두었고, 미국 등 서방세계는 중국의 정치적 강압에 눈감으면서 중국 제조와 시장을 통해 최대한의 이익을 누려왔다. 중국이 세계경제에서 차지하는 비중과 영향력이 적었을 때는 예외적인 중국 정치의 규칙을 위협적이라 느끼지 않고 어느 정도 용인했지만, 지금은 상황이 다르다.[10] 이러한 중국을 그냥 내버려 두고 만약 중국의 영향력이 더 커진다면 자유나 민주의 가치마저 위협받을 수 있다는 서구 세계의 위기감은 고조에 달하고 있다.

事, 习近平在历年中央纪委全会上反复强调」『新华网』2021/01/22.

9 문정인, 『문정인의 미래 시나리오: 코로나19, 미·중 신냉전, 한국의 선택』(서울: 청림출판, 2021)

10 지만수, 「중국견제 시대와 한국의 대응」, 원승연 외, 『정책의 시간』(서울: 생각의힘, 2021)

지난 10년의 세월은 세계시장 규범과 중국의 체제원리, 이 둘 간의 공존의 균형점이 깨지고 새로운 질서로 나아가기 위한 치열한 경쟁과 제한적 협력, 정치적 비난과 공격이 난무했던 시기였다. 미국의 입장에서 볼 때 세계 경제에서 차지하는 비중과 영향력이 커질 대로 커진 중국의 행동이 점차 미국의 이익을 축소하거나 침해할 수 있으므로, 중국 때리기와 동맹 규합을 통해 중국을 견제하려는 것이다. 이러한 흐름은 당분간 지속할 것이다.

중국 체제와 정치 이해하기

이 책은 현재 이러한 국제질서의 급변 상황에 주목하면서 시진핑 집권 이후 단행된 통치구조 개편의 특징과 중국공산당의 정치 논리에 대해 이해하고자 하였다. 물론 중국의 정치체제를 이해하고 설명하는 데는 여러 가지 어려움이 있다.

우선 당이 국가를 영도하며 통치하는 '정치행정합일체제'의 특성을 파악하기 위해서는 정치와 행정의 특징을 함께 설명해야 하지만, 이는 쉽지 않다. 정치와 행정의 유기적 결합이 구체적인 통치행위나 정책으로 나타나지만, 통치와 정치는 엄연히 다른 원리를 갖는다. 그런데도 종종 통치의 시각에서 중국의 정치를 판단하거나, 혹은 정치적 관점에서 중국의 통치능력을 과소평가하기도 한다. 둘째, 중국은 거대한 국가 규모로 인해 위에서 아래로 수직적인 대리통치가 진행되어왔는데, 이러한 대리통치의 과정에서 정책의 왜곡과 변통(變通), 과장 혹은 축소 보고의 현상이 나타난다. 원래의 정책 목표와 의도와는 달리 실제 정책이 어떻게 집행되는지, 그 효과와 한계가 무엇인지를 파악하기는 쉽지 않다. 셋째, 중앙과 지방이 정치적 관계로 규정되는 이상, 각급 수장의 권한을 법률의 형식으로 제도화하기 어려운 점이 있다. 이러한 통치구조에서는 정치관계 우위냐, 아니면 전문적 행정 능력의 강조냐, 혹은 중앙의 권위와 명령을 강조하느냐, 아니면 지방의 자율적인 판단과 집행 능력을 강조하느냐의 선택의 문제가 지속적인 긴장관계에 놓일 수밖에 없다. 넷째, 중국의 통치구조에서는 당과 정, 중앙과 지방 간의 정치적 긴장관계 속에서 끊임없이 균형점을 찾고 조화로운 관계를 유지해야 하지만, 그 균형이 깨지면 사회적 갈등의 고조나 최고 권력자에 대한 개인숭배 현상이라는 극단으로 나타났다.

중국 체제가 갖는 이러한 특징은 기존의 비교정치학이나 행정학의 관점에서 설명하기에는 어려운 점이 있다. 이러한 한계를 인식하면서 이 책에서는 중국의 정치제도나 각 기관의 특징을 개별적으로 파악하는 것이 아니라, 주요 기관과 조직들이 어떻게 유기적으로 움직이는지 실제 작동되는 원리를 이해하고 설명하는 데 초점을 맞췄다.

또한 중국 체제를 '객관화'해서 파악하고자 했는데, 우리가 아는 자유민주주의 체제를 절대적인 기준으로 하여 중국 체제를 평가하는 것이 아니라, 중국 체제가 구성된 역사적 시야를 확보하고 제도적 맥락을 따라가며 이해하고자 했다. 중국 체제의 작동 원리 외에도, 민주나 법치, 운동, 거버넌스 등의 주요 개념이 중국 정치에서 어떻게 사용되는지도 함께 분석하였다.

한국의 경우 지난 역사에서 절대적 정치권력에 저항하고 싸우면서 시민의 조직된 힘을 보여주었으며 그 과정에서 민주적 정체성을 형성해 왔다. 그러나 이러한 우리의 경험을 절대적인 기준으로 삼아 중국을 뒤따르는 체제로 인식하게 되면, 많은 부분에서 중국을 이해할 수 없을 뿐만 아니라 우리 자신도 상대화해서 볼 수 없게 된다. 한국의 민중이 지배 권력과 싸우며 민주화를 쟁취할 수 있었던 것은 형식적이더라도 권력이 '분립'되고 헌법에 민주공화국임을 명시한 '헌정체제'였기 때문이다. 물론 대통령 직선제를 쟁취했음에도 불구하고 민주화 이후에도 사법체계의 독립성이나 공정성 문제, 그리고 기업이나 군대, 학교 등 수많은 조직 내부에선 여전히 비민주적인 폭력적 방식이 남아있다. 일상의 저항과 조직적 운동을 통해 곳곳에 잠복하여 있는 폭력적 압제와 싸워왔지만, 한국의 민주주의는 여전히 성숙한 시민의식과 제도 개선, 그리고 약자에 대한 연대가 필요한 사회다. 더욱 많은 사람의, 더 나은 삶을 위해서는, 민주주의에 관한 새로운 상상과 혁신이 필요하다.

반면 중국은 공산당이 혁명전쟁을 성공적으로 이끌면서 국가를 세웠고, 당이 모든 영역과 정책을 끌고 가는 당-국가체제를 만들어왔다. 중국에서 중앙권력은 하나이며 하나의 구심점을 중심으로 각 영역 사이의 균형과 정합적 구조를 지향하는 체제이다. 각종 공식 제도 역시 공유제 원리에 맞게 진화되어왔고, 경쟁적 선거로 절차적 합법성을 확보하는 것이 아니라 당의 역사적 권위를 통해 정당성을 유지한다. 당의 권위는 혁명전쟁에서 승리했다는 역사적 사실로부터 기인하며, 복잡한 절차적 과정을 따질 필요 없이 일을 빠르고 효율적으로 추진하는 구심점의 역할을 하기도 한다.

중국의 공유제 원리는 수많은 이익 당사자 간의 분쟁도 전체 이익을 위해 양보해야 한다는 지배 논리로 활용되기도 한다. 능력과 덕성을 동시에 겸비한 지도자를 선출한다는 이른바 '현능(賢能)'의 원칙도 일원집정체제에 걸맞게 다듬고 체계화되어온 것이다. 능력자가 지도자가 된다기보다는, 지도자가 능력자로 합리화되어야 일원집정체제가 유지되기 때문이다. 중국의 통치 엘리트는 동일한 신념을 학습하고 공유하며, 경전(經典)식으로 체계화해놓은 통치 이데올로기는 엘리트 집단으로의 진입과 승진을 가늠하는 중요한 평가 기준으로 기능한다. 자신이 위치한 행정등급에 따라 접근할 수 있는 정보가 다르며, 정보는 인민을 통제하는 중요한 수단이다.

중국의 여러 가지 제도적 특징들은 '일당 집권'이라는 중국의 체제 속성에서 비롯되었고, 이러한 체제 성격과 제도적 특징을 함께 놓고 보아야 중국의 정치가 어떻게 작동하는지를 이해할 수 있다. 중국의 일당 시스템을 우리의 군사독재경험과 유사한 것으로 이해한다면, 중국 체제와 제도의 특징과 운용 원리 및 동학을 이해할 수 없다.

중국은 당이 영도하는 체제이다. 당(黨)·정(政)·군(軍)의 '삼위일체(三位一體)' 영도체제는 헌법 규정에 근거한 것이 아니라, 혁명과 사회주의 건설기의 마오쩌둥 시대를 거치면서 만들어지고 유지되어온 관례이다. 중국공산당은 18기 3중전회에서 목표로 제시한 "국가 통치(治理)체계와 통치능력의 현대화"의 과제를 중국의 정치발전을 보장하는 핵심이라고 판단하고 있다. 목표를 이루기 위해서는 강력한 당의 영도가 필요하며, 오로지 공산당만이 이러한 목표를 효율적으로 달성할 수 있다고 합리화한다. 시진핑 집권 이후의 중국 정치는 다시 설정된 당의 위치와 역할, 그리고 당과 국가와의 관계를 파악해야 그 특징을 이해할 수 있고, 나아가 공산당 백 년의 역사도 이해할 수 있다.

일당 지배라는 점에서 중국은 독재체제이지만, 중국을 일반적 '독재국가'로 인식해서는 중국 체제의 작동 원리를 이해할 수 없다. 물론 이러한 시각이 중국 체제가 일당제일 수밖에 없다는 것을 의미하지는 않으며, 더구나 일당체제를 정당화하려는 것도 아니다. 그러나 언젠가는 민주주의 체제로 전환될 것이라는 전제와 기대 속에서 중국의 일당체제를 재단하지도 않는다. 지금의 일당체제를 중국 정치 담론 안에서의 실제적 조건으로 간주하고, 그 안에서 체제의 실제 운용 원리가 어떻게 작동하는지를 이해하려는 것이다.

십여 년 전까지만 해도 중국 정치를 읽는 주류적 해석은 개혁 이전과 이후를 비교하고, 보편과 특수의 프레임에서 분석하는 것이었다. '민주주의 패러다임'으로 중국 정치를 읽는 분석가들에게 중국은 여전히 '뒤처진' 체제이거나 '특수한' 체제이다. 그러나 백 년의 시간대, 혹은 근대 이후의 시간대를 두고 중국 정치를 읽는다면 개혁개방 시기에 나타났던 특징은 오히려 예외적인 현상으로 보이며, 당을 핵심으로 하는 통치가 지속하여왔음을 알 수 있다. '일당제'라는 중국의 역사적 현실과 담론 조건 자체를 부정하면, 중국을 보는 시각에는 정치적 비난밖에 남지 않게 된다.

지난 백 년간 중국 정치사의 전개와 굴곡의 역사를 보았을 때, 일당체제인 중국 정치에서도 자체 주기와 패턴이 있었다. 중국에는 황하의 동쪽도 삼십 년 후에는 서쪽이 된다는 "삼십 년 하동, 삼십 년 하서(三十年河東, 三十年河西)"라는 말이 있다. 세상사는 돌고 돈다는 의미이다. 선거로 권력이 교체되는 우리의 정치 주기는 비교적 짧지만, 건국 이후 중국의 정치 주기는 대략 3~40년을 주기로 '집권(集權)'과 '분권(分權)'이 반복되어왔다. 집정을 교체할 대안 세력이 없는 일당체제에서는 근본적 구조개혁과 새로운 정책을 추진하는 동력을 내부에서 가지고 올 수밖에 없다. 분권과 집권은 기존의 통치구조에 충격을 주며 새로운 정책으로 나아가게 만드는 일종의 정책 추진의 동력이자 정치 원리다. 당이 주도하고 인민이 참여·동원되는 각종 '운동' 역시 정책의 방향을 전환하기 위해 사용되는 중요한 메커니즘이라 할 수 있다.

이렇게 보면 중국은 내부적으로 자기모순과 함께 내적 투쟁을 포함한 체제라고 볼 수 있다. 중국을 민주와 독재, 자유와 전제, 법치와 인치 등의 이분법적 틀로 보면 설명할 수 없는 현상들이 많다. 자유주의 프레임은 주로 어떤 한 지점에서 다른 지점으로의 변화를 설명하는 세계관을 갖고 있다. 중국은 자기모순이라는 긴장관계 속에서 끊임없이 내부적인 균형을 추구해온 체제이다. 지금의 정치적 전환은 미국의 중국 압박이나 세계 자본주의의 변화 등 외부적 충격에서 비롯된 점도 있지만, 근본적으로는 중국의 내적 모순에 대응하여 다시 새로운 균형점을 찾기 위한 변화로 이해할 수 있다.

근대 이후 중국 정치의 역동성은 위에서 아래로의 강력한 영도력만이 아닌 아래에서 위로의 공화 혁명과 민주를 열망하는 역사도 끊이지 않았다. 민간의 끊임없는 움직임과 저항은 오늘도 계속되고 있다. 그러나 이 책에서는 주로 당 영도체제와 국가통치의 원리 등에 초점을 맞춰 중국 정치를 이해하고자 한다. 전체적인 통치구조와 체제의 특성 및 운영 원리를 이해해야 민간의 무수한 저항의 목소리가 담기고 체화되는 과정도 알 수 있기 때문이다.

책의 구상 과정

이 책의 출발은 코로나19 팬데믹이 시작되기 직전인 2020년 1월 초 중국 방문이 계기가 되었다. 「중국 국가전략의 변화와 한중관계에 대한 함의」라는 KIEP 과제의 일원으로 참여하여 베이징으로 현지 조사를 갔다. 짧은 일정의 현지 조사에서 접촉했던 학자들과 지인들의 발언에서 많은 것을 다시 생각했다. 중국의 대표적인 정치학자를 만나 헌법 수정과 시진핑의 권력 집중, 그리고 최근의 당 통제 강화에 대한 그의 생각을 물었다. 그의 입에서 나온 첫 마디는 "이러한 '전변'은 우리에게 매우 익숙한 것이다(這種轉變對我們來說很熟悉的!)"였다.

'전변[전환과 변화, 즉 방향을 바꾸어 변화한다는 뜻]'이란 단어가 순간 콕 박혔다. 그의 답변을 현실 변화에 대한 체념 혹은 합리화로 해석할 수도 있지만, '전변'이란 말이 머릿속을 맴돌며 많은 의문이 생겼다. 체제 내부의 어떠한 원리가 이러한 전변을 가능하게 했는가? 왜 대다수의 사회 구성원들은 이러한 갑작스러운 전변을 받아들이는가? 또한 중국인들에게 전변이 익숙한 것이라면, 이러한 전변을 일상적으로 받아들이게 하는 체제원리는 무엇인가? 이러한 의문들과 함께 그동안 중국정치 연구에서는 중국 체제가 어떠한 원리에 의해 움직이고 작동하는지에 대해서는 별로 관심을 기울이지 못했다는 생각이 들었다. 이 책은 이러한 의문들에 대해 스스로 묻고 답을 구하는 과정에서 완성된 것이다.

KIEP 과제 보고서를 완성한 이후로도 관련된 문제의식이 꼬리를 물고 이어져 몇 편의 논문을 더 썼다. 논문을 쓰는 과정에서 생각이 여러 번 바뀌기도 하고 중국의 지난 정책들을 새롭게 보기도 했다. 이 과정에서 중국을 보는 시각이 더 뚜렷해진 것도 있고, 더 불확실해진 것도 있다. 그런데도 이러한 과정을 통해 변화된 중국을 재인식하고, 중국에 대한 또 다른 해석을 책을 통해 대중들과 공유하는 것이 좋겠다고 생각했다. 긍정적이든, 부정적이든 중국의 정책과 행위가 우리에게 커다란 영향을 미치는 것은 사실이고, 미·중 간의 대치 국면도 장기화할 것으로 예상되는 바, 중국을 제대로 이해하고 아는 것이 중요하다고 생각했기 때문이다.

이 책의 내용은 다음 몇 편의 논문을 기초로 시작했다. 그러나 전체 구성에 맞춰 거의 모든 내용을 새로 썼다. 우선 '신시대'의 배경과 특징에 주목하며 쓴 「신시대 중국 정치의 전변: 연속과 단절」(『계간 철학과 현실』, 2020년 여름호)이 있다. 이후 신시대로의 전환을 가능하게 하고 대다수 인민에게 이를 수용하게 만드는 원리는 무엇인가에 주목하며 「중국 정치의 동학: 황제체제의 지속인가?」(『DiverseAsia』 10호, 2020년 9월)를 썼다. 여기서는 당을 '전제권력(arbitrary power)'으로, 행정관료를 '일상권력(routine power)'으로 구분했지만, 여전히 당과 국가의 관계를 모호하게 처리한 한계가 있었다.

2021년에는 중국공산당 창당 100주년을 맞아 국내에서 각종 세미나와 기획 출판이 있었다. 여기에 참여하며 논문을 쓰는 과정에서 생각이 좀 더 분명해졌다. 「중국의 당, 국가, 사회의 관계: 거버넌스(治理) 구조의 변화」(『중소연구』, 2021년 45권 1호)에서는 당과 국가를 구분해서 중국공산당의 거버넌스 역사를 정리했다. 물론 당과 국가의 관계는 여전히 애매하다. "모든 것을 영도한다"라는 당은 국가인가, 사회인가? 당이 국가를 영도한다는 논리에서 보면, 당은 국가 밖에 존재한다. 그러나 당은 국가건설의 주체이자 중국 역사 서술의 주체가 되기도 하므로 이때 당은 국가이다. 한편 당은 사회 안에서 사회를 영도하기도 한다. 문화대혁명 시기 당이 대중운동을 이끌며 주자파(走資派) 국가 관료들을 숙청했다. 당이 국가이기도 하고 사회이기도 하며, 이 둘을 매개하거나 아니면 이 모든 것을 초월한 위치에 있기도 하다.

중국에서 당과 국가의 경계를 명확하게 구분하기란 쉽지 않다. 기존 대다수의 연구에서는 중국의 당과 국가를 특별히 구분해서 보지 않았다. 그러나 국가를 당과 구분되는 행정 수반기관으로 보면, 당의 영도원칙과 국가를 통한 집정원리, 그리고 최근의 변화를 좀 더 분명하게 파악할 수 있게 된다. 위의 논문에서는 중국의 통치구조와 운영 원리를 이해하려는 목적에서 당(정치)의 역할과 국가(행정)의 기능을 구분해서 설명했다. 물론 '국가'를 행정의 주체인 정부 기관으로 좁게 볼 수도 있지만, '현대화'나 '발전'이라는 거시적 목표에서 보았을 때 국가는 이러한 이상적 목표를 담보하는 최고 지위에 있다. 그러나 이 책에서는 국가에 대한 철학적 고찰은 논외로 하고, 국가를 기능적으로 파악한다.

이 책은 위의 내용을 담고 있고, 주로 2013년 이후 '신시대'의 중국 정치 변화와 통치구조의 특징을 설명하는 데 초점을 맞추었다. '신시대'라는 슬로건이 어떠한 '구시대'와 구분되는가의 문제는 중국 역사를 보는 시각과 해석에 영향을 미친다. 만약 '구시대'를 개혁개방 시기로 본다면, '신시대'란 앞의 개혁개방 시기와는 다른 '전면적으로 더 심화한 개혁'이 진행되는 시기이다. 하지만 만약 지난 백 년의 시간을 '구시대'로 본다면 중국의 '신시대'는 앞으로 다른 백 년의 가능성을 여는 역사적 시야를 제공하게 된다.

이 책에서는 '신시대'를 중국공산당이 장기적인 관점에서 기존 개혁개방 정책이 초래한 문제를 바로잡아나가는 동시에, '사회주의 현대화'라는 중국의 장기적인 꿈을 완성해나가기 위해 설정한 하나의 정치적 선언이자 담론으로 이해한다. 그러나 '신시대'를 그저 하나의 담론으로만 판단할 수는 없다. 일단 신시대를 선언하게 되면 이는 담론 차원에만 머무는 것이 아니라, 하나의 담론 전략으로 등장하게 된다. '신시대'라는 담론 전략으로 인해 정치, 경제, 사회, 문화 등 체제 전반에 걸쳐 광범위하고 심층적인 변화를 일으키게 되며, 중국의 모든 제도와 정책이 신시대라는 시각에서 새롭게 조정될 수 있다. 이렇게 되면 신시대는 현 정세에 대한 인식과 판단이자, 중국의 발전단계가 새로운 국면에 접어들었다는 것을 반영하는 시대 구분이 되며, 따라서 신시대에는 기존과는 다른 전면적이고 총체적인 발전전략이 필요하다는 논리를 가져올 수 있게 된다. 하나의 시대 인식이자 현실적인 시대 구분에 그치는 것이 아니라, 중국의 미래에 대한 방향과 계획에도 일정한 정당성을 부여하게 된다. 따라서 신시대라는 것을 그저 하나의 담론으로만 파악할 수 없고, '신시대' 그 자체에 중국이 세계를 인식하는 시각과 이에 따라 중국이 나아가야 할 방향을 제시하는 근거를 포함하게 된다.

2022년 20차 당대회 「보고」에서는 10년간의 '신시대'를 "당의 역사, 신중국의 역사, 개혁개방의 역사, 사회주의 발전사, 중화민족 발전사에서 기념비적인 의의를 가진다"라고 평가하면서, 신시대를 지난 100년의 역사와 연결하며 정당화하고 있다.[11] 즉 '신시대'라는 관점에서 지난 역사를 공산당 "100년의 분투 과정"으로 새롭게 보면서, 공산당이 걸어온 역사를 정당화하며 이를 미래의 꿈과 목표로 이어나가고 있다.

그러나 현재 중국이 정말로 '신시대'에 진입한 것인지, 지금의 중국을 과연 '신시대'로 명명할 수 있는지 등을 판단하기에는 그 역사가 짧다. 이 책에서는 '신시대'를 하나의 담론이자 전략으로 파악하며, 신시대의 시각과 논리로 단행되는 중국공산당의 국가통치 재편의 특징과 그 한계를 짚어본다.

책의 구성 및 시각

이 책은 총 3부로 구성되며, 1부는 시진핑 집권 시기 10년의 변화, 2부는 당과 정(국가)의 관계, 3부는 당과 사회(인민)의 관계 측면을 다룬다. 우선 1부에서는 '신시대' 선언의 배경과 현재 정세를 바라보는 공산

---

11 习近平, 「高举中国特色社会主义伟大旗帜为全面建设社会主义现代化国家而团结奋斗: 在中国共产党第二十次全国代表大会上的报告」『新华社』 2022/10/25. 성균중국연구소, 『중국공산당 제20차 전국대표대회 보고』 (서울: 지식공작소, 2022), p. 34.

당의 시대 인식, 그리고 달라진 국가목표와 재편된 통치구조의 특징을 분석했다. '당의 전면 영도'와 '법에 따른 국가통치', 그리고 이러한 통치구조의 개편 과정과 결합하여 등장한 '시진핑 체제'에 대해 알아본다. 통치이념으로 등장한 '시진핑 사상'의 특징과 체제 속성에서 비롯된 문화통치 측면도 다뤘다.

2부에서는 중국에서의 권력을 '정권(政權)'과 '치권(治權)'으로 나누어 파악하고, 중국 체제의 제도 논리를 이해하기 위해, 통치의 두 축인 '당'과 '국가(정부)'의 기능 및 운영 원리를 분석했다. 이와 함께 당이 자신을 감독·관리하는 권력감독기제와 일원화된 시스템 속에서 인재를 선발하는 '현능주의' 원리도 살펴보았다. 이 또한 중국 통치의 중요한 구성 부분이다.

3부에서는 당과 사회(인민)의 관계 측면을 보았다. 인민민주독재 원칙과 '중국식 민주'를 제도 측면에서 분석하고, 사구(社區)를 중심으로 재편되어온 사회거버넌스의 특징에 대해 분석하였다. 마지막 장에서는 중국의 꿈을 실현하기 위한 목표이자 방법으로 제시된 '중국식 현대화'와 '공동부유'에 대해 설명하고, 국가거버넌스 현대화의 한계와 이론적 난점에 대해 필자 나름대로 정리하고 평가해보았다.

이 책의 주요 시각과 집필 원칙은 다음과 같다.

첫째, 중국정치체제에 대한 기존 '권위주의(authoritarianism)' 분석 프레임은 주로 국가−사회관계나 권력의 정당성, 정치변동의 측면에 주목한 개념이다. 그런데 중국 체제는 정치와 행정이 하나로 통합된 체제로, 정치학적 분석 틀로만 해석하게 되면 체제 운영 원리의 특징을 파악하지 못하게 된다. 이 책에서는 '당정체제'라는 특징에 주목하여 권력과 민주라는 '정치'의 핵심 문제뿐 아니라 '행정'의 문제도 함께 결합하여 통치의 실제 운행 원리를 파악하고자 했다. 정치와 행정이 하나로 통합된 체제이기 때문에, 행정원리를 이해하지 않고서는 정치의 변화를 알 수 없고, 또한 정치적 원칙을 이해하지 않고서는 통치의 과정을 알기가 쉽지 않다. 이러한 관점에서 이 책에서는 중국의 정치와 행정이 어떠한 원칙에 따라 구분되면서 또한 결합하는지, 그 구조적 특징과 변화를 이해하고자 했다.

둘째, 중국의 각 권력기관이나 제도에 대한 개별적 분석이 아니라, '통치'라는 문제를 둘러싸고 진행되는 상호의존적 관계 속에서 중국의 정치 전체를 조망하려고 노력했다. 이는 앞에서 말한 정치와 행정의 문제뿐 아니라, 상층에서의 통치구조 및 제도설계와 함께 당과 대중정치의 상호관계도 파악하려고 했다.

셋째, 중국 체제가 실제로 어떻게 움직이는지를 이해하는 데 초점을 두었다. 전공자가 아니라면 내용이 익숙하지 않겠지만, 서술은 최대한 쉽게 풀어서 쓰려고 노력했다. 또한 주요 용어와 개념에 대한 중국의 해석을 설명하면서, 민주주의 체제에서 사용되는 개념과 어떻게 다른지 필자 나름의 관점을 제시하려고 했다. 중국식 용어를 써야만 제대로 이해할 수 있는 개념들, 예컨대 '영도(領導)', '치리(治理)', '의법치국(依法治國)', '종엄치당(從嚴治黨)', '군중노선(群衆路線)', '소강(小康)', '당장(黨章)', '현능(賢能)', '사구(社區)' 등은 문장 속에서 혹은 각주를 달아 설명하고, 맥락에 따라 원어 그대로 사용하기도 했다. 본문의 한자 표기는 우리가 쓰는 번체자 방식으로 했고, 인용된 중국의 매체 보도와 논문은 간체자로 표기했다.

이 책의 직접적인 출발점이 되었던 공동연구와 현지 조사의 기회를 마련해주신 이남주, 안치영 교수께 지면을 빌어 특별히 감사의 말씀을 드리고 싶다. 중국의 변화를 전체적인 관점에서 조망할 기회를 제공해주셨다. 또한 몇 년 전 중국 사회거버넌스 연구팀의 현지조사에 기꺼이 초대해주셔서 중국 기층사회의 움직임을 구체적으로 파악할 수 있게 해주신 백승욱, 장영석, 조문영 교수께도 이번 기회에 감사의 말씀을 전한다. 사회거버넌스를 정리하는데 많은 도움이 되었다. 원고를 꼼꼼하게 읽으며 교정해주고 조언을 아끼지 않은 남편 이종화 교수에게도 사랑과 존경의 마음을 보낸다. 마지막으로 서강학술총서로 선정하여 지원해주신 서강대학교 출판부에도 감사드린다.

일원주의 원칙에 따라 움직이는 중국의 정치는 다원주의 민주체제와는 운행 원리가 다르지만, 그 내부를 들여다보면 현대정치가 안고 있는 곤경(困境)을 공통으로 발견하게 된다. 중국 연구를 통해 이러한 문제를 발견하고 마주한다면, 우리 사회를 객관화하고 더 나은 사회로 나아가게 만드는 동력을 찾을 수 있을 것이라 믿는다.

2023년 5월

장윤미

〈표〉 시진핑 집권 10년간의 당대회 및 중전회(중앙위원회 전체회의) 일람표

당대회 및 중전회	기간	심의 통과된 공보 및 결정	주요 내용
18차 당대회	2012년 11월 8일 ~14일	「중국특색사회주의의 길을 따라 확고부동하게 전진하며, 전면적인 소강사회 완성을 위해 분투하자」(「坚定不移沿着中国特色社会主义道路前进,为全面建成小康社会而奋斗」)	'중국특색사회주의의 길' 강조 '전면적 소강사회 완성' 목표 제시
1중전회	2012년 11월 15일		정치국위원(상무위원), 총서기, 서기처 서기, 중앙군사위 주석, 중앙기율검사위 서기 등 중앙의 주요 인사 결정
2중전회	2013년 2월 26일 ~ 28일	「국무원 기구개혁과 직능 전환 방안」(「国务院机构改革和职能转变方案」)	행정개혁
3중전회	2013년 11월 9일 ~12일	「전면적인 개혁 심화의 몇 가지 중대한 문제에 관한 결정」(「中共中央关于全面深化改革若干重大问题的决定」)	경제영역만이 아닌 전 영역에 걸친 전면적이고 심층적인 개혁개방의 선언
4중전회	2014년 10월 20일 ~23일	「전면적 의법치국 추진의 몇 가지 중대한 문제에 관한 결정」(「中共中央关于全面推进依法治国若干重大问题的决定」)	국정운영의 '법에 의한 통치' 방침 결정
5중전회	2015년 10월 26일 ~29일	「국민경제와 사회발전 제13차 5개년 규획 제정에 관한 건의」(「中共中央关于制定国民经济和社会发展第十三个五年规划的建议」)	5년간의 경제사회 계획
6중전회	2016년 10월 24일 ~27일	「새로운 정세 하의 당내 정치생활에 관한 몇 가지 준칙」(「关于新形势下党内政治生活的若干准则」) / 「중국공산당 당내감독조례」(「中国共产党党内监督条例」)	시진핑의 '핵심' 지위 결정 '당 중앙의 권위 수호'와 '당 중앙의 집중통일영도 견지' 강조. 전당의 당 중앙과의 일치(看齊) 강조. 당내 규율 규범 강화

7중전회	2017년 10월 11일 ~14일		19차 당대회 준비 및 개최일 결정
19차 당대회	2017년 10월 18일 ~24일	「전면적인 소강사회 완성에서 승리하고, 신시대 중국특색사회주의의 위대한 승리를 쟁취하자」(「决胜全面建成小康社会, 夺取新时代中国特色社会主义伟大胜利」	'신시대' 선언(18차 3중전회부터 소급 적용) '시진핑신시대중국특색사회주의사상' 당장에 수록
1중전회	2017년 10월 25일		정치국위원(상무위원), 총서기, 서기처 서기, 중앙군사위 주석, 중앙기율검사위 서기 등 중앙의 주요 인사 결정
2중전회	2018년 1월 18일 ~19일	「헌법의 일부 내용 수정에 관한 건의」(「中共中央关于修改宪法部分内容的建议」)	헌법 수정 방침 결정(당 영도 명시, 국가주석 연임 제한 삭제 등)
3중전회	2018년 2월 26일 ~28일	「당 · 국가기구개혁 심화에 관한 결정」(「中共中央关于深化党和国家机构改革的决定」) / 「당·국가기구개혁 심화 방안」(「深化党和国家机构改革方案」)	통치구조 개편(당과 국가기구의 통폐합) 당 중앙의 정책결정권을 제도화한 '위원회' 체제 출범
4중전회	2019년 10월 28일 ~31일	「중국특색사회주의 제도를 견지 · 완비하고, 국가 통치체계와 통치능력의 현대화를 추진하는 몇 가지 중대한 문제에 관한 결정」(「中共中央关于坚持和完善中国特色社会主义制度, 推进国家治理体系和治理能力现代化若干重大问题的决定」)	'중국 제도'의 확고한 견지와 국가 거버넌스 현대화 목표 결정
5중전회	2020년 10월 26일 ~29일	「국민경제와 사회발전 제14차 5개년 규획과 2035년 미래목표 제정에 관한 건의」(「中共中央关于制定国民经济和社会发展第十四个五年规划和二〇三五年远景目标的建议」)	5년 단기 계획뿐 아니라 15년간의 중장기 계획 발표

6중전회	2021년 11월 8일 ~11일	「당의 100년 분투의 중대한 성과와 역사적 경험에 관한 결의」(「中共中央关于党的百年奋斗重大成就和历史经验的决议」)	중국공산당의 3번째 역사결의
7중전회	2022년 10월 9일 ~12일		20차 당대회 준비 및 개최일 결정
20차 당대회	2022년 10월 16일 ~22일	「중국특색사회주의의 위대한 기치를 높이 들고, 사회주의현대화국가의 전면 건설을 위해 단결 분투하자」(「高举中国特色社会主义伟大旗帜, 为全面建设社会主义现代化国家而团结奋斗」)	'사회주의현대화 국가'의 전면 건설, '중국식 현대화'라는 장기 목표 제시
1중전회	2022년 10월 23일		정치국위원(상무위원), 총서기, 서기처 서기, 중앙군사위 주석, 중앙기율검사위 서기 등 중앙의 주요 인사 결정 (정치국 상무위원 7인이 시진핑 측근들로 구성됨)
2중전회	2023년 2월 26일 ~28일	「당과 국가기구개혁방안(党和国家机构改革方案)」	당 중앙기구 개혁 심화(중앙금융위원회, 중앙금융공작위원회, 중앙과학기술위원회, 중앙사회공작부 신설) 전인대 기구 개혁 심화 국무원 기구 개혁 심화

목 차

1부

신시대 중국 통치구조의 재편과 특징

1장

중국공산당의 시대 인식과 신시대 선언의 배경

중국 정치 패러다임의 전환

지금 벌어지고 있는 중국의 변화는 시간을 거슬러 올라가 지난 10년간의 과정과 맥락 속에서 살펴볼 필요가 있다. 2012년 18차 당대회 이후 중국공산당은 중대한 결정들을 잇달아 내놓았다. 2013년 18기 3중전회에서는 중국이 새로운 발전단계, 즉 "난관 돌파의 시기(攻堅期)"와 "깊은 심해구역(深水區)"이라는 "전면심화개혁"의 단계에 진입했다고 선언하면서, 이 시기의 총 목표는 "중국특색사회주의제도를 완전하게 발전시키며, 국가 통치체계와 통치능력의 현대화를 추진하는 것"이라고 밝혔다. 2014년 18기 4중전회에서는 '법에 의한 통치(의법치국)'라는 국가통치의 전략(治國方略)을 제시했고, 12월 4일을 국가헌법일로 제정했다. 2016년 18기 6중전회에서는 시진핑 총서기에게 '핵심 지위'를 부여했고, 2017년에 개최된 19차 당대회에서는 중국특색사회주의의 '신시대' 진입을 선언했다. 이듬해 열린 2018년 전인대 13기 제3차 회의에서는 헌법 수정을 통해 '시진핑신시대중국특색사회주의사상'을 추가했으며 "중국공산당 영도는 중국특색사회주의의 가장 본질적 특징"이라며 당 영도를 헌법에 명문화했고, 국가주석과 부주석의 임기를 2연임까지로 제한했던 조항을 폐지했다. 시진핑 장기집권의 가능성을 헌법으로 보장한 것이다. 잇달아 열린 19기 3중전회에서는 당과 국가기구에 대한 개혁을 단행하며 당의 직접 통치를 확대·강화했고, 2019년 19기 4중전회에서는 금세기 중반까지 중국몽(中國夢)[1]을 실현하기 위한 장기적이고 구체적인 '국가통치(中國之治) 방안'을 제시했다.

이러한 일련의 변화들은 마치 하나의 총괄적인 계획에 따라 매년 차근차근 진행된 것처럼 보인다. 현재 시점에서 돌아보면 이러한 과정을 통해 중국정치의 패러다임이 확연히 바뀌었다는 것을 알 수 있다. 새로운 목표에 걸맞게 권력구조도 바뀌었다. 중국공산당은 "당 중앙의 핵심이자 당 전체 핵심으로서의 시진핑 지위와 당 중앙의 권위와 집중통일영도", 이 두 가지를 수호할 것을 강조하며,[2] 당과 당 중앙, 시진핑

1 2012년 11월 29일 시진핑이 "부흥의 길" 전람을 참관한 자리에서 처음으로 "중국의 꿈(中國夢)"을 제기하였다.

2 이른바 "두 개의 수호(兩個維護)"를 말한다. 2018년 9월 21일 중앙정치국회의에서는 「중국공산당지부 공작조례(시행)」와 「2018~2022년 전국간부교육훈련규획」을 심의하면서 "두 개의 수호"를 강조하였고, 2019년 1월 31일 중공중앙이 「당의 정치건설 강화에 관한 의견」을 발표하면서 내용 중에 "두 개의 수호

에게로 권력을 집중시켰다. 당과 국가가 일정한 제도 안에서 운행되는 제도개혁도 빠르게 진행되었다.

그러나 이러한 상층 제도의 디자인[이른바 '정층설계(頂層設計)']과 더불어 중국 사회는 예상치 못한 방향으로 가고 있다. 모든 곳에서 전방위적으로 당의 영도가 강화됨에 따라, 사회조직, 민간기업, 미디어와 인터넷, 학술 영역에서의 통제와 검열, 학교 교육현장에서의 획일적인 사상 통제가 강화되었다. 당의 정책을 비판하는 학자들을 감시하고, 좋은 소식만 보도하라는 이른바 '긍정 에너지(正能量)'의 흐름 속에 당에 대한 작은 비판조차 검열되고 지워지고 있다. NGO를 비롯한 많은 민간단체의 활동가들이 체포되고 탄압을 받으며 이제는 '시민(공민)사회'가 언급되지 않으면서 국가와 사회관계도 크게 변화되었고 '애국주의'의 분위기가 넘쳐나고 있다. 혁명 역사와 사회주의 이념을 강조하고, 문화대혁명 시기에 있었던 구호나 용어들이 심심찮게 다시 등장했다. 혹자는 이러한 현상을 두고 문화대혁명 때와 같은 권력에 대한 우상숭배가 벌어지고 있다고 말하기도 하고, 중국 정치의 퇴보라고도 한다. 이러한 흐름이 모두 마오쩌둥과 같은 절대적 지위를 누리고자 하는 시진핑의 권력욕 때문에 빚어진 것이라고도 한다. 중국의 정치는 어디로 가고 있는가? 이러한 흐름은 중국 정치의 퇴행인가, 아니면 중국 나름의 정치적 변화인가?

를 단호히 달성한다"라는 표현을 넣는다. 「中共中央关于加强党的政治建设的意见」(2019年1月31日), 『新华社』 2019/02/27.

'백년변국(百年變局)'의 인식과 창당과 건국, 두 개의 백 년

중국의 지도자 시진핑과 공산당은 현재 세계가 "백 년 만에 맞이하는 대변국(百年未有之大變局, 이하 '백년변국')"[3]의 시기에 처해있고, 중국이 직면한 도전 역시 전례 없이 심각하다고 인식하고 있다.[4] 여러 자리를 통해 강조되고 있는 이 '백년변국'이라는 수사를 통해, 우리는 중국 지도부가 현시대에 대한 인식과 직면한 문제를 파악하기 위해 설정하고 있는 시간 단위가 최소 백 년을 아우르고 있다는 것을 알 수 있다. 중국공산당에게는 특별한 '정치 역사'의 시간이 있다. 창당(建黨) 100년(2021년)과 건국(建國) 100년(2049년)이라는 '두 개의 백 년(兩個一百年)'이다. 최근 진행되어온 정치 재설계는 각각 당과 국가의 백 년이라는 타임 스케줄 속에서 계획된 결정이며, 주요 지도자들 사이에서는 '백년변국'이라는 역사의식을 공유하고 있다.

물론 현재 직면한 각종 도전에 대한 대응과 미래 준비를 위한 이러한 시간 인식은 공산당의 관점에서 본 것이다. 공산당 자신이 걸어왔

---

3 '변국(變局)'이란 국면이나 판국이 달라졌다는 의미이다. 우리말로 하면 격변, 변동, 격동 등으로 번역할 수 있겠지만, 달라진 상황이나 국면의 의미는 담지 못한다. 이 책에서는 변화된 국면이라는 원어의 의미를 살리기 위해 '변국'이라고 번역한다.

4 "백 년 동안 일찍이 없었던 대변국"이라는 표현은 급변하는 세계정세와 이에 따른 중국의 전략 변화를 정당화해주는 하나의 정치적 화법이 되었다. 시진핑 총서기가 2017년 12월 28일 「재외공관공작회의」에 참석하여 처음으로 제기했고, 이후 2018년 6월 「중앙외사공작회의」, 2019년 신년사, 2021년 2월 20일 개최한 「당사(黨史)학습교육동원대회」에서도 이 표현을 썼다.

던 지난 백 년의 역사를 자신의 관점에 따라 시대 구분하고 있는데, 이를 순서대로 "혁명, 건설, 개혁"의 역사로 정리한다. 그리고 새롭게 "신시대"를 선언했다. 공산당이 주체가 된 이러한 연속된 시간에서 현재의 문제를 파악하고 미래를 준비하며, 과거를 다시 쓰고 있다.

러시아혁명 백 주년이었던 지난 2017년에 개최된 19차 당대회 보고에서는 처음으로 "신시대 중국공산당의 역사적 사명"이란 장(章)을 별도로 구분하여 서술하였다. 이 장은 "백 년 전, 10월 혁명의 첫 포성과 함께 마르크스-레닌주의가 중국에 전파되었다. 중국의 선진분자들은 마르크스-레닌주의의 과학적인 진리 속에서 중국의 문제를 해결할 수 있는 출로를 발견했다"라는 문장으로 시작한다. 마르크스-레닌주의의 백 년의 역사를 잇고 이를 계승하는 역사적 사명이 중국공산당에게 있음을 엄중히 선언한 것이다.

중국공산당이 기존 '혁명당'에서 '집정당(執政黨)'으로 자신의 성격과 지위를 조정한 것은 2천년대 초반이었다. 개혁개방 이후 변화된 국제 환경과 중국 사회에 대한 진단 속에서 공산당 자신의 지위를 '계급정당'의 성격에서 국가 전체의 국정을 운영하는 '집정당'으로 전환한 것이다. 이것은 중국공산당 지위에 대한 하나의 단절적인 변화였다. 집정당이라는 지위로의 단절적 변화가 생기면서 동시에 국정 운영의 주체적 위치에서 지난 개혁을 돌아보고 문제를 인식하며 이에 대한 대응을 마련해야 한다는 새로운 자각이 생기게 되었다. 즉 '집정의 연속성'이란 관점에서 다시 과거의 시간을 평가하고 재구성하며 국가 전체의 목표를 세워나갔다. 공산당의 '영도 지위'와 '집정 지위'라는 이 두 개의 정치

시간에 대한 연속적 인식을 통해 "두 개의 백 년"이란 슬로건을 내놓게 된 것이다. 창당 백 년은 공산당의 영도 지위를 유지해온 백 년이고, 건국 백 년은 혁명당에서 집정당으로 변신하며 집정 지위를 유지하는 백 년이다.

공산당의 시간: 단절과 연속, 세 번의「역사결의」

1991년 덩샤오핑이 '남순강화(南巡講話)'를 통해 1989년 천안문 사건으로 혼란했던 정국을 정리하고 지속적인 개혁개방의 방향을 제시한 이후, 중국공산당은 1992년 14차 당대회에서 2012년 18차 당대회까지 각 분야에서 제도화를 추진해왔다. 1990년대에는 주로 정치체제개혁의 경로와 방식, 당내민주, 법치, 행정체제개혁 등을, 2천년대 들어서는 집정 능력의 향상, 기층민주 확대, 조화사회를 위한 제도 건설을 모색해왔다. 시장경제의 원활한 운행을 지원하는 법과 제도 개선에 주력한 것이다.

그러나 18차 당대회에서는 "더욱 성숙하고 완성된 제도의 실현"이라는 목표를 제기했고, 2019년 19기 4중전회에서는 "중국특색사회주의 제도의 견지(堅持)와 완비(完善)"라는 목표를 제시했다. 기존에 자주 썼던 '개혁'이나 '모색'이라는 표현법을 더 이상 쓰지 않고 '견지'와 '완비'라는 용어를 쓰고 있다. 왜 '견지'와 '완비'인가? 이는 '중국특색사회주의제도'로의 방향은 이미 정해졌고, 이를 확고하게 유지하면서 더욱 완벽하게 개선해나가겠다는 의지를 담고 있는 용어이다. 선진적인 서구 제도에 대한 학습 및 모색, 제도실험 등 기존의 제도개혁 방침에서 '자신의 제도'를 완성해가는 것으로 방향을 바꾼 것이다. 이는 이전 개혁 시기에 있었던 제도개혁과는 다른 명백한 단절이다.

그런데 이러한 '제도의 단절'이나 '방향 전환'은 전례가 있다. 공산당의 백 년의 시간에서 보자면 세 번의 외부 제도와의 단절을 통한 자기 제도 확립의 과정이 있었다. 중국공산당은 1921년 창당 이후 소련공산당의 모델과 코민테른의 지도에 따랐다. 그러나 이후 혁명 과정에서 기존의 노선을 조정하며 자신의 혁명 모델을 만들어낸다. 대장정(大長征) 기간이던 1935년에 개최된 '쭌이회의(遵義會議)'를 거치면서 농촌과 농민을 기반으로 한 혁명노선을 확립했다. 특히 1945년 옌안(延安)에서 개최된 6기 7중전회에서 「약간의 역사 문제에 관한 결의」를 통과시키며 좌경 착오에 대한 결론을 내리고 마오쩌둥의 당내 지위를 확립한다. 이어 개최된 7차 당대회에서는 마오쩌둥 사상을 당의 공식적인 지도이념으로 명기하여 공산당의 인식을 통일하면서 '마오쩌둥 시대'를 확립한다. 이것이 첫 번째 자기 제도에 대한 확립이었다.

이후 1949년 건국 초기 소련의 공업화 모델을 발전모델로 들여오지만, 높은 수준의 자본과 기술이 필요한 중공업 위주의 발전모델은 당시 중국의 사회경제적 조건에 맞지 않았다. 1950년대 중후반부터 소련과의 관계가 악화하면서 점차 '자력갱생'을 강조하며 자신의 발전모델을 모색해나간다. 마오쩌둥은 1956년 「십대 관계를 논하다(論十大關系)」에서 "특히 주의해야 할 것은 최근 소련의 사회주의 건설과정에서 일부 단점과 오류가 폭로되었다는 점이다. 그들이 걸어온 우회로(굽은 길)를 가고 싶은가? 과거 우리는 그들의 경험과 교훈에 비추어 시행착오를 피하려 했다. 지금 당연히 이를 거울로 삼아 경계해야 한다"고 강조한다.[5] 그러면서 "자신의 길을 간다(走自己的路)"라는 전략적 사상을 제기했다. 외부로부터 수입된 제도와의 두 번째 단절이자 자기 제도로의 전환이었다.

그러나 냉전이라는 대립적인 대외환경 속에서 자신의 길을 추구하는 과정에서 여러 가지 폐단들이 나타난다. 특히 문화대혁명 당시 당내 주자파를 타도하는 정치운동과 여러 파벌에 의해 진행된 비판대회는 갖가지 폐해를 초래했고, 내전에 준하는 파벌 투쟁과 극단적인 사회 분열이 나타나게 된다. 당시 분위기에서 고무된 대중운동은 관료주의 타파의 중요한 수단이었지만, 극단적인 투쟁의 논리가 관료체제 자체를 작동되지 못하게 파괴해버렸으며, 기존 당 위원회를 대체한 혁명위원회 역시 민주적인 의사결정기구로 작동되지 못한 채 실패로 끝나게 된다.

마오쩌둥 사후(死後) '신시기(新時期)'라는 이름으로 새로운 방향 전환을 알리며 개혁개방이 시작된다. 이는 주로 '어지러운 세상을 바로잡고(撥亂) 정상을 회복(反正)한다'는 화두로 기존의 역사를 부정하는 방식으로 진행되었다. 이를 공식적으로 정리한 것이 1981년 11기 6중전회에서의 「건국 이후 당의 약간의 역사문제에 관한 결의」이다. 두 번째로 진행된 「역사결의」에서는 '마오쩌둥 사상'과 '마오쩌둥'을 구분하여 평가하면서, 말년 마오쩌둥의 오류에 대해선 비판하지만 동시에 마오쩌둥 사상에 대한 계승을 선언한다. 또한 당의 실사구시(實事求是) 사상노선

---

5 谢春涛, 「《论十大关系》与中国社会主义建设」『中直党建网』 2013/07/22.

을 견지하며, 당과 사회주의 사업의 발전을 위해 군중노선을 견지해야 한다고 강조했다.

이렇게 중국공산당은 '역사'에 대한 '결의'의 형식으로 지난 과거를 정리하면서 이후 개혁을 추진할 명분과 정당성을 확보한다. 이후 개혁개방이 추진되고 중국공산당은 다시 시장경제의 제도를 도입하여 경제성장을 추진한다. 그 결과가 오늘날 우리가 목도하는 '중국의 부상'이다. 그러나 2008년 세계금융위기가 터지자 서구의 발전모델과 제도를 바라보는 중국의 시각은 달라지기 시작한다. 2011년 7월 1일 당 건설 90주년 기념식에서 후진타오 총서기는 "개혁 이후 형성해온 것은 바로 중국특색사회주의제도다"라고 강조하며, 개혁 이후 추진해온 제도개혁의 최종 형태를 '중국특색사회주의제도'로 규정한다.

2012년 18차 당대회부터는 중국이 걸어가야 할 길이 서구와도 다르고 지난 과거와도 다르다는 점을 지속해서 강조했다. "중국특색사회주의 제도자신"을 거론했으며, 2013년 18기 3중전회에서는 "중국특색사회주의 제도체계"를 발전시킨다는 계획을 발표한다. 이러한 과정을 거쳐 2019년 19기 4중전회에서 마침내 "중국특색사회주의제도를 견지하고 완전하게 발전시켜 나간다"는 '견지와 완비'의 방침을 제시한 것이다.

그리고 2021년 11월 8~11일에 개최된 19기 6중전회에서는 「당의 백 년 분투의 중대한 성취와 역사 경험에 관한 결의」라는 제목의 세 번째 「역사결의」를 발표한다. "전면적 소강(小康)사회"의 제도적 성과를 정리하였고, 특히 시진핑 핵심 지위와 시진핑 사상의 지도적 지위를 확립하면서, 다시 한번 '역사결의'라는 형식으로 자기 제도 확립이라는 새로운 방향으로의 전환을 합리화하였다. 나아가 '공동부유(共同富裕)'가 사회주의의 본질적 요구이며 이것이 '중국식 현대화'의 중요한 특징임을 선언했다. 이를 통해 중국공산당은 시진핑의 집권 연장이 개인 권력의 지속이 아니라 새로운 시대적 과제를 완수하기 위한 당 전체의 의지와 결정으로 받아들여지도록 만들고자 했다.[6]

요컨대 지난 백 년의 시간을 두고 보면 중국공산당은 세 번의 외부 제도에 대한 학습과 참조, 그리고 세 번의 자기 길로의 방향 전환이 있었다. 마르크스주의 혁명이론의 '수용'에서 '변용'으로, 소련식 사회주의 발전모델의 '이식'에서 '자기 발전의 모색'으로, 다시 서구식 자본주의 발전모델의 도입과 모색에서 사회주의 중국제도의 '견지'와 '완비'로 전환해온 것이다. 이러한 방향 전환은 바로 전에 추진해오던 정책의 내용과 다르다는 점에서 '단절'이지만, 백 년의 시간을 두고 본다면 공산당 자신의 끊임없는 탐색의 과정이라는 점에서 '연속성'을 갖는다.

기존의 권위주의 모델이라는 고정된 틀을 갖고 중단기적인 시각에서 중국 정치를 분석한다면 최근 중국의 변화를 설명하기 어렵다. 소위 민주주의 이행론에서 말하는 '권위주의 모델'은 '전체주의' 모델에서 '민주주의' 모델로 가는 중간의 과도기적 단계를 말하는데, 이는 민주주의 모델을 최종적인 목표로 간주하는 목적론적이고 단선적인 역사관을 깔고 있다. 이러한 시각에서는 외부 제도의 도입과 자신의 길 모색, 그

6 이남주, 「2021년 중국정치 두 백 년의 교차와 시진핑 체제의 공고화」 국립외교원 중국연구센터, 『2021중국정세보고』 (서울: 국립외교원, 2022), p. 46.

리고 제도 단절을 통한 새로운 방향 제시와 자기 제도로의 전환이라는 중국의 지난 백 년 역사를 이해하기 어렵다.

중국의 최근 변화는 지금까지 진행되어온 개혁개방의 흐름과는 단절이지만, 백 년 정당이라는 '중국공산당 시간'의 관점에서 보면 100년 역사를 계승하는 '거대한 연속의 과정'으로 해석할 수 있다. 중국공산당은 바로 이러한 '역사적 연속성'의 관점에서 치욕스러운 역사를 극복하고 선대의 과업을 '계승'한다는 역사적 임무를, '역사결의'라는 형식을 통해 정당화하고 있다. 지난 백 년의 역사가 곧 공산당 권력과 권위의 원천이다.

정치적 전환의 내부 배경과 '당의 전면 영도' 강화

중국공산당은 18기 3중전회를 하나의 '시대를 구분하는(劃時代)' 대회로 규정하였다. 1978년 말에 개최된 11기 3중전회가 '개혁개방'이라는 새로운 시대를 열었던 것처럼, 18기 3중전회를 기점으로 지난 개혁개방과는 다른 새로운 개혁개방의 단계, 이른바 '신시대 개혁개방' 시기에 진입했다는 것이다. 중국공산당은 왜 새로운 시작을 선언하며 이를 신시대로 규정하는가? 신시대 선언을 통해 얻고자 하는 정치적 목적은 무엇일까?

'새로운 시대'라는, 혹은 '새로운 시대로 가야 한다'는 인식은 이전 시대에 중국이 안고 있는 문제가 무엇인지에 대한 정확한 진단과 이에 대한 교정 목표를 전제로 한다. 즉 '신시대'의 제기는 기존 '구시대'의 논리로는 도저히 해결할 수 없는 문제를 겨냥한 분명한 목적의식을 내포하고 있다. 그것은 우선 개혁개방의 과정에서 형성된 거대한 기득권 구조를 타파하는 것을 목표로 한다. 중국에서는 1990년대 생산요소에 대한 시장화 개혁이 추진되면서, 정치권력과 자본이 결탁하는 현상이 상당히 보편화하여왔다. '권력귀족(權貴)' 혹은 '기득권층(旣得利益者)'이라 불리는 이른바 '특수한 이익집단'의 핵심은 주로 네 가지 층으로 구성된다. 제1층은 자원의 통제권을 가지고 있는 관료로 대표되는 각급 정치권력귀족 집단이다. 제2층은 자본의 직접적 운용 주체인 금융업이고, 제3층은 국방, 전력, 석유화학, 전신, 석탄, 민간항공, 해운 등 국유독점기업을 대표로 하는 독점적 이익집단이다. 제4층은 지방정부와 결탁한 부동산업과 자원업종으로 대표되는 지방의 자원 이익집단이다.[7]

이들 특수 이익계층들은 권력을 이용하여 희소자원을 독점하고 폭리 실현의 공간을 만들어왔고, 정부의 정책 제정과 집행을 자신의 기득권을 실현하는 도구로 삼아왔다. 이러한 특권층의 문제는 그 자체로 중국의 경제성장이 초래한 문제점을 드러낼 뿐 아니라, 개혁을 지속해서 추진하기 어렵게 만드는 개혁의 방해세력이라는 측면에서 매우 심각하다. 특히 양적 성장 위주에서 '질적' 성장과 '구조적' 개혁을 통해 개혁을 더욱 심화시켜야 하는 단계로 들어선 상황에서, 개혁에 대한 기득권층

7 应星 主编, 『中国社会』(北京: 中国人民大学出版社, 2015), pp. 287~288. 잉싱 편, 장영석 옮김, 『중국사회』(서울: 사회평론아카데미, 2017). 관련 연구로는 다음을 참고할 것. Minxin Pei, *China's Crony Capitalism: The Dynamics of Regime Decay*, (Harvard University Press, 2016).

의 저항은 당의 존립마저 위태롭게 만드는 집정위기를 불러왔다.

이에 대한 공산당 지도부의 위기의식은 컸다. 2011년 칭화(清華)대학 연구팀의 보고서에서는 중국의 개혁이 "돌다리를 두드리며 강을 건너온 것(摸著石頭過河)"인데, 돌다리를 건너간 기득권층이 이제 "돌만 만지고 강을 건널 생각조차 하지 않는다(石頭摸上了癮, 連河也不想過了)"고 비판했다.[8] 2013년 리커창(李克強) 총리는 "이익을 건드리는 것이 영혼을 건드리는 것보다 어렵다(觸動利益比觸及靈魂還難)"라고 하면서 구조개혁의 어려움을 토로했다. 기존의 방식으로는 기득권을 견제하고 이들의 이해관계구조를 깨뜨릴 방법이 없었다.

구조개혁을 위해 '신시대'라는 새로운 논리가 필요했던 또 다른 배경은 기존 영도체제가 한계에 부딪혔기 때문이다. 소수의 정치국 상무위원이 분업을 통해 개혁을 이끌어온 '집단영도체제'는 분권적 개혁 국면에서는 일정한 효과를 발휘했다. 그러나 보다 근본적인 개혁이 필요한 국면에서는 이를 돌파할 리더십이 취약하다는 한계에 부딪히게 되었고, 다시 강력하게 개혁을 주도해 나갈 새로운 영도체제가 필요하게 되었다. 특히 후진타오 시기 9명의 정치국 상무위원이 집단영도하는, 이른바 '구룡치수(九龍治水)' 시대의 구조로는, 구조개혁에 관한 정책 결정을 내리기가 어렵고 중앙의 권위가 쇠퇴하는 문제가 나타났다. 관료들

---

8 清华大学凯风发展研究院社会进步研究所, 清华大学社会学系社会发展课题组, 「2011年度社会进步系列研究报告」. 이 보고서는 칭화대학 사회학과 쑨리핑(孙立平) 교수가 주도한 것으로, 정치체제개혁으로 사회 활력을 다시 만들고, 공평과 정의로 개혁의 공감대를 응집시켜야 한다고 제안했다. 이 보고서의 내용은 『중국청년보』에서 2012년 1월 9일에 보도했지만, 인터넷판이 곧바로 삭제되었다.

의 부패나 빈부격차, 환경오염 등의 문제도 개혁을 지속할 수 없을 만큼 심각한 상태였는데, 이러한 문제 역시 강력한 '권위'가 부족한 기존의 분산된 권력 구조로는 해결하기 어려웠다. 위기를 해결하기 위해 '당의 권위'를 다시 세울 필요가 있었고, 최종결정권을 갖는 강력한 지도력이 필요해졌다.

시진핑 역시 중앙기율위원회 18기 6차 전체회의에서 "서로 결탁하여 사리사욕을 채우고, 패거리를 만들고 분파를 만들어 권력에 빌붙어 이익을 취하는 데만 골몰한다... 파벌을 만들고 분파를 조장하여 당 중앙의 정책결정에 대해 겉으로만 따르는 척 한다. 개인의 정치적 야심을 실현하기 위해 수단을 가리지 않는다"라며 사익만 채우고 당의 단결을 해치는 분파주의자들을 매섭게 비판했다.[9] 당내에서는 보시라이(薄熙來)나 저우융캉(周永康) 등의 사건도 결국 당 중앙의 권위가 약화한 데서 생긴 문제라고 본다.[10]

이에 따라 중국공산당은 '신시대'를 선언하며 당 영도체제를 개혁한다. 2016년 18기 6중전회에서는 기존의 "당 중앙 영도집체"라는 표현을

---

9 习近平, 「坚持全面从严治党依规治党, 创新体制机制强化党内监督」 『新华社』 2016/01/12.

10 2011년 11월 영국인 사업가 닐 헤이우드(Neil Heywood)의 사망 사건을 조사하던 충칭시 공안국장 왕리쥔(王立軍)이 사건 수사와 관련하여 당시 충칭시 당서기인 보시라이의 수사 중단의 압력을 받아, 이후 미국 총영사관에 망명을 신청하면서 알려진 사건이다. 보시라이는 2012년 3월 15일 충칭시 당 서기직에서 해임되고 조사를 받아 2013년 10월 25일 2심에서 무기징역을 선고받았다. 보시라이 사건에 대해서는 다음을 참고할 것. 강준영, 「중국 보시라이 사건의 정치학」 『국제지역연구』 2014년 17권 4호. 보시라이 사건을 당내 정책 및 노선 갈등과 관련하여 분석한 연구로는 다음을 참고할 것. 이홍규, 「보시라이 숙청과 충칭모델의 미래」 『현대중국연구』 2012년 14권 1호.

"시진핑 동지를 핵심으로 하는 당 중앙"으로 바꾼다. 시진핑을 '핵심'으로 하는 당 중앙의 권위와 함께 "집중통일영도"의 견지를 강조하였고, 이러한 문구를 2017년 19차 당대회에서 「당장(黨章)」에 추가한다. 2018년 3월에는 헌법 수정을 통해 중국공산당의 영도가 '중국특색사회주의의 본질'이라고 명시하였고, 19차 당대회 이후 개최된 일련의 당 회의에서는 "당의 전면 영도를 견지하고 강화한다"고 강조한다. 단순히 '당의 영도'를 '견지'하는 것이 아니라, "당의 전면적 영도(黨的全面領導)"를 '견지'하며 '강화'한다는 것이다. 당의 영도를 '전면적'으로 견지하고 강화한다는 의미는 "당 중앙의 권위와 집중통일영도를 수호하고, 당의 영도가 당과 국가사업의 각 영역, 각 방면, 각 부분(環節)에 이르기까지 확실하게 실현되도록 한다"는 것이다.[11]

이러한 흐름에서 볼 때 시진핑의 권력 강화는 '당 중앙'의 영도력 강화와 분리해서 보기 어렵다. 영도핵심이 개인을 지칭할 때는 '최고 결정권'의 의미를 갖는다. 즉 당내 중대한 문제에 대해 의견이 일치하지 않고 다수 의결로 의사결정을 할 수 없을 경우에는 영도핵심이 최고 결정권을 갖는다. 이러한 권력은 마오쩌둥과 덩샤오핑, 장쩌민(江澤民) 모두 가지고 있었고, 후진타오는 없었다. 지금은 시진핑이 갖고 있으며, 이는 사실상의 '최종결정권'을 의미한다. 뒤에서 살펴보겠지만, 현재 핵심 지위에 있는 시진핑의 영도력은 당 중앙의 권위 강화와 함께 진행되었고, 또한 각종 제도에 의해 합법화되고 강력해지고 있다는 점에서 이전의

11 习近平,「高举中国特色社会主义伟大旗帜, 为全面建设社会主义现代化国家而团结奋斗: 在中国共产党第二十次全国代表大会上的报告」(2022年10月16日)『新华社』2022/10/25.

핵심과는 다른 막강한 것이라 할 수 있다.

종합해보면, '신시대' 선언은 기존 구시대의 구조와 논리로는 해결할 수 없는 문제를 해결하기 위한 하나의 돌파구를 제공하였다. 하나는 기득권층의 저항을 타파하면서 새로운 개혁의 모멘텀을 만들기 위함이고, 다른 하나는 개혁을 완성하고 주도해나갈 새로운 당 영도체제를 확립하기 위함이다. '신시대'는 문제 해결을 위한 급속한 단절적 전환을 합리화해주는 논리를 제공해준다.

'신시대'의 외부 환경 변화

이러한 국내의 정치사회적 요인 외에 국제정세와 중국경제가 처한 외부 환경의 변화 역시 '신시대'라는 논리를 끌어낸 주요 배경이 되었다. 20차 당대회 「보고」에서는 "18차 당대회 이후, 국내외 정세에 새로운 변화가 일어나고 실천에 대한 새로운 요구가 제기됨에 따라, 우리가 이론과 실천을 결부해 당과 국가의 사업발전 및 당의 국정운영과 관계된 일련의 중대한 시대적 과제에 대해 깊이 있는 답안을 제시하는 것이 절실히 필요해졌다"라고 밝히고 있다.[12] 대내외 정세가 변화됨에 따라 새로운 시대와 정세 속에서 국가를 운영해나가는데 필요한 새로운 '답안'이 있어야 함을 명확히 한 것이다.

2008년 세계금융위기로 중국은 발전의 방향과 방식을 재고하게 되

12 习近平, 「高举中国特色社会主义伟大旗帜, 为全面建设社会主义现代化国家而团结奋斗: 在中国共产党第二十次全国代表大会上的报告」(2022年10月16日) 『新华社』 2022/10/25.

었는데, 더 정확하게 말한다면 금융위기로 인한 대외환경 변화로 인해 중국은 수출주도의 성장방식이 더는 지속가능하지 않게 되었다. 세계 금융위기 이후 거대한 서구 소비시장은 대폭 감소했고, 이후 중국의 이윤율은 지속해서 감소하였다.[13] 중국의 경제성장률은 2007년 14.2%를 달성했지만, 2008년 금융위기 때는 9.7%로 하락한다. 대규모의 경기부양으로 2010년 일시적으로 10.6%를 달성했지만, 이후 중국의 경제성장률은 점차 하락하다 코로나19가 발발하기 직전인 2019년에는 6.0%까지 내려온다.

감소하는 이윤율과 성장률에 맞춰 후진타오 시기 이미 '뉴노멀(新常態)', '발전방식의 전환', '신발전관' 같은 개념들을 제기했고, 이러한 정책 기조는 시진핑 집권 이후인 2015년에 '신발전이념'으로 체계화된다. 경제적 상황 변화에 대한 중국공산당의 대응으로 볼 때, 중국의 노선 전환은 시진핑 체제 등장 이후 시작되었다기보다는 2008년 금융위기 이후부터 모색하기 시작했고, 시진핑 집권 이후 점차 이론화, 합리화 과정을 거쳐왔다고 볼 수 있다. 사상과 이념 강화라는 중국의 정치적 변화도 시진핑 개인의 권력욕에서 비롯되었다기보다는, 중국 전체의 국정 방향이나 정책에 대한 대조정의 틀 안에서 총서기 일인에게 권력이 집중될 필요가 있었기 때문이다. 뒤에서 살펴보겠지만, 정치, 이데올로기뿐 아니라 경제 영역까지 총서기의 권한이 확대된 것은, 경제 상황의 전반적 변화에 대응하기 위해 당 영도체계와 권력구조 변화, 당국가기

13 이재현, 「시진핑 '신발전' 체제의 정치적·경제적 본질」『마르크스주의연구』 2021년 18권 4호.

구 개편 등 일련의 제도적, 정책적 변화를 이끌어낼 필요가 있었던 것과 밀접한 관련이 있다.

반부패운동이 상시화된 것 역시 지속적인 경제성장의 하락과 관련이 깊다. 경제성장률이 높을 때는 관료부패로 인한 공적 자산의 약탈이나 자원의 낭비 등이 크게 문제가 되지 않지만, 중·저성장기로 진입한 이후에는 낭비 요소를 제거하고 정책의 효율성과 집중성을 높일 필요가 있었다. 달라진 경제 상황에 직면하여 중국공산당은 조직 기강을 다잡으며 대처해왔다. 반부패운동 때문에 중국경제가 위축되는 것이 아니라, 중국경제가 더는 고속성장이 불가능하기 때문에 반부패운동으로 경제 위기에 대응하는 측면이 크다.

또한 2016년 트럼프 대통령의 당선 이후 본격화된 미국의 대중국 압박과 2018년의 미·중 무역갈등, 그리고 2020년 바이든의 민주당 정권이 출범한 이후에 더욱 정교해진 대중국 견제 전략과 정책은 중국을 더욱 수세적인 상황으로 몰아가고 있다. 이러한 상황을 타개해나가기 위해서라도 중국은 '신시대'라는 새로운 정치적 동력과 내부 결집을 위한 강력한 비전의 제시가 필요하게 되었다.

2장

신시대 '당의 전면 영도' 강화: 당장(黨章)과 헌법 개정 및 통치기구개혁

19차 당대회에서 '신시대'를 선언한 이후, 중국공산당은 '당의 영도' 강화라는 목표에 맞춰 관련 법적, 제도적 기반을 마련해간다. 이러한 일련의 과정은 2017년 10월 19차 당대회를 마치고 이어진 19기 2중전회(2018년 1월 18일~19일), 19기 3중전회(2018년 2월 26일~28일), 그리고 13기 전인대 1차 회의(2018년 3월 5일~20일)에서의 결정들을 통해 파악해볼 수 있다.

19기 2중전회에서는 통상 2중전회에서 논의되던 국가기관의 주요 인사가 아닌 '개헌'의 문제를 집중적으로 논의했고, 19기 3중전회에서는 당·국가기구 개편안을 내놓았으며, 이렇게 결정된 당의 정책을 전인대에서의 헌법 개정을 통해 국가정책으로 공식화했다. 이러한 일련의 결정은 단순히 과거에 반복되어왔던 헌법 개정이나 행정기구 개혁이 아니라, 중국 통치구조의 근본적 변화를 의미한다. 그 목적은 중국공산당의 국가에 대한 지배력 강화를 공식화하고 정당화하는 것이다. 이러한 변화를 당장 개정, 헌법 개정, 그리고 당·국가기구 개혁의 주요 특징을 통해 살펴보자.

'당 영도' 강화와 '시진핑 사상'의 공식화

2017년 10월 11일~14일에 개최된 18기 7중전회에서는 공산당 「당장」 수정안을 통과시키며 시진핑의 주요 연설 정신과 국정운영을 위한 사상을 수록하기로 결정한다. 이와 더불어 당 전체는 반드시 당 중앙의 권위를 수호해야 하고, 당 중앙의 집중통일영도에 복종해야 한다고 강조하였다. 이어 "시진핑 동지를 핵심으로 하는 당 중앙과 사상적으로, 정치적으로, 행동적으로 고도의 일치를 유지한다"라고 덧붙였다. 당 전체는 '당 중앙'의 권위를 수호해야 하고, 당 중앙은 '시진핑 동지를 핵심으로 하는 중앙'을 가리킨다.

이러한 방침은 연이어 열린 10월 24일 19차 당대회에서 통과된 「공산당 당장」에 반영되었다. 수정된 「당장」에서는 "당의 영도는 주로 정치, 사상, 조직영도이다"라는 1982년부터 오랫동안 유지해왔던 표현을 삭제했다. '정치영도'는 당이 국가의 정치원칙과 정치 방향을 결정하는 것을 말하고, '조직영도'는 국가의 각급 정권의 중요한 직책에 대한 당의 인사통제로 나타나며, '사상영도'는 당이 교육을 통해 사람들과 사회가 일정한 이데올로기를 수용하게 만드는 것을 말한다.[1] 그중 '정치영도'는 국정 방향에 대한 공산당의 통제를 잘 보여주는데, 이는 지난 혁명과 집권의 공산당 백 년 역사에서 변함없이 지켜지던 철칙이었다.

그런데 이를 대체한 문구는 "중국공산당의 영도는 중국특색사회주의의 가장 본질적인 특징이고, 중국특색사회주의제도의 가장 커다란 장점이다. 당정군민학, 동서남북중, 당은 모든 것을 영도한다"이다. 마오쩌둥 시대에 선양하던 "당이 모든 것을 영도한다"(黨是領導一切的)는 이념과 실천이 부활한 것이다. 정치와 사상, 조직이라는 범위로 규정했던 당의 영도를 '일체의 것'으로, '무한한 것'으로 규정하고 있다는 점에서 당의 절대적 위상을 다시 강조한 것이라 할 수 있다.

중국공산당은 「당장」을 당의 총규정이자 당의 근본 대법이며, 전당이 따라야 할 총규약으로 규정한다. 당이 국가를 영도하는 체제라는 특징에서 보면, 「당장」은 국가 헌법과는 별개로 존재하는 것이고, 국정 운영의 근거인 헌법의 바깥에서 작동하는 '당의 법'이다. 19차 당대회에서 「당장」 수정은 총강 부분에서의 변화가 가장 많았다. 18차 당대회와 비교했을 때 19차 당대회에서 변화된 「당장」 총강의 주요 내용은 다음과 같다.

1 谢庆奎 主编, 『当代中国政府』(沈阳: 辽宁出版社, 1996), pp. 103~106.

〈표 2-1〉 18대와 19대 당장 총강 비교

18대 당장	19대 당장	비고
	당장 전체에 **'시진핑신시대중국특색사회주의사상'**이 지도사상과 행동지침으로 추가되어 수록됨.	문구 추가
우리나라를 부강, 민주, 문명, 조화로운 사회주의 현대화국가로 건설하기 위해 분투한다.	우리나라를 부강, 민주, 문명, 조화롭고 **아름다운** 사회주의현대화 **강국**으로 건설하기 위해 분투한다.	문구 수정
인재강국전략과 지속가능한 발전전략	인재강국전략, **혁신으로 추동되는 발전전략, 향촌진흥전략, 지역협력발전전략,** 지속가능한 발전전략, **군민(軍民)융합발전전략**	문구 수정
과학기술이 제1생산력으로서의 역할을 충분히 발휘	**혁신**이 **발전의 제1동력**으로서의 역할을 충분히 발휘	문구 수정
혁신형 국가건설	혁신형 국가와 **세계과학기술강국** 건설	문구 수정
사회주의법제를 완전하게	**중국특색사회주의법치체계 건설**	문구 수정
더욱 넓고, 더욱 충분하며, 더욱 건전한 인민민주를 발전	더욱 넓고, 더욱 충분하며, 더욱 건전한 인민민주를 발전시켜, **협상민주의 폭넓고, 다층적이며, 제도화된 발전**을 추진	문구 수정
	사회주의핵심가치관의 육성과 실천	문구 추가
교육, 과학, 문화사업을 대대적으로 발전시키고, 민족의 우수한 전통문화를 고양시키며, 사회주의 문화를 번영·발전시킨다.	교육, 과학, 문화사업을 대대적으로 발전시키고, **중화**의 우수한 전통문화의 **창조적 전환, 혁신적 발전**을 촉진하며, **혁명문화를 계승하고,** 사회주의 **선진**문화를 발전시키며, **국가문화 소프트파워를 향상한다. 이데올로기 업무 영도권을 확고히 장악하고, 마르크스주의의 이데올로기 영역에서의 지도적 지위를 끊임없이 공고히 하며, 전당 전 인민이 단결하여 분투하는 공동의 사상 기초를 공고히 한다.**	문구 추가 및 수정
	인민대중의 성취감을 부단히 증가시킨다.	문구 추가
사회관리의 강화와 혁신	**사회거버넌스**의 강화와 혁신	문구 수정
	총체적인 국가안보관을 견지하고, 국가의 주권, 안보, 발전이익을 단호히 수호하다.	문구 추가

	녹수청산(绿水青山)이 바로 금산은산(金山銀山)이라는 의식을 강화한다.	문구 추가
중국공산당은 인민해방군과 기타 인민무장역량에 대한 영도를 견지하고, 인민해방군의 건설을 강화하고,	중국공산당은 인민해방군과 기타 인민무장역량에 대한 **절대** 영도를 견지하고, **시진핑 강군사상을 관철한다.** 인민해방군의 건설을 강화하고, **정치건군, 개혁강군, 과학기술흥군, 법에 의한 치군을 견지하며, 당의 지휘에 따르고, 전쟁에 이길 수 있으며, 업무풍조(作風)가 우수한 인민군대를 건설한다.**	문구 수정 및 추가
	중화민족공동체의식을 확고히 주조한다.	문구 추가
조국통일을 옹호하는 애국자들로 결성된 가장 광범위한 애국통일전선	조국통일을 옹호하고 **중화민족의 위대한 부흥에 전력을 다하는** 애국자들로 결성된 가장 광범위한 애국통일전선	문구 수정
	(국제사무에서) **정확한 의리관(義利觀)을 견지**	문구 추가
항구적 평화와 공동번영의 조화로운 세계를 건설하도록 노력한다.	**인류운명공동체 구축을 추진하고,** 항구적 평화와 공동번영의 조화로운 세계 건설을 추진한다.	문구 추가
	공상공건공향(共商共建共享)의 원칙에 따라 '일대일로(一帶一路)' 건설을 추진한다.	문구 추가
중국공산당은 전국 각 민족 인민을 이끌고 사회주의현대화의 웅대한 목표를 실현한다.	중국공산당은 전국 각 민족 인민을 이끌고 **'두 개의 백 년' 분투 목표와 중화민족의 위대한 부흥이라는 중국몽**을 실현한다.	문구 수정
당의 집정능력 건설과 선진성, 순결성 건설을 강화한다.	**당의 당 관리와 전면적 종엄치당을 견지한다.** 당의 **장기적인** 집정능력 건설과 선진성, 순결성 건설을 강화한다.	문구 수정
당의 사상건설, 조직건설, 업무풍조건설, 반부패·청렴건설, 제도건설을 총체적으로 추진하여, 당 건설의 과학화 수준을 전면적으로 향상한다.	**당의 정치건설로 통솔하도록 하고, 당의 정치건설,** 사상건설, 조직건설, 업무풍조건설, 규율건설을 전면 추진하고, **제도건설이 그 안으로 관철되게 하며,** 반부패투쟁을 심도있게 추진하여 당 건설의 과학화 수준을 전면적으로 향상한다.	문구 수정
	(당의) **자기정화, 자기완성, 자기혁신, 자기향상능력을 끊임없이 증강시킨다.**	문구 추가

개혁개방과 사회주의현대화 건설에서 치적이 뛰어나고 대중의 신임이 두터운 간부를 선발하여 중용한다.	**당과 인민이 필요로 하는 좋은 간부를 양성한다.**	문구 수정
	정치의식, 대국의식, 핵심의식, 일치(看齊) 의식을 확고히 세워, 시진핑 동지를 핵심으로 하는 당 중앙의 권위와 집중통일영도를 확고히 수호한다.	문구 추가
조직적 규율을 강화하고, 당의 규율 앞에서 모든 사람은 평등하다. 당의 영도기관과 당원 영도간부, 특히 주요 영도간부들에 대한 감독을 강화하고, 당내 감독제도를 지속적으로 개선한다.	**당내 정치생활을 강화·규범화하고, 당내 정치생활의 정치성·시대성·원칙성·전투성을 강화하며, 적극적이고 건강한 당내 정치문화를 발전시켜, 깨끗한 풍조의 좋은 정치 생태계를 조성한다.**	문구 수정
	(당 건설의 4가지 기본적 요구...) **다섯째, 종엄치당의 당 관리를 견지한다.**	내용 추가
당의 영도는 주로 정치, 사상, 조직영도이다.	**중국공산당의 영도는 중국특색사회주의의 가장 본질적인 특징이고, 중국특색사회주의 제도의 가장 커다란 장점이다. 당정군민학, 동서남북중, 당은 모든 것을 영도한다.**	문구 삭제 및 추가
당은 반드시 공회·공청단·부련 등 군중조직에 대한 영도를 강화하고, 그들의 역할을 충분히 발휘하도록 한다.	당은 반드시 공회·공청단·부련 등 **군단(群團)조직**에 대한 영도를 강화하고, 이들 조직이 **정치성·선진성·군중성을 유지·강화하여** 그 역할을 충분히 발휘하도록 한다.	문구 수정

수정된 총강 내용의 주요 특징을 정리해보면 우선 '시진핑신시대중국특색사회주의사상'뿐 아니라 시진핑이 했던 주요 연설의 내용이나 중요한 표현들을 모두 당장 안에 넣어 공식화했다는 점을 꼽을 수 있다. 사회주의핵심가치관, 의리관, 금산은산(金山銀山), 인류운명공동체, 공상공건공향(共商共建共享), 일대일로 등이 대표적인 시진핑의 제안이다.

둘째, '두 개의 수호(兩個維護)'와 '네 개 의식(四個意識)'을 강조하면서, 핵심 지위에 있는 시진핑과 당 중앙을 하나로 연결하고, 당 전체가 하나의 동일체로서 '단일한 의식'을 가져야 한다고 강조한다. 또한 이데올로기 영역에서 당의 영도권을 확고히 장악해야 한다고 강조하는데, 이는 당 안에서뿐 아니라 국가 전체를 대상으로 당이 문화와 이데올로기를 영도해야 함을 분명히 하고 있다.

셋째, 이제 당은 정치, 사상, 조직이라는 특정한 '영도' 범주 안에서 규정되는 존재가 아니라, '모든 것을 영도'하는 존재로 바뀌었다. 이러한 당의 영도는 제한 없는 영역에서의 '당의 정치건설' 강화로 구체화하는데, '반부패'와 '종엄치당(從嚴治黨)'이라는 엄격한 당 관리와 동시에 '제도건설'을 통해 이러한 과정을 완수한다는 의지를 담고 있다.

넷째, 혁신과 세계과학기술강국, 중국특색사회주의법치체계 등 현대화된 국가건설을 지향하면서도, 향촌진흥, 군민(軍民)융합, 협상민주 등 중국적인 제도의 발전도 함께 강조하고 있다.

다섯째, 사회주의현대화 '강국' 건설과 '두 개의 백 년' 분투 및 '중화민족의 위대한 부흥'이라는 새로운 목표를 제시하며, '총체적인 국가안보관'과 국가의 '주권, 안보, 발전이익의 수호'를 새로 수록했다. 이와 함께 확고한 '중화민족 공동체 의식'이나 '중화의 우수한 전통문화' 등을 강조하면서, '중화(中華)'를 중심으로 한 국민국가로서의 정체성을 분명히 하고 있다.

요컨대 19대 당장은 '시진핑을 핵심으로 하는 당 중앙', 그리고 '당 중앙으로 권력을 집중해서 통일적으로 영도'할 수 있는 통치의 구도를 만들고, 이를 뒷받침하는 제도적, 이념적, 조직적인 전체 설계를 담고 있다고 하겠다. 물론 이러한 당의 정책 방침이 국정운영 과정으로 공식화되려면 국가 헌법의 수정을 거쳐야 한다.

'당 영도'를 '국가 헌법'에 관철하다: 헌법 개정의 내용과 의미

2018년 3월에 통과된 「헌법」 수정안에서는 "중국공산당은 중국 각 민족 인민을 영도한다"라는 내용을 공식적으로 헌법 '본문'에 수록했다. 이전에는 중국공산당의 영구한 집정지위를 혁명 역사에 대한 서술방식을 통해 헌법 '서문'에서만 표현했지만, 이제는 헌법의 '본문'에 직접 규정한 것이다. 이는 공산당이 영도하는 국가통치를 공식화한 것으로 볼 수 있다.

개정된 「헌법」 조항에서 중요하게 변화된 내용은 〈표 2-2〉와 같다.

〈표 2-2〉 「헌법」 수정 내용

조항	수정 및 추가 내용(진한 색으로 표기)
헌법 서문	마르크스레닌주의, 마오쩌둥사상, 덩샤오핑이론, "삼개대표" 중요사상, **과학발전관, 시진핑신시대중국특색사회주의사상의** 인도 아래... 우리나라를 부강, 민주, 문명, **조화롭고, 아름다운** 사회주의 현대화 **강국**으로 건설하고 **중화민족의 위대한 부흥을 실현한다.** **평화발전의 길을 견지하고, 호리공영의 개방전략을 견지하며**, 각국과의 외교관계와 경제, 문화교류를 발전시켜 **인류운명공동체 구축을 추진한다.**
1조 2항	사회주의제도는 중화인민공화국의 근본제도이다. **중국공산당 영도는 중국특색사회주의의 가장 본질적인 특징이다.**
24조 2항	국가는 **사회주의핵심가치관을 발의**하고, 조국 사랑, 인민 사랑, 노동 사랑, 과학 사랑, 사회주의 사랑의 공덕(公德)을 제창하며...

27조 3항	**국가 종사자는 재임 시 반드시 법률 규정에 따라 공개적으로 헌법 선서를 진행해야 한다.**
79조 3항	중화인민공화국 주석, 부주석의 매 회기 임기는 전국인민대표대회 회기 임기와 동일하다. ("연속 임기는 두 회기를 초과할 수 없다"라는 조항 삭제)
100조	**구(區)가 있는 시(市)의 인민대표대회와 그 상무위원회는 헌법, 법률, 행정법규가 해당 성과 자치구의 지방성 법규와 서로 저촉되지 않는다는 전제하에, 법률 규정에 따라 지방성 법규를 제정하고, 해당 성과 자치구 인민대표대회 상무위원회의 비준을 받아 시행할 수 있다.**
7절 (123조 ~127조 신설)	**제123조 중화인민공화국 각급 감찰위원회는 국가의 감찰기관이다. 제124조 중화인민공화국은 국가감찰위원회와 지방 각급 감찰위원회를 설립한다. 제125조 중화인민공화국 국가감찰위원회는 최고감찰기관이다. 국가감찰위원회는 지방 각급 감찰위원회의 업무를 영도하고, 상급 감찰위원회는 하급 감찰위원회의 업무를 영도한다. 제127조 감찰위원회는 법률 규정에 따라 감찰권을 독립적으로 행사하며, 행정기관, 사회단체, 개인의 간섭을 받지 않는다.**

개정된 내용 중 가장 주목을 끌었던 부분은 국가주석에 대한 임기 제한 철폐였다. 헌법 개정으로 국가주석과 부주석의 임기 제한 조항을 삭제했기 때문에, 시진핑은 2023년 집권 3기 이후에도 계속해서 국가주석 자리에 있을 수 있는 길을 열게 되었다. 당 정치국 상무위원의 은퇴 연령은 어디까지나 관례로 여겨지며 명문 규정은 없다. 따라서 국가의 최고 지위인 국가주석에 계속 머무를 수 있다면, 당연히 당의 최고 지위인 총서기나 정치국 상무위원 지위도 유지할 수 있다는 새로운 해석이 생기게 된다. 이는 시진핑이 마오쩌둥과 같은 종신 지도자 지위에도 오를 수 있다는 것을 의미한다.

또한 개정된 「헌법」에는 시진핑의 이름을 내건 '시진핑신시대중국특색사회주의사상'(이하 '시진핑 사상'으로 약칭)을 명시했다. 이는 '헌법'의 형식을 통해 당의 지도사상을 '국가 지도사상'으로 확립하고, 국가 근본법의 형식으로 시진핑 사상의 지도적 지위를 확립한 것이다.[2] 자신의 이름을 명확하게 헌법에 명시한 지도자는 마오쩌둥과 덩샤오핑에 이어 시진핑이 세 번째이다. 게다가 현역 최고지도자로서 자신의 이름을 헌법에 명기했다는 사실 그 자체로 절대적 권력을 상징하며, 이는 헌법을 수정하지 않는 한 시진핑 사상의 지도적 지위를 바꾸지 못한다는 점에서, 상당히 장기적인 법적 근거를 마련했다고 볼 수 있다. 또한 시진핑 사상뿐 아니라 시진핑이 직접 제기했던 구호들, 예컨대 '중화민족의 위대한 부흥'이나 '강국 건설', '인류운명공동체' 등의 구호도 헌법에 명시함으로써 시진핑 사상을 정당화하고 있다는 점도 큰 의미가 있다.

다음으로 '공산당 영도'를 헌법에 명시했다는 점도 매우 중요하다. "중국공산당 영도가 중국특색사회주의의 가장 본질적인 특징"이라는 규정을 당원들의 규약인 「당장」이 아니라 모든 국민을 대상으로 한 최상위 「헌법」에 명문화했다는 것은 국가체제에 대한 당의 지배를 정당화하는 것으로, 이는 향후 중국정치 경로의 근본적인 변화를 의미한다. 중국공산당은 이미 2014년에 개최한 18차 4중전회에서 12월 4일을 국가헌법일로 제정하였고, 헌법이 '국가의 근본법'임을 명시하며 헌법에 최고 지위를 부여한 바 있다. 중국공산당의 관점에서 볼 때 자신은 이미 '집정당'으로 그 성격이 변했기 때문에 헌법에 당 영도 조항을 넣은 것을 당연한 수순으로 볼 수 있지만, 국가의 근본법인 헌법에 당 영도를 명문화했다는 것은 모든 국민에 대한 당 지배를 합법화한다는 의미로,

2 「把党的指导思想转化为国家指导思想」, 『新华网』 2018/02/26.

이는 향후 전방위적인 강력한 당 지배를 예고한다고 하겠다.

또한 주목해야 할 추가 조항은 제27조 제3항이다. 원래 제27조에는 "모든 국가기관과 국가 공무원은 반드시 인민의 지지에 의지하여 항상 인민과의 밀접한 관계를 유지하며, 인민의 의견과 건의에 귀를 기울이고 인민의 감독을 받으며 인민을 위해 노력한다"로 규정되어 있다. 그런데 이 조문 뒤에 국가 공무원의 헌법 선서 조항을 추가했다. 헌법 선서 의무조항은 헌법에 명시된 모든 조항을 준수한다는 약속으로, 이는 새롭게 추가된 '당의 영도'와 '시진핑 사상'에 대해서도 충성을 다해야 한다는 맹세의 의미가 함께 포함된다. 즉 헌법에 대한 충성맹세는 헌법에 명기된 '당 영도'와 '시진핑 사상'에도 복종해야 한다는 의미가 된다. 개정된 헌법은 공산당 영도와 함께 시진핑 지배체제를 강화하고 그 절대적 권위를 정당화하는 '법적 근거'가 된 셈이다.

마지막으로 국가감찰위원회 설립이 이번 헌법 개정의 두드러진 점이다. 기존에는 행정조직의 감찰권을 행정조직 안에 두었지만, 이러한 기관을 폐지하고 이제 공산당 중앙기율검사위원회(중기위)와 연동되는 새로운 조직인 국가감찰위원회를 설치한 것이다. 이는 행정기관이 갖고 있던 감찰 기능을 박탈하고, 모든 국가기관에 대한 감찰 기능을 당으로 일원화한 조치다. 특히 감찰위원회가 행정기관 등 어떠한 외부의 간섭도 받지 않는다고 규정함으로써 당에 대한 절대복종을 더욱 강화하는 의미가 있다. 자세한 내용은 다음의 당·국가기구 개혁의 내용에서 살펴본다.

'당 통치'의 제도적 완성: 19기 3중전회에서의 당·국가기구 개편

2018년 발표한 당·국가기구 개혁은 개혁 이후 8번째로 진행된 것이지만, '최대 규모의 기구개혁'이자 처음으로 '당과 국가기구'라는 중요한 개념을 제기했다. 즉 과거에 있었던 부처의 재편·통합과 같은 국가기관(정부) 내부의 '행정기구 개혁'에 머무르지 않고, 당 조직을 포함한 '당정군군(黨政軍群)' 4대 분야의 모든 공공기관을 포괄하여 일괄적으로 개편했다.[3] 정치와 행정, 군대, 군중단체 등 전체 영역을 포괄한 대규모 개혁이라 할 수 있다.

2018년 단행된 통치기구개혁은 한마디로 '중국특색사회주의의 가장 본질적인 특징'인 '중국공산당 영도'를 공식화하기 위한 것으로, "당이 모든 것을 영도한다"라는 방침을 각 분야에 관철하는 것이다. 직능이 중복되고 교차하는 당정부문은 합병하고, 업무의 관리체계(歸口)를 당 중앙에서 총괄하고 조율하는 것으로 했다.[4] 또한 당 중앙의 직능부문, 의사협조기구, 파출기구, 직속 사업단위에 대해서도 통합과 개편을

---

3 许耀桐,「党和国家机构改革: 若干重要概念术语解析」『上海行政学院学报』 2018年 第9期.

4 당정부문의 통합 형식에는 '합병'과 '합서판공(合署辦公)'이 있다. '합병'은 당정기관이 완전히 일체로 흡수되는 것(合爲一體)을 의미한다. 합병 이후에는 하나의 기관과 하나의 간판만이 있는데, 그것은 당 기구이기도 하고 정부 기구이기도 하다. '합서판공'은 당정기관의 사무장소가 같고, 내부인원과 기구도 통일영도를 받게 되지만, 당정 쌍방은 일부 인원만 중복되고 완전한 합위일체를 이루지는 못한다. 쌍방은 일부 직능 직책, 내부 설치 기구 및 인원 편제에서 여전히 상대적으로 독립성을 유지하게 되고, 대외적으로는 구체적인 상황에 따라 두 개의 다른 기관의 명의로 다른 직권을 행사하게 된다.

진행하여, 당 중앙의 총괄 관리구조를 체계적으로 개편했다.[5]

이러한 당·국가기구의 개편을 통해 변화된 중요한 특징은 기존에 국가기관이 맡아왔던 행정 관리를 공산당이 직접 담당하거나 혹은 공산당 조직 안에 국가기관을 사실상 포섭하는 형태로 진행되었다는 점이다. 이는 정부 행정기구의 권한 약화와 당의 통치권력 강화를 핵심으로 하는 통치구조의 재편이라고 평가할 수 있다. 요컨대 '당이 모든 것을 영도한다'라는 원칙 아래에 당정체제를 재편하여 중대 업무에 대한 당의 영도 실현을 확보하고 공식화하고 있다.

통치기구 개혁의 목적은 2018년 19기 3중전회를 앞두고 발표한 시진핑의 「당·국가기구개혁 심화 결정과 방안에 관한 설명」에 잘 나타나 있다.[6] 「설명」에서는 당과 국가기구 개혁의 주요 목적은 바로 "장기적인 당의 집정과 국가의 안정을 확보하기 위해서"라고 강조한다. 체제 강점이라 할 수 있는 '당의 영도'를 잘 발휘하여 이를 제도개혁에 반영하고, 각 기구의 기능을 조화시킴으로써 효율적인 관리와 집행의 메커니즘을 마련한다는 것이다. 구체적으로 "전체 국면과 관련된 중대한 문제에 영향을 미치는 업무에 대해서는 공산당의 집중 통일된 영도를 강화한다"라는 방침이다. 이에 따라 조직, 선전, 통일전선, 정법(政法), 교육 분야에 대해 공산당의 영도력과 조율 기능을 강화하는 조치가 취해졌다.

중국 통치구조 개편의 근거가 되는 두 개의 문건, 즉 「중공중앙의

5 刘鹤, 「深化党和国家机构改革是一场深刻变革」『人民日报』 2018/03/13.

6 19차 3중전회(2018년 2월)에서 통과된 문건은 「중공중앙의 당·국가기구개혁 심화에 관한 결정」과 「당·국가기구개혁심화 방안」이고, 이 두 개 문건의 배경과 내용에 대한 설명이 「당·국가기구개혁 심화 결정과 방안에 관한 설명」이다.

당·국가기구개혁 심화에 관한 결정」과 「당·국가기구개혁심화 방안」의 주요 내용을 살펴보면, 전체적으로 '당의 전면적 영도'를 실현하기 위한 제도 마련, 정부 기구 설치 및 직능배치의 개선, 당정군군(黨政軍群)을 총괄하는 기구개혁, 지방 기구의 합리적 설치, 기구편제의 법정화 추진 등의 내용이 담겨있다.[7] 이 중에서 당 중앙기구의 개혁 내용을 살펴보면 〈표 2-3〉과 같다.

〈표 2-3〉 19기 3중전회 당 중앙기구 개혁

기구개혁 이전	기구개혁 이후
감찰부, 국가예방부패국 폐지 최고인민검찰원(반부패 관련 직책을 국가감찰위원회로 통합)	국가감찰위원회 (중앙기율검사위원회와 통합)
	중앙전면의법치국위원회(판공실은 사법부에 설치)
	중앙심계위원회(판공실은 심계서에 설치)
중앙전면심화개혁영도소조	중앙전면심화개혁위원회
중앙사이버안전 및 정보화영도소조	중앙사이버안전 및 정보화위원회
중앙재경영도소조	중앙재경위원회
중앙외사공작영도소조	중앙외사공작위원회
	중앙교육공작영도소조(비서조는 교육부에 설치)
중앙직속기관공작위원회, 중앙국가기관공작위원회	중앙·국가기관공작위원회
중앙당교, 국가행정학원	중앙당교
중앙당사연구실, 중앙문헌연구실, 중앙편역국	중앙당사 및 문헌연구원 (대외적으로 중앙편역국 간판은 보류)
중앙기구편제위원회판공실, 국가공무원국	중앙조직부 (공무원업무, 중앙기구편제위원회판공실 통일관리) (대외적으로 국가공무원국 간판은 보류)

7 「中共中央关于深化党和国家机构改革的决定」, 『新华网』 2018/03/04.

국가신문출판광전총국	중앙선전부(영화업무, 신문출판업무 통일관리) (대외적으로 국가신문출판서(국가판권국), 국가영화국 간판 사용)
국가민족사무위원회 (중앙통전부 영도로 예속) 국가종교사무국, 국무원화교업무판공실 폐지	중앙통일전선부(국가민족사무위원회 통일 영도, 화교업무와 종교업무 통일관리) (대외적으로는 국가종교사무국, 국무원화교업무판 공실 간판 보류)

당 중앙기구 개혁의 주요 내용을 보면 당이 국가 정부 기관에 대한 영도력을 한층 더 강화하도록 기구 개편이 이루어졌음을 알 수 있다. 이는 몇 가지 유형으로 나누어볼 수 있다.

첫째, 지금까지 당이 정책을 결정하고 정부 기관이 그 방침에 따르게 하려고 설치돼 온 당 중앙조직 "영도소조(領導小組)"를 "위원회(委員會)"라는 한 단계 높은 조직으로 승격시킨 유형이다. 이에 대한 공산당의 설명은 당 중앙의 집중통일적 영도를 강화하고 정책 결정의 효율을 높이며 통일적 조정 직책을 강화하기 위해서라는 것이다. 기존에 있던 당 중앙의 각 영도소조는 관련 부서 간의 업무를 조정하는 의사조정기구(議事協調機構)로 정책결정권은 없었다. 그러나 시진핑이 2013년 중앙재경영도소조의 조장을 맡은 뒤부터는 영도소조가 점차 고위층 정책결정의 역할로 조정되었고, 이에 따라 중요한 정책결정이 각 영도소조로 이전되었다. 영도소조를 '위원회'라는 이름으로 바꾼 후에는, 위원회가 공식적인 정책결정 단위가 된 것이다. 이에 따라 시진핑이 조장을 맡아왔던 4개의 중앙 영도소조가 각각 위원회, 즉 '중앙전면심화개혁위원회', '중앙사이버안전 및 정보화위원회', '중앙재경위원회', '중앙외사공작위원회'로 바뀌었다.

둘째, 기존에 대구(對口) 영도기구가 없는 조직라인(系統)에 대해서는 위원회나 영도소조 등의 당 조직을 새로 정부 기관 안에 설치하여, 정부 기관 자체를 내부에서 관리 지도하는 유형이다.[8] 구체적인 사례로는 사법부 내에 설치된 '중앙전면의법치국위원회'나 심계서(審計署, 감사조직) 내에 설치된 '중앙심계위원회', 그리고 비서조직을 교육부 내에 설치한 '중앙교육공작영도소조'를 들 수 있다.

셋째, 지금까지 당과 국가가 개별적으로 관리해 온 조직을 통합하는 형태로 당이 국가기관에 대해서도 직접 관리에 나선 유형이다. 구체적으로는 당의 업무를 관리하는 '중앙직속기관공작위원회'와 국가·정부의 업무를 관리하는 '중앙국가기관공작위원회'를 '중앙·국가기관공작위원회'로 통일하여, 사실상 당이 국가·정부의 업무도 일괄적으로 관리하게 되었다. 또한 당 간부를 양성해온 당 중앙당교가 행정기관의 간부를 양성해온 국가행정학원을 사실상 흡수 합병하면서, 국가공무원 양성까지 맡게 되었다. 당 인사를 관리해 온 중앙조직부도 국가기관의 인사를 관리해 온 국가공무원국을 흡수·통합하여, 당이 정부기관의 인사도 관리하는 형태가 되었다.

종교, 화교, 민족과 관련된 문제에 대해서는 그동안 정부조직 차원에서 대처해왔지만, 이번 개혁에서 국가민족사무위원회를 당 중앙통일전선부가 사실상 흡수합병하였다. 정부기관의 간판은 대외적으로 남겨

---

8 '당조(당 조직)'가 국가기관 안에서 당 중앙에 대해 보고하는 채널이라면, '대구부'는 당내에 있는 행정담당기구로 행정기관에 대해 지시하고 명령하는 채널이다. 당조(黨組)와 대구부(對口部)에 관한 설명은 이 책의 6장을 참고할 것.

두거나 예속 형태로 조직을 존속시키기도 했지만, 기본적으로는 당으로 업무를 단일화한 것이다. 또한 정부기관에서 일하는 공무원에 대한 간부 양성과 인사관리가 정부에서 당으로 옮겨졌고, 국가신문출판광전총국을 해체하고 이 총국이 맡아왔던 신문출판 및 영화제작 지도 관리를 언론통제를 담당하는 당 중앙선전부가 직접 맡게 된 점도 주목할만한 변화이다. 여론 조성의 주요 수단인 보도나 출판, 영화에 대해 그동안 중앙선전부가 국가신문출판광전총국을 통해 여론을 조정해왔지만, 이제는 간접적 방식이 아니라 직접 통제에 나선 것이다.

전체적으로 당 중앙기구의 개혁을 개괄하면, '당의 전면적 영도'를 강화하기 위해 당 중앙에서 중대 업무를 관리하고 총괄하는 기구 개편이 이루어졌다고 볼 수 있다. 특히 '위원회' 체제로의 개편은 제도적으로나 실질적인 권력 측면에서도 당 중앙의 권력이 강화되었다는 의미이다. 위원회는 기존의 영도소조가 맡았던 단순한 의사조정기구가 아니라, 전체 국면과 여러 영역과 관련된 업무를 처리하는 '중앙정책결정의사조정기구(中央決策議事協調機構)'이다. 즉 여러 분야에 걸친 사안에 대해 의사를 조율할 뿐만 아니라 실질적인 정책결정을 할 수 있는 기관으로 자리잡게 된 것이다.

각 위원회 회의에서 결의된 내용은 문건을 통해 각 관련 부처(部委)로 하달되고 행정지령의 권한을 갖게 되었다. 또한 위원회 구성원이 이전 영도소조 시기보다 대폭 간소화되면서 정책결정의 효율성을 강화했다. 예컨대 중앙재경위원회의 사례를 들면 18대 중앙재경영도소조에서는 총 26명이었으나, 19대에서는 조장 시진핑과 부조장 리커창을 포함하여 총 5명이다.[9] 위원회는 영도소조 시기처럼 더는 정책토론장의 기능을 하지 않으며, 소수의 지도자 중심으로 정책 결정을 내리고, 시진핑 개인의 정책 의지를 관철할 수 있는 중요한 제도가 되었다. 위원회로 개편·신설되면서 시진핑의 실질적인 권력은 강화되었을 뿐 아니라 권력기구 간의 역학관계도 변화되었다. 예컨대 위원회의 정책결정 기능이 강화되면서 정치국 상무위원회와 정치국의 권한이 침해되는 문제가 발생할 가능성이 높아졌다. 특히 중앙전면심화개혁위원회가 처리하는 안건이 정치국보다 훨씬 많아졌다.[10]

중앙전면심화개혁위원회(이하 심개위)는 기존에 기능별로 분리되어 있던 업무를 심개위 하나로 집중시켜, 심층적 개혁을 위한 전반적인 내용을 총괄하고 중점 관리하게 되었다. 심개위가 포괄하는 내용은 당정감독관리, 지방분권, 금융감독관리, 과학기술, 문화교육, 사회구제, 사법개혁, 군민융합 등 개혁과 관련된 거의 모든 영역을 전면적이고 광범위하게 포괄한다. 심개위 1차 회의에서 시진핑이 했던 발언처럼, "개혁의 단계가 이제 이익구조의 조정과 제도체계의 변혁과 깊이 관련된 새로운 단계로 진입"했기 때문에, 이러한 문제를 총괄적으로 관리할 수 있는 당 부서가 필요하다는 것이다.

---

9 중앙재경위원회 1, 4차 회의는 시진핑, 리커창, 왕양, 왕후닝, 한정 5명이 위원으로 참여했고, 2, 3, 5, 6차와 11차 회의(2022년 4월 26일)에는 왕양이 빠진 4명이 참여했다. 「中国共产党中央财经委员会 – 百度百科」 https://baike.baidu.com

10 조영남, 「2018년 중국정치의 현황과 전망: 13기 전국인민대표대회 1차 연례회의를 중심으로」 국립외교원 중국연구센터, 『2018중국정세보고』 (서울: 국립외교원, 2019), pp. 29~33.

동시에 권력의 집중통일과 각 부처로의 신속한 정책 전달을 위해 관련 부처에 위원회 판공실을 설치하여, 기존의 "행정명령이 중남해에서 벗어나지 못하는(政令不出中南海)" 고질적인 문제를 해결하고 "힘을 집중시켜 큰 일을 처리(集中力量辦大事)" 할 수 있게 했다고 설명한다. 일각에서는 이를 두고 청 제국 시기의 군기처(軍機處) 역할과 흡사하다고 지적하며 "판공실 체제"라고도 부른다.[11]

이러한 당 중앙기구 개편으로 당의 영도력이 강화되었고, 정부는 당에서 정한 정책을 집행하는 기관의 역할이 더욱 분명해졌다. 어떤 측면에서는 "전면적이고 깊이 있는 개혁"과 관련된 모든 의제에 대한 결정권을 당 중앙으로 집중시킴으로써 당의 영도능력을 강화하고 정책결정의 효율성을 높였다고 평가할 수 있다. 또한 이러한 기구 개혁은 당의 전면적 영도를 명확히 하고 시진핑의 시정 의지를 관철하며 당정협력의 비용을 줄여 행정효율을 높일 수도 있다.

그러나 당이 맡아야 할 '중요 업무'가 무엇인지, 이에 대한 정의와 구분이 모호하여 여전히 직책의 중복과 교차가 적지 않다. 예컨대 경제 심계(회계감사) 업무와 기율검사·감찰계통의 업무, 그리고 의법치국위원회와 정법위원회, 감찰위원회와 정법위원회의 업무 등 당내 기구 간의 업무가 교차·중복되는 문제가 여전히 남아있다. 또한 당의 영도능력을 강화하고 정책결정의 효율성을 높였다고 곧바로 순조로운 정책 집행과 거버넌스 운행으로 이어지는 것은 아니다. 거버넌스의 운행이 여전히 '수직적 통제와 영도'에 머물러있고, 각 국가기관 간의 수평적 소통과 협

---

11 「從軍機處到辦公室體制強化, 解讀中國"政改"密碼」『多維新聞』 2018/03/24.

조가 부족하다. 당의 영도를 중심으로 신속하고 효율적인 의사결정구조로 개편했더라도, 실질적인 힘을 잃은 각 정부기관이 실행능력을 발휘하기 어려울 수도 있다. 이에 따라 중국공산당은 '당의 전면적 영도 강화'와 함께 '국가 거버넌스 현대화'라는 의제를 중국의 꿈을 실현하기 위한 중요한 로드맵으로 동시에 제시하고 있다. 이에 대해서는 3장에서 살펴본다.

국가감찰위원회 설립: 당 중앙의 '감독'으로 일원화

19기 3중전회의 기구개혁에서 설립된 국가감찰위원회는 중국공산당이 당뿐 아니라 국가기관의 모든 간부에 대한 감찰을 독점하게 되었다는 점에서 주목된다. 「당·국가기구 개혁 방안」에서는, 국가감찰위원회는 "부패 척결 업무에 대한 공산당의 집중통일된 영도를 강화하고, 당내 감독과 국가기관 감독 간, 당 기율검사와 국가 감찰 간의 유기적 통일을 실현"하기 위해 만들어졌다고 설명한다.[12] 왕치산은 국가감찰위 설립은 당이 총괄하는 감찰제도를 통해, 당 중앙의 감독으로 일원화하기 위한 것이라고 밝힌 바 있다.[13] 즉 지금까지는 행정기관인 국무원 안에서의 감찰 부문을 통해 부패문제에 대응해왔지만, 국가기관이었던 감찰부와 국가부패예방국은 이번 기구개혁으로 폐지되고, 모든 권한이

12 「中共中央印发《深化党和国家机构改革方案》」『新华社』 2018/03/21.

13 王岐山, 「构建党统一领导的反腐败体制, 提高执政能力, 完善治理体系」『新华社』 2017/03/05.

당 중앙기구인 국가감찰위원회로 넘어가게 된 것이다. 명칭은 별도로 사용하지만, 국가감찰위원회는 당 중앙기율위원회와 통합 운영된다.

헌법에 따르면 국가감찰위원회와 성, 시 등 각급 지방의 감찰위원회는 해당 행정조직과는 독립적으로 설립되어 행정기관으로부터 어떠한 간섭도 받지 않도록 규정되어 있다. 예를 들어 국가급에서 국가감찰위원회는 행정기관인 국무원이나 각 부처로부터 어떠한 간섭도 받지 않고 행정 부문의 비리를 자유롭게 조사할 수 있는 독립된 권한을 갖게 된다. 국가감찰위원회가 벌이는 일에 대해 행정부 수장인 총리조차 간섭할 수 없게 된 것이다.

물론 기존에도 당의 영도 하에 공산당이 결정하고 정부 기구는 당의 방침에 따라 행정을 진행하는 형태로 되어 있었다. 그러나 행정기관이 구체적인 행정 실무를 수행할 때 개별적인 판단에 따라 대응해 온 측면이 많았고, 이로 인해 각급 행정기관에서 인허가를 담당하는 관료들에 의한 부정부패의 폐해가 많았다는 것은 부정할 수 없는 사실이다. 그러나 국가감찰위원회라는 당 기율과 국가 감찰의 통합 기구가 탄생함으로써, 중국공산당의 국가기관에 대한 영향력이 현격히 강화되었고, 이에 따라 정부 관료는 국무원이나 각 부서의 이익보다는 공산당의 방침을 먼저 수행할 수밖에 없는 구조로 바뀌게 되었다. 당 지도부가 정부 등 국가기관을 예속시켜 마음대로 통제할 수 있는 구조를 형성하게 된 것이다.

이상의 특징으로 살펴볼 때, 2018년의 당·국가기구 개혁은 효율의 원칙에 따라 기구를 간소화하고 합병하는데 그치는 것이 아니라, 보다 근본적으로는 당·국가기관의 재편을 통해 통치구조를 바꾸고 공산당의 집정지위를 공식화·법리화하기 위한 것임을 알 수 있다. 한마디로 "당이 모든 것을 영도한다"는 원칙을 제도적으로 구현하려는 것으로, 이는 '당정분리' 방침의 완전한 포기라 하겠다.

영도소조에서 이름이 바뀐 4개 위원회는 중요 업무에서의 탑-레벨 기획(頂層設計), 총체적 배치, 통일적 계획과 조정, 일괄적 추진, 실질적 실행 촉진을 담당하게 되었지만, 위원회마다 활동 상황은 좀 차이가 있다. 중앙전면개혁심화위원회와 중앙재경위원회 활동에 대한 보도는 비교적 활발하지만, 중앙외사공작위원회와 중앙인터넷안전정보화위원회의 회의 개최나 활동에 대해서는 거의 보도가 없다.[14]

'당 영도 제도체계'의 확립

이상의 내용을 정리하면, 중국공산당은 대체로 세 가지 형태로 당중앙의 영도를 강화하고, 이를 실질적으로 관철하는 제도체계를 확립했다는 것을 알 수 있다.

첫째, '당의 직능 강화'이다. '직능 강화'란 당이 관련 부문을 직접 총괄함으로써 더 많은 책임을 맡는다는 뜻이다. 예컨대 앞에서 서술한

14 외교관계자들이 가장 관심을 쏟는 「중앙외사공작위원회」의 경우, 2018년 개편 후 5월 15일 제1차 회의를 개최한 이후에는 회의 개최 사실이 보도되지 않았다. 1차 회의에는 위원장인 시진핑 이외에 리커창, 왕치산, 왕후닝, 한정이 참여했다. 사무국인 중앙외사공작위원회 판공실 주임은 양제츠(杨洁篪)이다. 양제츠는 20차 당대회 1중전회 이후 정치국원에서 물러나고 중앙외사판공실 주임에서 은퇴했고, 왕이(王毅)가 승계했다.

당·국가기구 개혁을 통해 감찰·간부관리·선전·통일전선·정법 등 정치적 성격을 띤 분야에 대해서는, 정부 기구에 있던 부문을 당 기구로 합병하거나 혹은 직능을 이전했다. 그러나 이러한 변화가 다시 과거 당정일체(黨政不分) 상태로 되돌아가는 것은 아니다. 정치적 영역이 아닌 분야, 예컨대 정부의 경제조정과 시장규제, 공공서비스, 생태관리보호 직능의 영역에 대해서는 당정 총괄기구의 설치가 거의 없다.[15]

둘째, 전체 국면과 관련된 중대하고 복잡한 사안에 대해서는 당의 '총괄적 영도'를 강화하는 형식으로 관리한다. 구체적인 형식으로는 앞에서 말한 '영도소조'와 '위원회'가 있고, 규범적인 표현은 '귀속관리(歸口管理)'라고 한다.[16] 2018년 당·국가기구 개혁을 통해 중앙에 둔 정책결정의사협의기구는 모두 10개가 됐다. 전면심화개혁, 사이버안전 및 정보화, 재경, 외사 등의 위원회는 모두 거대한 국정방침과 치국 근본에 관한 문제와 관련되며, 교육은 중국에서 모든 인민의 계층 변화와 사회안정 및 민심의 향배와 관련된 문제라 할 수 있다. 정부 각 부문에 대해서도 당조(黨組) 건설과 당 영도 강화를 강조하였다.

셋째, 중대 사항이나 중요도가 높아지는 사안에 대해 '새로운 부서를 증설'하는 방식으로 당의 영도를 실현했다. 예컨대 중앙 차원에 자

---

15 宋世明, 「深化党和国家机构改革, 推进国家治理体系和治理能力现代化」『行政管理改革』 2018年 第5期, p. 8.

16 '귀(歸)'는 '전문적으로 담당한다'라는 의미이고, '커우(口)'는 '루트(통로)'로, '귀속관리(歸口管理)'란 당이 당내 직능부문을 통해 국가와 사회 업무에 대해 효과적인 관리와 통제를 실행하는 것을 말한다. 통상 업무가 유사한 부문을 하나의 '시퉁(系統)'으로 묶는데, 시퉁은 '커우(口)'로도 불리며, 직능이 비슷한 당정기구로 구성된 체계를 가리킨다.

연자원부, 퇴역군 인사부문, 국가이민관리국 등을 새로 설치한 것이 대표적이다. 이와 동시에 성 정부의 경우 각 지방에 필요한 각종 새로운 기구가 설치되었는데, 대표적으로 많은 지방에서 '빅데이터국(大數據局)'을 설립하여 지방 관리에서 기술의 중요성이 날로 높아지고 있음을 보여주고 있다.

이러한 당 영도의 제도체계 방침은 2019년 10월에 개최된 19기 4중전회 문건에 잘 나타나 있다. "당의 영도제도체계 견지와 완비" 부분에서는 당의 과학적 집정, 민주적 집정, 법에 근거한 집정수준을 향상할 것을 강조하고 있다. 특히 "당 중앙의 권위와 집중통일영도를 수호하는 각종 제도를 완비한다"라는 부분에서는 이렇게 서술하고 있다. "중대한 업무에 대한 당 중앙의 영도체제를 보다 완전하게 하고, 당 중앙의 정책결정의사협조기구로서의 직능 역할을 강화한다. 당 중앙의 중대한 정책결정실행 메커니즘을 개선하고 당 중앙에 대한 보고 제도를 엄격히 집행하며, 명령은 지키고 금지사항은 행하지 않도록 한다. 당으로 집중통일된 조직제도를 수호하고, 당의 중앙조직, 지방조직, 기층조직이 상하로 연결되는 엄밀한 집행체계를 만들어 당의 조직과 업무가 전 범위에 걸쳐 실현되도록 한다."[17]

17 「中共中央关于坚持和完善中国特色社会主义制度, 推进国家治理体系和治理能力现代化若干重大问题的决定」(2019년 10월 31일 중국공산당 19기 4차회의 통과), 『新华社』 2019/11/05.

3장
'중국식 통치(中國之治)': 당 영도의 국가 거버넌스(治理) 확립

중국공산당은 당장과 헌법 개정 및 당·국가기구 개혁을 통해 당의 영도를 '전면적'으로 강화하고 실현할 수 있는 제도적 기반을 마련하였다. 그러나 당의 영도를 헌법에 명시하고, 주요 정책에 관한 결정과 조율의 권력을 당 중앙기구에서 장악하고 있다 하더라도, 제도 자체가 당에 대한 신뢰를 높여줄 수 있는 것은 아니다. 당 중앙으로 권력을 집중시킨 제도적 개편이 실제로 정책적 효과를 발휘할 수 있어야 한다. 그래야 '집정당'으로서의 능력을 증명할 수 있는 것이고, 정책 효과를 통해 집정능력을 보여줌으로써 당의 영도지위도 흔들림없이 유지할 수 있게 된다.

이에 중국공산당은 19기 3중전회에서의 당·국가기구 개혁에 이어

19기 4중전회에서는 "국가 거버넌스체계와 거버넌스능력의 현대화"라는 의제를 제시한다. 이는 '당의 전면적 영도 강화'와 함께 중국의 국가목표를 달성하는 중요한 로드맵으로 제시되었다. 19기 4중전회 공보(公報)에서 밝히고 있듯이 "각 분야의 제도를 더욱 잘 완비하여 국가 거버넌스체계와 거버넌스능력의 현대화를 2035년까지 기본적으로 실현하고, 신중국 성립 100년이 되는 2049년까지 전면적으로 현대화하여 중국특색사회주의제도를 더욱 공고하게 하고 그 우월성을 충분히 드러나게 한다"[1]는 의지를 보이고 있다.

'당의 영도'와 '국가 거버넌스'의 문제는 엄연히 다른 영역임에도 불구하고, 중국공산당은 당의 영도 강화를 통해 국가 거버넌스의 현대화를 추진할 수 있고, 국가 거버넌스가 잘 이루어져야 당의 영도를 유지할 수 있다고 본다. '영도지위'와 '집정지위'를 동시에 갖고 있는 중국공산당으로서는 국가 거버넌스의 현대화를 통해서 집정능력을 증명할 수 있고, 그래야 영도지위를 보장받을 수 있기 때문이다.

중국에서 '치리'의 개념

'거번(govern)'은 원래 통치, 지배, 관할 등을 뜻하고, 그 명사형의 하나인 '거버먼트(government)'는 통치의 주체인 '정부'를 의미한다. 그러나 현대 법치사회에서는 거번의 주체가 집권당과 정부 이외에도 사회단체

1 「中共中央关于坚持和完善中国特色社会主义制度, 推进国家治理体系和治理能力现代化若干重大问题的决定」(2019년 10월 31일 중국공산당 19기 4중전회 통과), 『新华社』 2019/11/05.

및 시민 개개인의 의정 참여, 주민자치, 헌법에 기반을 둔 국민의 권력 감시, 입법·사법부에 대한 행정감독 등 기존 정부 관리의 범위를 훨씬 넘어선다. 이렇게 더 넓은 범위에서 시민사회(civil society)의 정치 참여를 포괄하고 있는 개념이 바로 '거버넌스(governance)'이다.

중국 학계에서는 베이징대의 위커핑(俞可平) 교수가 처음으로 '거버넌스' 개념을 소개한 이후, 이 개념을 '치리(治理)'로 번역하여 사용하고 있다. 중국 학계에서도 '치리'에 관한 다양한 개념 정의가 있지만, 정치학과 공공관리 분야에서는 대체로 "공적 권위가 공공이익을 실현하기 위해 진행하는 관리활동과 관리과정"으로 정의한다. 치리의 주체는 정부조직뿐 아니라 비정부 조직, 혹은 정부와 민간의 연합조직을 포함한다. 기존 '통치'의 착안점은 정부 자체이지만, '치리'의 착안점은 전체 사회라는 것이다.[2]

공공정책에 대한 의사결정과정에 정부뿐 아니라 사회 각 주체의 참여를 포괄하고 있다는 측면에서 중국의 '치리' 개념은 민주주의 체제에서의 '거버넌스' 의미와 상통하는 부분이 있다. 통치와 관할의 주체가 기존의 '정부'에서 '다양한 주체'가 참여하는 것으로 변화되었기 때문이다. 중국 정치학계의 논의에서도 정치개혁의 방향과 민주적 참여의 확대를 모색하는 과정에서 '치리' 개념이 도입되었고, 이러한 과정에서 '좋은 거버넌스(善治)'라는 개념도 제시된 바 있다.[3]

그러나 18차 당대회 이후 '치리'가 국가 통치전략의 핵심 개념으로

---

2 俞可平, 「中国治理变迁30年(1978~2008)」『吉林大学社会科学学报』2018年 第3期.

3 俞可平, 『增量民主与善治』(北京: 社会科学文献出版社, 2005).

사용되면서부터는, '거버넌스'라는 의미로 중국의 '치리' 개념을 이해하는 데는 한계가 있다. 18차 3중전회에서는 처음 공식적으로 '국가 치리'의 개념을 제기한다. 학술개념으로 쓰던 '치리'를 처음으로 국가전략과 법리(法理)의 차원으로 승격시킨 것이다. 이에 따라 국가통치전략의 일환으로 제기된 '치리' 개념은 민주주의 체제에서 말하는 '거버넌스'와는 의미가 달라진다. 민주주의 체제에서 거버넌스는 복잡한 사회 현안을 둘러싸고 각 전문 분야의 다양한 주체가 참여하는 '협치', 즉 정책 결정 투입과정에서의 다원화된 주체와 민주적 절차를 강조하는 개념이다. 그런데 국가통치전략으로 제기된 중국의 '치리'는 통치전략과 그 실현 경로와 관련된 하나의 총체적인 '방략'을 의미한다. 또한 통치를 실현하기 위한 기술, 수단, 메커니즘 등의 '방법'과 '과정'까지도 포함한다. 즉 치(治, ruling)와 리(理, managing), '지배'와 '관리'를 모두 포함하는 개념으로, '통치'라고 번역하는 것이 우리말의 의미와 가장 가깝다.[4]

중국에서 치리는 통치행위와 관련된 모든 것을 포함하기 때문에, 통치 메커니즘뿐 아니라 조직구조나 행정절차, 관리기법, 정책 기조 등을 모두 포함한다. 즉 통치의 전 과정에서 나타나는 원리와 방법의 의미를 포괄하며, 각 분야를 포용하고 연결하는 초영역적이고 매개적인 성격을 띤다. 이에 따라 기존의 통치행위와 관련된 용어들, 예컨대 행정과 관리, 집정과 시정(施政), 통솔(引領) 등의 개념을 모두 포괄하는 개념이라 할 수 있다.

4 이 책에서는 중국체제의 맥락에서 쓰는 '치리'의 의미를 살리기 위해, 문맥에 따라 '치리'라는 용어로 그대로 쓰거나 혹은 '통치'나 '거버넌스'와 병행하여 쓴다.

사실 '치리'라는 말은 중국 고전에도 등장하고, 거버넌스라는 개념이 중국 학계에 소개되기 전부터 사용되던 용어이다. 전통적 의미에서 '치리'란 관리하여 안정시킨다는 의미로, 지속적인 평형의 상태를 유지할 수 있는 조직과 관리의 상태를 만드는 것을 말한다.[5] 중국 고문헌에서의 '치리'는 양호한 관리와 통치의 상태를 지칭하는 '양치선정(良治善政)'이나 '치국리정(治國理政)'의 성과를 의미하기도 하며, '치리정무(治理政務)'의 도리를 가리키기도 한다.[6] '거버넌스'라는 서구 개념을 번역하는 과정에서 기존에 중국에 있었던 '치리' 개념을 사용했지만, 현재 쓰이는 '치리' 개념은 기존 개념의 의미가 지속되는 동시에 새로운 의미를 획득하며 재구성된 것이라 할 수 있다.

19차 4중전회에서 제기된 '국가'의 거버넌스 현대화는 국가통치를 위한 체계와 방법을 완전히 바꾸어 재편한다는 의미를 담고 있다. '치리'의 개념이 중국 맥락(context)에서 재정립되고 '국가의 언어'로 확립된 것이다. 따라서 통상 민주주의체제에서 '거버넌스'는 정책결정 주체의 다원화와 의사결정과정의 민주성을 강조하면서 '지방/사회로의 분권화' 과정과 동시에 진행되지만, 중국에서 '치리' 현대화에 대한 강조는 오히려 국가 능력을 중시하며 '중앙으로의 집권(集權)화' 방향으로 진행되고 있다.

중국은 국가 치리의 '체계'와 '능력' 측면에서의 현대화를 강조한다.

---

5 刘建军, 孙杨程, 「历史·社会·环境: 中国古代治理体系长期存续的三重密码」『河南社会科学』 2017年 第12期.

6 张小劲, 李岩, 「国家治理现代化的语义图解与模式理解」, 张小劲, 景跃进主编, 『理解政治: 全球视野与中国关怀』(北京: 中央编译出版社, 2016), p. 231.

우선 국가 '치리체계'의 현대화란 국가통치기구의 구조와 기능, 그리고 각 기구 간의 상호연계 및 운행 기제를 현대화하는 것을 말한다. 즉 정부 기관뿐 아니라 각 시장 주체와 사회조직을 포함하여 각 행위자 간의 기능적 소통이 원활히 이루어질 수 있게 하는 시스템의 완성을 말한다. 또한 국가 '치리능력'의 현대화란 국가가 보유한 각종 지식정보자원, 물적자원, 인적자원 등의 배치방식과 효과적인 사용능력을 통칭한다.[7] 따라서 '국가 치리체계와 치리능력의 현대화'란 그 강조점이 기존의 제도 건설처럼 단순히 '제도 공급'에 있지 않고, 제도 간의 연결과 정합, 제도 규칙의 엄격한 집행, 그리고 사회가 일정한 규칙에 따라 움직여지도록 만드는 제도문화의 구축까지 포함한다고 볼 수 있다.

요컨대 중국의 '치리' 개념을 민주주의체제에서 사용하는 '거버넌스'로 이해해서는 중국의 총체적 국가목표 및 전략, 그리고 제도개편의 의미를 온전히 해석하지 못한다. 중국이 신시대로 나아가기 위해 강조하고 있는 '국가 치리의 현대화'는 중국의 이념, 제도, 조직을 하나의 완정(完整)한 시스템으로 통합하여 효율적인 통치체계를 구축하고 각 기관의 통치능력을 향상하기 위해 제기된 것이다. 즉 '치리 현대화'를 통해 '중국식 통치(中國之治)'를 완성한다는 것이다.

주의해서 봐야 할 것은 중국에서 '치리'의 범주를 층위에 따라 국가 치리, 지방 치리, 사회 치리로 나눈다는 점이다. '환경 거버넌스'나 '정부 거버넌스'처럼 협치가 필요한 각 주제나 영역에 따라 거버넌스의 대상을

---

7 薛澜, 「国家治理体系下的社会治理: 发展, 挑战与改革」『社会治理』 2015年 第2期.

정하기도 하지만, 중국의 방식은 이와는 차이가 있다. 중국이 나누는 국가 치리, 지방 치리, 사회 치리는 행정 위계적으로 치리의 범주가 이미 정해져 있고, 이에 따라 각 치리의 주체도 한정되어 있다. '국가 치리'는 주로 국가 수준에서의 통치시스템의 완성을 목표로 하며, 치리의 주체는 중앙 정부, 즉 국무원이다. '지방 치리'는 각 지방에서의 효율적인 관리와 정책집행을 목표로 하며, 치리의 주체는 각 지방정부이다.[8] '사회 치리'는 주로 기층 행정단위에서의 지역 질서 유지와 기층 자치 실현을 목표로 하며, 치리에 참여하는 주체는 기층정부와 지역 사회의 주민들이다. 개별 주민이 실질적으로 참여할 수 있는 치리의 범위는 자신이 속해있는 기층 사회이며, 위계적으로 구획된 치리의 구조에서 각 지방과 지역 사회 주체들은 다른 지방과 지역 사회의 거버넌스 현안에 끼어들 수 없고, 오로지 중앙과의 수직적 행정명령관계 속에서만 움직인다.

이렇게 기존의 행정 위계적인 구조를 그대로 유지하면서 기층 사회 차원에서 '협치'라는 메커니즘을 결합한 것이 중국 '치리'의 특징이다. 이와 함께 '중국식 통치'에서 가장 눈에 띄는 점은 '당'의 존재이다. 국가와 지방정부 차원뿐 아니라 각 기층 사회에서도 모두 '당의 영도'에 따라야 한다. 구조적으로 보았을 때 각급 행정별로 관리체계가 수직적으로 조직되고, 당은 이러한 층위마다 행정 영역 밖에서 정부를 영도하여 치리가 잘 작동되도록 이끄는 역할을 하는 것이다.

8 지방정부의 범위에 대해서는 크게 두 가지 관점이 있다. 하나는 지방정부를 성시현(省市縣) 3급 정부로, 기층정부를 향진(鄉鎮) 급 정부로 보는 관점이고, 다른 하나는 지방정부를 성시 급으로, 기층정부는 현을 포함하여 현급 이하로 보는 관점이다. 이러한 관점의 차이가 있는 것은 각급 정부가 담당하는 구체적인 기능과 업무에 따라 지방정부와 기층정부의 역할이 구분되기 때문이다.

이러한 구조에서 보았을 때 당은 행정 영역 밖에서 각 국가(정부)기관을 '영도'하는 동시에, 각급 정부의 행정관리체계 안으로 들어가 효율적인 '집정'이 이루어지도록 한다. 전자가 '당의 영도지위'를 가리키는 것이라면, 후자는 '당의 집정지위'를 실현하는 과정이다. '당의 영도'는 일원화된 정치적 원칙을 말하며, '당의 집정'은 행정적으로 당정 간의 협력을 통해 통치를 완성하는 것이다. 이렇게 보았을 때 중국에서 통치, 즉 '치리'의 핵심은 결국 당과 국가정부기관 간의 관계, 즉 '당정관계'에 달려있다고 하겠다. 당정관계에 대해서는 6장에서 더 자세하게 설명한다.

'법에 의한 국가통치': 정법(政法)체계와 중국에서의 법치 논리

중국의 개혁이 '경제' 영역에서 '모든' 영역에 걸쳐 진행되는 이른바 '전면적인 개혁 심화 단계'로 들어서면서, 새로운 발전단계와 발전 성격에 맞는 통치시스템을 재설계하는 것이 18대 이후 제시한 국가 거버넌스 현대화의 핵심 목표라 하겠다. 앞에서 살펴보았듯이 이러한 목표의 핵심은 '당이 영도하는 국가통치(黨領導國家治理)' 제도의 확립이고, 이것이 바로 중국특색사회주의제도에 기반한 '중국식 통치'라는 것이다.

중국공산당은 '통치(거버넌스)의 현대화', 혹은 '집정의 제도화'를 통해 자신의 영도 지위를 굳건하게 확보하려 한다. 중국공산당은 '영도지위'와 '집정지위', 두 개의 지위를 갖고 있는데, 논리적으로 볼 때 '당의 영도'는 국가통치의 영역 밖에서 국가에 대해 정치적인 영도력을 행사하는 것이고, '당의 집정'은 국가통치 영역 안에서의 제도화, 즉 '집정 제도화'를 통해 안정적인 통치를 유지하고 이를 통해 궁극적으로는 당의 영도 지위를 유지하려 한다. 이러한 논리에 따르면, 중국에서 '제도화'란 국가통치 과정에서의 제도화, 혹은 국정 운영에서의 제도화를 말하며, '당의 영도' 자체는 제도화의 대상이 아니다. 공산당이 유일한 집정당이라는 현실적인 정치 조건, 그리고 당이 가진 두 개의 지위를 실현하는 방식과 과정에서 중국 특유의 제도 논리가 나온다.

중국은 '당의 전면적 영도 강화'를 강조하는 동시에, '법에 의한 국가통치', 즉 '의법치국'의 방침도 함께 강조하고 있다. 그런데 '법에 의한 통치'는 '법치'를 의미하고 공산당 「당장」에서도 기존의 '법제'를 '법치'라는 용어로 수정했지만, 중국에서 말하는 법치는 민주주의체제에서의 법치와는 다르다. 중국의 의법치국을 이해하기 전에 우선 마르크스주의의 원리에 따라 세워진 정치체제에서 말하는 법률의 의미를 이해해야 한다.

중국에서 법질서 유지와 관련된 조직라인을 '정법(政法)체계'라 부른다. '정법'은 영어로 번역하면 'Law and Politics'이고, 한국어로 번역한다면 '정치와 법률'로 번역할 수 있지만, 이러한 번역은 모두 중국의 '정법'이 의미하는 바를 제대로 반영하지 못한다. 마르크스-레닌주의 관점에 따르면 '정법'이란 국가 의지를 실현하는 법률이 정치에 봉사해야 한다는 것으로, 법은 계급투쟁의 도구이다. 이에 따라 중국의 공식적인 입장은 "정법 부문은 국가 장치의 중요한 구성 요소이며, 인민민주독재의 중요한 도구이다. 군대는 당과 인민의 '총대'이고, 정법 부문은 당과 인민의 '칼자루'"라는 것이다.[9] 정법 업무를 영도하는 당의 직능부문은 '정법위원회'로, 이는 당에 의한 사법 지배를 실현하는 조직이다. 중앙 정법위는 중대한 안건에 대해 사법기관과 상관없이 독자적으로 업무를 처리할 수 있다.[10]

역사적으로 볼 때 당이 정법을 관리한다는 '당관정법(黨管政法)' 원칙은 변함이 없지만, "당이 어떻게 정법 라인을 영도하고 관리할지"에 대해서는 서로 다른 시기마다 변화를 보여왔다. 당 중앙에서 정법위원회에 사회안정 유지와 사회치안종합치리 지도 직능을 부여한 것은 6·4 천안문 사건을 겪은 뒤인 1990년이었다. 개혁 이후 정법 부문에서 강화된 주요 임무는 사회안정 유지와 함께 부패 사건의 해결도 있다. 즉 통치과정에서 발생하는 다양한 갈등과 이익 관계의 조정을 법의 틀 안에

---

9 「中共中央关于维护社会稳定加强政法工作的通知」(1990년 4월 2일). 이 통지는 천안문 사건이 발생하고 1년 뒤에 발표한 것으로, 안정유지가 전체 당과 인민이 모든 것을 압도해야 하는, 그 무엇보다 가장 중요한 정치적 임무라는 점을 강조하고 있다. 정법 임무의 강화가 사회안정 보장에 있어 매우 중요한 역할을 한다는 점을 제기한다. 이후 본격적인 안정유지(維穩) 정치가 시작된다. http://www.reformdata.org/1990/0402/4106.shtml

10 모리 가즈코, 『현대중국정치: 글로벌 강대국의 초상』(서울: 한울아카데미, 2013), p. 263. 1982년 1월 13일 발표한 「중공중앙의 정법업무 강화에 관한 지시」에서는 "각급 당 위원회의 정법위원회는 당 위원회의 업무부서"라고 규정하고 있으며, 그 임무는 「중공중앙의 정법위원회 설립에 관한 통지」의 규정에 따라 정법 각 부서의 업무를 연락·지도하고, 당위원회와 조직부문의 간부를 조사·관리하며, 정책, 법률, 이론의 연구 업무를 조직·전개하고, 당내 합동 사무실을 조직하여 중대하고 어려운 안건을 적절하게 처리하며, 각 분야에서 '종합 치리'의 조치를 조직하고 추진한다는 것이다. 「中共中央关于加强政法工作的指示」(1982年 1월 13日), 中央文献研究室编, 『三中全会以来重要文献选编(下)』(北京: 人民出版社, 1982), pp. 1094~1104.

서 관리하고, 간부의 부패 문제 역시 일정한 사법적 절차에 따라 처벌을 받아야 한다는 것이다.

개혁 이후 국정운영 과정에서 점차 법에 의한 통치를 강조해왔고, 특히 1997년 15차 당대회 보고에서 '의법치국' 실시와 '사회주의 법치국가' 건설을 제기한 이후로는 '의법치국'이 당이 인민을 영도하여 국가를 통치하는 기본 방략으로 확립되었다. 1999년 3월 전인대 9기 2차 회의에서는 '의법치국'을 헌법에 수록하였고, 2002년 16차 당대회 보고에서는 "당의 영도 견지, 인민의 주인됨(人民當家做主), 의법치국의 유기적 통일"을 제기했다. 17대 보고에서는 '과학발전관'을 필두로 하여 전면적 소강(小康)사회 건설 목표를 실현하기 위한 새로운 요구사항으로 '의법치국'이란 기본 방략의 실현을 집어넣었다.

18차 당대회에서는 "의법치국의 전면적 추진"이란 새로운 표현이 등장한다. 의법치국의 추진을 '전면적'으로 한다는 것은 과학적 입법, 엄격한 법 집행, 공정한 사법, 전 인민의 법 수호 등을 포함하는 것이며, 어떠한 조직 혹은 개인도 헌법과 법률을 초월한 특권을 가질 수 없음을 의미한다.[11] "의법치국의 전면적 추진"이 특히 강조하고 있는 것은 국가통치와 사회관리에서 '법치'가 중요한 역할을 맡는다는 것인데, 국가 법제의 통일과 존엄, 권위를 보호하고 인민이 법에 따라 권리와 자유를 누릴 수 있도록 보장한다는 것을 주요 내용으로 한다.

시진핑은 2013년 2월 23일에 열렸던 정치국 제4차 집체학습 당시

11 「胡锦涛在中国共产党第十八次全国代表大会上的报告」,『人民日报』 2012/11/08.

연설에서 "어떠한 조직 혹은 개인도 모두 헌법과 법률의 범위 내에서 활동해야 한다", 또한 "각급 당 조직은 반드시 헌법과 법률 범위 내에서 활동한다"라고 강조한 바 있다.[12] 그러나 당이 헌법과 법률의 범위 내에서 활동한다는 것은 '집정당'인 공산당이 '집정'의 행위를 하는 경우 반드시 법의 절차에 따라야 한다는 것이지, '당의 영도'를 법으로 제약할 수 있다는 의미는 아니다. 당은 헌법과 법률 안에서 활동하지만, 헌법이 당의 활동을 제약한다고 판단될 때에는 '당의 올바른 노선과 방침'에 근거하여 헌법을 개정해왔다. 헌법 수정에 대한 의결 통과는 최고 국가권력기관인 전인대에서 이루어지지만, 헌법 수정을 결정하고 영도하는 기관은 국가 밖에 존재하는 '당'이다.

요컨대 '의법치국'이나 '사회주의 법치국가'는 중국이 추구하는 정치적 목표이지만, 여기서 '법치'란 '집정당'인 공산당의 통치 수단이다. 의법치국 방침은 당 영도 자체가 아니라 당의 영도방식 및 집정방식과 관련된 것으로, 당 영도와 집정을 실현하고 관철하는 구체적인 방법으로 채택한 것이다. 즉 '법치'와 '당 영도'의 위상과 영역은 공식적으로 서로 구분되어 있으며, 당 영도는 '법'의 차원을 넘어서 존재한다. 이것이 중국공산당이 말하는 당이 영도하는 '정치'와 국가통치를 위한 '법률', 즉 정법체계의 특징이다. 법을 계급투쟁의 수단으로 간주했던 마르크스주의 정당이 정권을 유지하는 집정당이 되면서, 법은 다시 국가통치를 위한 도구로 전환된 것이다.

18차 당대회 이후에는 당의 통치를 규범화하기 위해 당내 법규의

12 「习近平主持中共中央政治局第四次集体学习」, 『人民日报』, 2013/02/25.

제정 권한과 원칙에 관한 규정을 발표하며, 당내 법규체계 건설을 추진해왔다. 2013년 5월에는 「중국공산당 당내 법규 제정 조례」를 발표했고,[13] 같은 해 11월에는 처음으로 당내 법규 제정 업무 5개년 규획강요를 발표하며 당내 법규 제도체계를 마련했다. 18기 4중전회에서는 "당내 법규와 국가 법률의 연계와 협조"를 강조하며, 당내 법규체계를 중국특색사회주의법치체계로 편입시킨다는 방침을 밝혔다. 이러한 기조에서 2016년 12월 중공중앙은 「당내 법규 제도건설 강화에 관한 의견」을 발표하며, 창당 100주년까지 당내 법규 제도체계를 완성하겠다고 제기하였다. 18대 이후 당내 법규 제도건설이 급속히 추진되어, 180여 개의 중요한 당내 법규를 제정하고 수정하면서, 당내 법규 제도체계의 기본 골격을 완성하였다.[14]

이러한 당내 법규 체계화는 당의 제도건설, 민주 촉진, 의법집정을 강화하려는 조치이자 "권력을 제도의 틀 안으로 넣겠다"라는 조치라고 볼 수 있다. 그러나 중국의 「입법법(立法法)」[15]에서 구속하는 '법'의 범주에 포함되는 것은 전인대 및 그 상임위가 제정하는 법률, 국무원이 제정하는 행정법규, 그 하부기관이 제정하는 규정, 지방 입법기관이 제정하는 지방성 법규 및 지방정부가 제정하는 규정 등이다. 각급 당 혹은

---

13 「中国共産党党内法规制定条例」『新华社』2013/05/27.

14 「加强新时代党内法规制度建设的重要举措: 中央办公厅负责人就〈中国共产党党内法规制定条例〉等3部党内法规答记者问」, 『今晚报』, 2019/09/16.

15 2014년 8월 25일 제12기 전인대 상무위원회 제10차 회의에서는 『중화인민공화국 입법법 수정안(초안)』에 대한 1차 심의를 진행하는데, 주요 내용은 인대가 입법에서 주도적 역할을 발휘하게 하고, 입법 초안, 논증, 심의 등의 메커니즘을 완비하며, 입법의 질을 높이고, 법률의 실행성을 강화하며, 지방 입법권을 부여하는 등이다. 「立法法修正案(草案)条文」『中国人大网』2014/08/31.

당정기관이 함께 발표하는 이른바 '홍두문건(紅頭文件)'은 법률 규정이 아니라 행정규범에 속하고, 따라서 「입법법」의 적용 범주 안에 들어가지 않는다.

이처럼 중국 체제에서 '법치'의 범위와 운용은 민주주의체제와는 다르다. 민주주의체제에서 주요 권력자는 법률로 정해놓은 규칙에 따라 선거를 통해 선출되며, 주요 권력기관은 법에서 규정한 범위 내에서 권한을 행사해야 하며, 헌법은 시민의 권리와 자유를 보장하는 중요한 근거가 된다. 그러나 중국의 '정법' 논리에서는 당이 정치를 독점적으로 영도하고 법은 통치의 수단이기 때문에, 정치를 제약하는 법이 정치의 밖에서 존재할 수 없다. 중국에서는 권력이 법의 제약을 받는 것이 아니라 법이 곧 권력의지의 산물이다.

"당은 반드시 헌법과 법률 범위 내에서 활동해야 한다"는 규정은 12차 당대회에서 처음으로 제기됐고 이후로도 이어졌다. 15차 당대회에서는 "당이 인민을 영도하여 헌법과 법률을 제정하고, 헌법과 법률 범위 내에서 활동할 것"이라고 규정했다. 17차 당대회에서는 "각급 당 조직과 전체 당원들은 헌법과 법률 범위 내에서 활동해야 한다"고 했고, 18차 당대회에서는 다시 "당은 반드시 헌법과 법률 범위 내에서 활동해야 한다"고 명기했다. 그러나 이러한 문구가 19차 당대회에서 삭제됐다. 대신 "어떤 조직과 개인도 헌법과 법률을 뛰어넘는 특권을 가질 수 없다"라는 규정으로 대체되었는데, 이는 주어인 '당'을 분명하게 명시하지 않은 것이다. 중국 체제에서 당은 여전히 법의 구속을 받지 않을 근거가 있으며, 19차 당대회에서는 이러한 '당치(黨治)'의 방침을 명확히 하였다.

18대 이후 정법위원회의 변화

개혁개방 시기 시장화 정책을 추진함에 따라 사회 전체적으로 '법치'에 대한 요구가 증가하였지만, 법치를 강조하면 할수록 당의 지위가 약화되었다. '당 영도'(정치)와 '국가통치(행정)'가 결합된 체제에서 법에 의한 통치를 강조하면 공산당의 지위가 도전받고, 공산당의 정치적 영도력을 강화하면 법에 의한 통치가 형식화되는 문제를 피할 수 없게 된다.[16] 이러한 모순적인 상황을 해결하기 위해 중국공산당이 찾아낸 방법은 당이 일정한 법규와 규범에 따르도록 하면서, 이러한 당내 법규체계를 국가 법률체계로 편입시키는 방식이었다.

'정법' 분야와 관련된 첫 번째 당내 법규는 2019년 1월 18일 발표한 「중국공산당 정법공작조례」(이하 「조례」)이다. 「조례」에서는 정법 분야에 대한 당의 영도와 관리를 명확히 하고, 정법위원회의 직책과 운행을 규범화하고 있다. '정법위원회'는 후진타오 집정 시기 중앙정법위원회 서기를 지낸 저우융캉이 공안 정보를 장악함으로써 막강한 세력을 이루었고, 이른바 '안정유지(維穩)'라는 이름 하에 각종 '군체성(群體性) 사건'을 억압적으로 막아왔다. 이 과정에서 안정유지에 들어가는 비용은 갈수록 커졌고 정법 라인 기관들의 폭력적인 진압으로 인민들의 불만이 커졌다. 그뿐만 아니라, 지방 당 위원회, 당 위원회 정법위, 정법 단위 당조 간에 서로 당의 의지를 대표하는 문제를 두고 경쟁적 상황이 벌어지기도 했다. 예컨대 정법위의 의견이 공안·검찰원·법원(公檢法) 등의 정

---

16 陈明明, 「双重逻辑交互作用中的党治与法治」『学术月刊』 2019年 第51卷.

법 부문과 일치하지 않을 때, 지방 공검법 부문은 종종 정법위를 우회하여 직접 상급 부문에 보고하거나 혹은 지방 당위원회에 우선 보고하여 사전에 기조를 정하기도 했다.[17]

정법위원회의 업무가 확대되면서 정법 조직라인을 장악한 정치국 상무위원이 때로는 당 중앙에 따르지 않는 모습을 보이는 등 당의 영도를 위협할 수 있는 존재가 되어 갔다. 이에 대해 당 중앙 지도자들의 위기감이 커졌다. 정법 라인의 기관 중 특히 공안기관이 정치국 상무위원과 결탁하여 공모하면서, 당 중앙 내부에서는 이 문제를 해결하지 않으면 안 된다는 위기의식을 공유했다. 바로 저우융캉 사건이 결정적이었다.

보시라이를 옹호하던 저우융캉은 2012년 5월에 이미 실권을 잃었고, 2015년 4월 뇌물수수, 직권남용, 국가기밀누설죄로 형사소추돼 같은 해 6월 무기징역을 선고받았다. 보시라이와 저우융캉 사건을 거치며, 당 중앙은 18기 1중전회에서 정치국 상무위원을 7명으로 축소하고, 중앙정법위원회 서기는 상무위원에 들어가지 않는다고 공식 결정한다.[18] 저우융캉의 후임으로 정치국원인 멍젠주(孟建柱)를 임명했으나 19차 당대회 이후에는 장쩌민파로 분류되는 멍젠주가 해임되고 역시 정치국원인 궈성쿤(郭聲琨)이 발탁됐다. 중앙정법위원회 서기가 정치국 상무위원이 아닌 정치국 위원이 맡게 된 것은 정법위원회의 조직적 지위 강등을 의미한다. 막강해진 정법위원회 조직을 격하시키고, 다시 당의 영

17 侯猛, 「“党与政法”关系的展开」『法学家』 2013年 第2期.

18 「中国共产党第十八届中央委员会第一次全体会议公报」『新华社』 2012/11/15.

도 아래로 정법위원회의 위상을 조정한 것이다. 이후 당 중앙은 「조례」를 발표하여, 정법위원회의 권한에 관해 규정하는 동시에 당 중앙의 정법 업무에 대한 '절대' 영도(제1조, 제6조, 제7조, 제8조)를 조례 곳곳에 명기하였다.[19]

사실 '절대 영도'라는 표현은 과거 당군(黨軍) 관계를 묘사할 때에만 사용된 것으로,[20] 당의 다른 '조직라인(系統)'에 대한 영도는 '절대 영도'가 아니라 '영도' 혹은 '전면 영도'라는 표현을 쓴다. 2004년 「전국정법공작회의」에서 '절대 영도'라는 표현이 등장했고 이후에도 종종 사용했지만, 조문의 형식으로 '절대 영도'를 규정한 것은 「조례」가 처음이다. 또한 3조에서는 정법 업무의 '전정(專政) 직능'을 명시하며,[21] 당의 영도를 수호하는 정법 업무의 '칼자루' 기능을 명확히 하였다. '전정'이란 정법 업무를 행사할 때 독단적으로 강력한 힘을 행사할 수 있다는 뜻이다.

이와 더불어 인민무장경찰부대의 지휘 관계를 중앙군사위원회와 국무원의 이중영도에서 당 중앙위원회와 중앙군사위원회의 집중통일

---

19 「中共中央印发〈中国共産党政法工作条例〉」『新华社』 2019/01/18.

20 景跃进, 陈明明, 肖滨, 谈火生, 于晓虹, 『当代中国政府与政治』(北京: 中国人民大学出版社, 2016).

21 「정법공작조례」 3조에서는 "정법 업무는 당과 국가 업무의 중요 구성 부분으로, 당이 정법 단위를 영도하여 법에 따라 전정(專政)직능, 관리직능, 복무직능을 이행하는 중요한 방식이나 경로이다. 당위 정법위원회는 당위가 정법 업무를 영도하고 관리하는 직능부문이며, 당이 정법 업무를 영도하는 중요한 조직형식이다"라고 규정하고 있다. 여기서 '전정 직능'은 정치에 대한 독점적 지위와 직능을 갖고 정법 업무에 대한 당의 영도를 실현한다는 의미를 담고 있다. '전정'은 일반적으로 '독재'라고 번역하지만, 일당체제인 중국에서 '전정'은 합법적 범위에 속한다.

영도로 단일화하였다.[22] 이는 정법위원회의 조직 개혁 자체를 목적으로 한 변경이 아니라, 시진핑 정부가 출범 초부터 추진했던 국방·군대개혁의 일환으로 이루어진 조직 개편이다. 기존에 공안부장이 인민무장경찰의 제1정치위원에 취임함으로써 확보해온 공안부 계통의 무장경찰에 대한 영향력은 결과적으로 상실하게 되었고, 이로써 정법위원회와 인민무장경찰은 분리될 수 있었다. 이는 당연히 2012년 3월 저우융캉이 인민무장경찰부대를 동원하여 쿠데타를 시도했던 사건을 방지하고자 단행한 조직 개혁이었다.

또한 2014년 1월 7일부터 8일까지 베이징에서 개최된 「중앙정법공작회의」는 처음으로 이름을 바꿔어 개최했다. 1992년 이후 개최된 정법계통 회의의 명칭은 「전국정법공작회의」였지만, 이제 당 중앙의 영도를 강조하는 「중앙정법공작회의」로 이름이 바뀐 것이다. 이는 정법공작회의가 「중앙경제공작회의」나 「중앙도시화공작회의」 등과 같은 급의 회의로 자리 잡으면서, 당의 정법 업무에 대한 영도 강화를 의미한다고 하겠다.

정법위원회는 어디까지나 당의 조직이고, 실제로 치안을 담당하는 행정기관은 따로 있다. 중국에서 사회안정 및 치안을 담당하는 관련 기관을 '공검법사안(公檢法司安)'이라고 부르는데, 이들 조직이 중국의 사법기관이라 할 수 있다. 여기서 '공(公)'은 공안기관, '검(檢)'은 검찰기관(인민검찰원), '법'은 재판기관(인민법원), '사(司)'는 사법행정기관, '안(安)'은 국가안전기관을 의미한다. 이 다섯 개의 '공검법사안' 기관은 법에

22 「中共中央决定调整中国人民武装警察部队领导指挥体制」『新华社』 2017/12/27.

따라 서로 다른 직무를 수행한다. 중국에서 공안기관, 국가안전기관, 사법행정기관은 행정기관에 속하지만 일부 사법적 기능도 담당하고 있으며, 인민법원과 인민검찰원은 재판권과 검찰권을 전문적으로 행사하는 사법기관이다.[23] 각급 행정단위에서는 당 위원회에 설치한 정법위원회가 이 행정기관들을 영도하며, 특히 공안기관이 중심이 되어 사회관리와 치안업무를 유지한다. 그러나 2018년 단행된 당·국가기구개혁에서는 기존의 「중앙사회치안종합치리위원회」와 「중앙안정유지공작영도소조」를 폐지하고, 대신 중앙정법위원회에서 치안과 사회안정에 대한 총괄 업무를 맡게 되었다. 또한 「중앙사이비종교방지및처리영도소조」가 맡아오던 직책을 중앙정법위원회와 공안부에 귀속시켰다.[24] 이러한 조직 개혁은 모두 정법 업무를 당의 영도로 집중시키고 통일시키기 위해 추진된 것이다.

정법위원회에 대한 개혁은 이러한 규범적·제도적 측면뿐 아니라 저우융캉의 측근을 겨냥한 반부패 사정도 지속하였다. 2019년 1월 「중앙정법공작회의」에서 시진핑이 "정법기관은 칼날을 안쪽으로 돌려 뼈에서 독을 깎아내고 조직에 해를 끼치는 무리를 철저히 제거해야 한다"고 밝힌 이후,[25] 반부패 운동을 진행하며 저우융캉 인맥에 대한 축출을 가속했다. 중앙 정법계통에서만 멍훙웨이(孟宏偉, 국제형사경찰기구 총재), 쑨리쥔(孫力軍, 공안부 부부장), 멍칭펑(孟慶豊, 공안부 부부장), 덩후이린(鄧恢林, 전 중앙정법위원회 판공실 주임, 충칭시 공안국 국장) 등 현직 간

23 「我国司法体制的基本构成是怎样的?」『中国人大网』 2013/02/19.

24 「中共中央印发《深化党和国家机构改革方案》」『新华社』 2018/03/21.

25 「习近平出席中央政法工作会议并发表重要讲话」『新华社』 2019/01/16.

부가 잇따라 적발되거나 처분을 받았다. 이후 정법 조직라인의 주요 자리는 시진핑에 충성하는 측근들로 채워졌다.

정법 라인에 대한 숙청과 정풍운동은 최근까지도 지속하고 있다. 2020년 7월 중앙정법위원회는 「전국정법대오교육정돈시행공작동원회의」를 열고 정법위원회 관할 하에 있는 인민법원, 인민검찰원, 공안부문, 국가안전부문, 사법부문 소속 인원에 대해 전국적인 교육정돈운동을 개시한다고 발표했다.[26] 2021년 2월에는 정풍운동의 전면적인 전개를 선포하였고, 중앙에는 「전국정법대오교육정돈영도소조」가 발족하여,[27] 정법 라인에 대한 정풍운동을 영도하고 있다.

요컨대 보시라이, 저우융캉 사건을 거치면서 18차 당대회 이후 정법위원회의 위상은 격하되었고, 당 조례 제정과 조직 개혁, 그리고 지속적인 정풍운동을 통해 당 중앙에 대한 충성을 맹세하게 되었다. 당의 절대적 영도를 견지하고 당 중앙에 대한 충성을 다한다는 것은, 조직적으로 그 정점에 있는 시진핑에 대한 충성을 다한다는 의미이다.

---

26 전국정법대오교육정돈시행 판공실 주임에 취임한 사람은 시진핑의 저장성 근무 시절 측근인 천이신(陳一新, 중앙정법위원회 비서장)이다. 천이신은 회의에서 전국정법라인에서 "뼈에서 독을 제거하는 방식"으로 "자아혁명"을 벌여 "맑은 물로 탁한 것을 제거한다(激濁揚清)"식의 '연안정풍'을 전개하고, 이를 통해 신뢰할 수 있는 안심하고 의지할 수 있는 '정법의 철군'을 만들겠다는 포부를 밝혔다. 「陈一新在全国政法队伍教育整顿试点工作动员会上强调突出"四项任务", 抓好"三个环节"扎实开展教育整顿试点工作」『人民法院新闻传媒总社』 2020/07/08.

27 구성 인원은 중국공산당 중앙정법위원회의 주요 구성원 외에 중앙조직부와 중앙선전부, 중앙기율검사위원회 소속이 있으며, 조장은 중앙정법위 서기인 궈성쿤(郭聲琨)이 겸임하고 있다. 「郭声琨在全国政法队伍教育整顿领导小组会议上强调, 提高站位强化责任, 把好方向把准政策, 有力有序有效推进政法队伍教育整顿」『中国长安网』 2021/03/22.

그런데 정법위원회의 위상은 중앙에서는 정치국원급으로 격하되었지만, 각급 행정단위에서는 당의 영도 아래 정법위원회가 업무 총괄을 맡으면서 정법위의 실질적 위상은 오히려 공고해졌다. 지금까지 기층 사구(社區) 건설에서 주민자치나 생활보장에 관해서는 민정부문, 공중위생에 관해서는 위생부문, 부동산 관리에 관해서는 건설부문, 치안에 관해서는 공안부문과 같이 국무원의 각 부(部)와 국(局)에서 각각의 영역을 분장해 왔다. 그러나 시진핑 집권 이후 사구에 당 조직 건설을 적극적으로 추진하면서, 당 조직을 중심으로 각 업무 기능을 통합했고 사구 통치에 대한 당의 영도를 그 어느 때보다 강화했다.[28]

사구에서 당의 영도를 관철하는 실제 조직이 바로 '정법위원회'이다. 특히 지방 및 기층과 관련하여, 「조례」 제39조에서는 현급 이상의 모든 지방 당 위원회에 '정법위원회'를 설치하고, 향·진·가도 차원의 당 조직에는 모두 '정법위원'을 배치한다고 규정하고 있다. 각급 당 위원회에 설치한 정법위원회(현급 이하는 정법위원)가 당의 영도에 철저하게 따르면서, 해당 지역의 사회관리와 치안업무를 총괄한다는 구상이다.[29] 이는 '당의 정법관리(黨管政法)' 원칙을 기층까지 실현하는 중요한 조직

28 「中共中央国务院关于加强和完善城乡社区治理的意见」(国务院公报, 2017年第18号), http://www.gov.cn/gongbao/content/2017/content_5204888.htm. 「의견」에서는 도시와 농촌의 사구를 사회거버넌스의 기본 단위라고 규정한다. 도농 사구거버넌스의 기본원칙은 "당의 영도를 견지하고 도농 사구거버넌스 업무에 대한 당의 영도를 강화하는 것으로, 도농 사구의 기층 당조직 건설을 추진하여 기층 당조직의 영도핵심의 역할을 잘 발휘하게 한다"는 것이다.

29 현재 전국 3만 9천여 개 향진(가도)에 3만 8천 명 이상의 정법위원이 배치되어 99.2%를 차지하며, 각급 종합치리센터 58.3만여 개, 격자원 450만 명을 배치하였다. 「全国99.2%乡镇街道配齐配强政法委员」『法治日报』 2022/02/22.

형식이다. 각 지방과 기층 사회에서 정법위원회 주도로 사구 건설이 이루어지면서, 정법위원회는 이제 당의 절대적 영도에 충성을 다하면서, 각급 행정단위에서 실질적 권한을 가진 조직으로 거듭나게 되었다.

4장

당의 전면 영도와 '시진핑 체제'의 확립

중국식 통치를 '당 영도'와 '국가 거버넌스'로 나누어 볼 수 있지만, 실제 운용과정에서 이 두 가지는 밀접하게 연결되어 있어 명확하게 구분되지 않는다. 당정체제 중국에서는 당의 영도를 국가통치 과정에 잘 반영해야 하지만, 거꾸로 국가통치가 잘 이루어져야 당의 영도를 유지할 수 있다. 19대 이후 나타난 변화는 '당의 영도'를 국가의 각 영역에 '전면적'으로 실현하고 이를 국가통치 과정에 제도적으로 확립하려는 데 있다.

그렇다면 당의 영도를 강화하는 이러한 제도적 변화는 실제 권력구조 변화에 어떠한 영향을 미치게 되었나? 또한 당의 권위를 강화함으로써 야기되는 권력구조의 변화가 공산당 영도체제를 어떻게 변화시켰는가? 앞 장에서 당 영도를 강화하기 위한 당·국가기구의 개편을 살펴보았다면, 이 장에서는 통치구조의 개혁으로 인한 권력구조와 영도체제의 변화에 대해 살펴본다. 즉 시진핑이라는 지도자의 개인 권력 강화와 이로 인한 영도체제 변화를 통치제도의 변화 속에서 이해하고자 한다.

개혁 시기의 '집단영도체제' 틀을 깬 20차 당대회

중국의 엘리트 정치를 설명하는 '집단영도체제(集體領導體制)' 혹은 '집단영도제'라는 개념은, 민주주의체제의 대통령제와도 다르고 군주제에서의 일인 지배와도 다른, 중국적인 특징이 담긴 '집단'적인 '영도'체제로 설명되어왔다.[1] 중국의 대표적인 관방학자 후안강(胡鞍鋼)은 정치국 상무위원들이 집단적으로 당의 정책을 결정하는 제도를 "중국 특유의 집단대통령제"라고 표현하면서, 5가지 장점을 제시한다. 즉 상무위 전체가 집단으로 학습, 연구, 결정하고, 업무를 나눠 협력하며, 집단으로 세대교체를 이루기 때문에 미국 대통령제보다 더 민주적이고, 더 협조적이며, 더 효율적이라는 것이다.[2]

후안강은 '집단영도제'를 "정치국 상무위원이 당과 국가의 영도기구를 나누어 대표하면서 역할분담 및 협력(分工合作)하고 조정하며 힘을

1 이 개념을 '집단지도체제'로 번역하기도 하지만, 여기서는 '영도'로 쓴다. '영도'는 이끈다는 뜻과 함께, 그러한 업무를 맡은 사람을 지칭하는 것으로 책임의 의미까지 포함하는 정치적 개념이지만, '지도'는 가르침을 준다는 일반적인 의미로 더 많이 쓰기 때문이다.

2 후안강, 성균중국연구소 역, 『중국공산당은 어떻게 통치하는가』, (서울: 성균관대학교출판부, 2016), pp. 36~38.

합치는(協調合力) 것"이라고 정의한다. 즉 집단영도란 개인이 아니라 집단적 정책 결정을 말한다. 그러나 정책 결정을 '집단적'으로 한다는 말은 상당히 모호하다. 후안강 역시 '집단영도'라는 말 자체에 내재한 문제점을 지적한다. 영도집단 내부가 평등할수록 민주적인 정책 결정이 쉬워지지만, 이와 반대인 경우(불평등한 경우) 정책 결정에서 다툼이 생기고 실패가 나타날 가능성이 커진다는 것이다.[3]

조영남은 집단영도를 "특정 지도자 개인과 정치세력이 권력을 독점하고 자의적으로 행사하는 것을 방지하기 위해 복수의 정치지도자와 정치세력이 권력을 분점하고, 이렇게 분점한 권력을 정해진 절차에 따라 집단으로 행사하는 엘리트 정치"라고 정의한다.[4] 그러나 중국공산당 「당장」에는 '권력 분점'에 관한 규정은 없다. 단지 집단영도제를 "집단영도와 개인 분담책임의 상호결합 원칙"이라고 규정하고 있을 뿐이다.

개혁개방 이후의 중국 엘리트 정치를 분석하는 기존 연구에서는 대체로 '집단영도체제'를 덩샤오핑이 회복·재건하고, 장쩌민 시기에 형성, 후진타오 시기에 완성된 것으로 이해한다. 이는 주로 개혁개방 시기를 분석 대상으로 하고, 또한 이 과정을 '제도'적 관점에서 파악하기 때문이다. 그러나 이러한 관점에서 보면 시진핑 시기에 변화된 집단영도체제의 특징을 설명하지 못한다. 또한 집단영도체제를 일종의 '과두제'

3 후안강, 성균중국연구소 역, 『중국공산당은 어떻게 통치하는가』, (서울: 성균관대학교출판부, 2016), p. 35.

4 조영남, 『중국의 엘리트 정치: 마오쩌둥에서 신시대까지』 (서울: 민음사, 2019), p. 34.

형태로 파악하며, 중국 엘리트 정치 역시 "과두제의 딜레마"[5]에 직면해 있다고 파악하기도 한다. 그러나 '소수의 지배'라는 측면에서 과두제적 속성이 있지만, 집단영도체제는 중국 '일당제'라는 제도 속에서 형성된 영도체제의 특성이다. 즉 중국의 집단영도체제는 단순히 지배자의 숫자로 결정되는 것이 아니라 훨씬 포괄적인 의미를 내포하며, 역사적으로 형성되어온 공산당의 조직원리와 통치구조 속에서 파악해야 한다. '영도체제'란, 말 그대로 공산당이라는 집단에 의해 영도가 이루어지는 체제를 말하기 때문에, 이는 공산당이 구상하는 통치구조나 최고 지도부 내부의 권력 관계와 분리하여 볼 수 없다.

시진핑 집권 이후 변화된 집단영도체제의 특징을 파악하려면, 중국의 집단영도체제를 다시 읽을 필요가 있다. 우선 우리가 그동안 이해해왔던 집단영도체제는 어떻게 시작된 것이며, 놓쳤던 부분은 무엇인가?

덩샤오핑의 영도체제 구상

중국의 '집단영도체제'는 소수로 구성된 중앙정치국 상무위원회와 그 집단영도 메커니즘을 말하며, 이는 정책 결정에서 한 개인이 아닌 집단 혹은 기구 전체가 책임을 진다는 의미가 있다. 집단영도체제에 관한 규정은 1956년 8차 당대회 「당장」에 수록되지만, 이를 제도화한 것은 12차 당대회 이후이다. 개혁개방 초기 과거 개인 독재식 영도가 가

5 과두제가 유지되려면 개인 독재가 등장하지 않으면서도 효율적인 정책 결정을 할 수 있는 기제를 유지해야 하지만, 이 두 가지 문제를 동시에 해결하기 어려우므로, 현실에서는 결국 개인 독재로 귀결되고 만다는 것이다.

져오는 폐해를 해결하기 위해, 1982년 12대 「당장」에서 당주석과 부주석을 설치한다는 규정을 없애고 중앙위원회에서 총서기를 선출한다고 규정하였다. 이후 집단영도체제에 대한 체제개혁이 본격화되면서 '집단영도'와 '영도핵심'이 결합한 '정치국 상무위원회제'가 만들어졌다. 오늘날과 같은 집단영도체제의 기틀을 마련한 것은 개혁개방 초기인 1980년 8월 18일 정치국확대회의에서 덩샤오핑이 했던 그 유명한 「당·국가 영도제도 개혁에 관한 연설」이다.[6] 이 연설에서 덩샤오핑은 당시 중국의 영도제도가 직면한 몇 가지 문제에 대해 지적한다.

첫째, 권력의 과도한 집중 문제이다. 덩샤오핑은 "권력이 과도하게 집중되면, 사회주의 민주제도와 당의 민주집중제 시행을 방해하고, 사회주의 건설의 발전과 집단지혜의 발휘를 방해하며, 개인 독단이 생기기 쉬워 집단영도를 훼손한다. 이는 관료주의를 낳는 중요한 원인이다"라고 지적한다. "권력이 개인이나 소수에게 지나치게 집중되면, 대부분의 일을 하는 사람은 결정할 권리가 없으며, 소수의 권력자는 과중한 부담을 지게 되어 필연적으로 관료주의를 초래하고, 필연적으로 각종 잘못을 저지르게 되며, 필연적으로 각급 당과 정부의 민주생활, 집단영도, 민주집중제, 개인분업책임제 등을 해치게 된다"는 것이다. 이에 따라 덩샤오핑은 "관료주의 현상, 과도한 권력집중 현상, 가부장제 현상, 간부영도직무의 종신제 현상, 갖가지 특권현상" 등의 문제를 해결해야 한다고 강조한다.

6 「邓小平1980年讲话: 党和国家领导制度的改革」, 『中国改革信息库』. http://www.reformdata.org/1980/0818/15396.shtml

둘째, "당정이 분리되지 않은 문제(黨政不分)"와 "당이 정을 대체하는 문제(以黨代政)"를 지적했다. 덩샤오핑은 권력집중의 문제는 "모든 권력을 당 위원회로 집중시키고, 당 위원회의 권력은 특히 제1서기에게 집중되기 때문에, 당의 일원화 영도는 종종 개인 영도로 변하게 된다"고 지적한다. 그러면서 이 문제를 당과 정의 직무를 분리하는 것으로 해결하려 했다. 즉 "당 중앙의 일부 주요 영도 동지들은 정부 직무를 겸임하지 않고, 당의 노선, 방침, 정책을 관리하는 데 힘을 집중할 수 있다. 이렇게 하는 것은 중앙의 통일 영도를 강화하고 개선하는 데 유리하고, 각급 정부의 강력한 하향식 업무 시스템을 구축하는 데 유리하며, 정부의 권한(직권) 범위 내에서 업무를 관리하는 데 유리하다"라는 것이다.

셋째, 장기적인 관점에서의 승계 문제를 거론하며, 노(老)동지들이 적극적으로 나서서 당의 후계 임무를 완성해야 한다고 강조한다. 즉 "노(老)동지들은 당과 국가의 귀중한 자산이고 책임이 막중하며, 현재 그들의 최우선 과제는 당 조직이 승계자를 올바르게 선택하도록 돕는 것이다. 이것은 매우 중요한 직책이다. 비교적 젊은 동지를 일선에 세우고, 원로 동지들이 그들의 참모를 맡아 그들의 업무를 지원하는 것은 당과 정부의 정확한 영도의 연속성과 안정성을 유지하기 위한 중대한 전략적 조치이다"라고 강조한다.

위의 덩샤오핑 연설에 나타난 특징을 정리하면 다음과 같다. 우선 권력집중의 문제를 '당정분리(黨政分開)'의 방식으로 해결하려 했다는 점이다. 그리고 당정분리의 구체적인 조치로 당과 국가의 업무를 구분하여 분리하고 주요 지도자가 겸직하지 않도록 하였다. 당시 권력집중의 문제가 '과도'하다고 지적한 것은 당정 업무를 모두 맡고 있던 화궈펑(華國峰)을 겨냥한 것이었다. 덩샤오핑 연설 직후 9월에 열린 전인대 5기 3차 회의에서는 당정분리의 원칙에 따라 화궈펑은 국무원 총리직을 사임했고, 자오쯔양(趙紫陽)을 총리로 선임했다. 이렇게 볼 때 덩샤오핑의 아이디어는 권력 내부의 관계와 당정 간의 업무 분담 조치를 서로 연동한 구상이었음을 알 수 있다.

둘째, 덩샤오핑의 집단영도 구상은 원로정치와 결합한 것으로, 즉 "원로 책임과 결합한 집단영도체제"라고 할 수 있다. 앞에서 지적했듯이 덩샤오핑은 차기 지도자로의 권력 승계뿐 아니라 장기적인 승계 구도에서도 원로들의 적극적인 역할을 강조했다. 덩샤오핑은 "노(老)동지들이 아직 건재하기 때문에, 위의 관점(從上看)과 아래의 관점(從下看)을 서로 결합하는 방법을 채택하면 반드시 좋고 정확한 인재를 선발할 수 있다"고 강조한다. 세대 간의 협력과 연속성을 강조한 말인데, 이에 따라 혁명 지분을 가진 원로들이 각자 자기 사람을 차기 상무위원으로 추천하였고, 이후 이러한 관례를 이어받아 영도집단 내부에 점차 '계파'라는 것이 형성된다.

셋째, 당시 상황에서 중국공산당에게 중요한 일은 문화대혁명 기간 강력해진 세력을 정리하고, 장기적으로 안정적인 후계집단을 양성하는 것이었다. 문화대혁명이 끝나자 중국공산당 내의 개혁파는 "문화대혁명 중 조반(造反)을 일으켜 출세한 자, 파벌 의식이 심각한 자, 문화대혁명 중 파괴하고 약탈한 자"를 일컬어 "삼종인(三種人)"이라고 지칭하며, 이들에 대한 정리를 선포한다.[7] 문화대혁명이라는 특수한 상황에서 당으로 진입한 세력을 정리하는 동시에, 사회주의 혁명 대업을 이을 '진정한' 후계자를 조직적으로 육성한다는 계획을 세운 것이다. 덩샤오핑은 "인재 문제는 주로 조직노선의 문제"라고 강조하면서, "간부 선발의 중요한 기준은 덕재(德才) 겸비이며, 여기서 '덕'이라고 하는 것은 사회주의의 길과 당의 영도를 견지하는 것"이라고 말한다.

이처럼 덩샤오핑의 연설에서 보았을 때, 당시 중국공산당은 권력의 지나친 집중 문제를 해결하려고 하면서, 당정체제 변화와 원로의 역할, 장기적 승계 문제도 함께 거론했고, 이러한 통치구조와 안정적인 승계 구도를 마련함으로써 권력집중 문제를 해결하려 했다는 것을 알 수 있다. 그러나 덩샤오핑의 '당정분리' 구상에는 당과 국가의 업무를 별도로 맡는다는 내용만 있지, 당과 국가 간의 권한과 관계에 대해서는 구체적인 언급이 없었다. 일반적으로 당은 정치를, 국가기관인 국무원(정부)은

---

7 관련 문건으로는 「영도집단 내 삼종인을 청산하는 문제에 관한 통지(关于清理领导班子中'三种人'问题的通知)」(1982/12/30), 「어떻게 삼종인을 구분하고 청산하는지에 관한 덩샤오핑의 담화(邓小平同志关于如何划分和清理'三种人'的谈话)」((1983/11/16), 「삼종인 청산에 관한 보충 통지(关于清理'三种人'的补充通知)」(1984/07/31) 등이 있다. 「보충 통지」에서는 삼종인 청산의 관건은 "삼종인이 각급 지도부와 주요 부문, 제3제대에 진입하지 못하게 하는 것"이라고 분명히 밝히고 있다. 그러나 "가장 위험한 자는 문화대혁명 삼종인"이라는 지침과 함께 덩샤오핑은 "노(老)간부들이 문화대혁명 중에 한 발언은 본심에서 한 말과 행동이 아니기 때문에 삼종인이라고 할 수 없다"라고 발언하며, 새로운 갈등의 원인을 제공한다. 즉 혁명파를 정리하는 과정에서 노동자가 주도한 조직에 대해서는 철저히 조사하고 탄압한 반면, 간부나 문화 엘리트에 대해서는 대부분 복권이 이루어진다. 이렇듯 삼종인 정리는 당시 잘못된 것을 바로잡는다는 것이었지만, 당권파의 자의적인 기준에 따라 이루어진 것으로, 조반에 가담했던 대부분 노동자들의 관점에서 보면 당권파에 의한 일종의 정치적인 계급 보복이었다. 张曙, 「陈云力主清理"三种人"」『党史文汇』 2015年 第6期.

경제를 맡는다고 하지만, 어떠한 경제 업무인지에 따라 분담해야 할 업무 권한이 대단히 모호했다. 이는 구체적으로 당 총서기와 국무원 총리 간의 갈등으로 나타났고, 대표적으로 1980년대 후야오방(胡耀邦) 총서기와 자오쯔양 총리 사이에 당정 간의 업무 범위를 둘러싸고 갈등이 있었다.[8]

또한 당정분리 방침을 제기했다 하더라도 덩샤오핑 연설의 목적은 어디까지나 "중앙의 통일 영도를 강화"하기 위한 것이었다. 덩샤오핑 자신도 자기 말이 당의 집중통일을 강조하지 말라는 것이 아니라, 문제는 '지나치다'라는 데 있다고 말한다. 즉 "당·국가 영도제도 개혁은 당의 영도와 당의 기율을 견지하고 강화하기 위함"이며, "중국 같은 대국에서 당의 통일영도가 없다는 것은 상상할 수 없는 일이고, 인민의 단결, 사회안정, 민주적 발전, 국가 통일은 모두 당의 영도에 달려 있다"라고 강조했다.

8 당시 국무원 총리 겸 중앙재경영도소조 조장을 맡고 있던 자오쯔양은 중대하고 거시적인 경제사상과 정책문제에서 후야오방 총서기와 의견이 맞지 않았는데, 이 문제를 해결하기 위해 덩샤오핑이 1983년 두 사람을 불러 다음과 같은 규칙을 정했다고 회고한다. "또다시 다른 목소리가 나오는 것을 방지하기 위해 앞으로 경제 업무는 국무원과 중앙재경영도소조에서 주관하고 중대 정책 결정과 시행 명령을 내린다. 어디가 맞고 틀린 지는 모두 중앙재경영도소조의 연구를 거쳐 제기하고, 중앙재경영도소조와 국무원이 권위 있는 발언과 정책결정자를 맡는다. 여러 사람이 발언하지 말고 또한 정치가 여러 문에서 나오지 말아야 한다. 당연히 서기처는 경제를 관장하지만 주로 대정(大政)방침을 관리하고, 구체적인 경제 업무는 간섭하지 말아야 한다." 趙紫陽, 『國家的囚徒: 趙紫陽的秘密日記』, 자오쯔양 지음, 바오푸 정리, 장윤미, 이종화 옮김, 『국가의 죄수』 (서울: 에버리치홀딩스, 2010), 14장 참고.

'집단영도체제' 다시 읽기

시진핑 집권 이후의 영도체제 변화를 이러한 덩샤오핑 구상의 연속 선상에서 그 의미를 다시 읽을 필요가 있다.

첫째, 중국의 영도체제는 통치구조와 연결되어 있기 때문에, 영도집단 내부의 권력구조를 통치구조와 연결해서 봐야 한다는 점이다. 즉 집단영도체제는 당정관계의 변화 속에서 파악해야 한다. 중국의 집단영도제는 업무 분담을 특징으로 하는데, 이는 당정 간의 업무 분담, 예컨대 당 조직을 맡은 총서기와 정부 조직을 맡은 총리의 업무 권한 변화에 따라 주요 지도자 간의 권력관계도 달라진다는 것을 의미한다. 경제개혁을 위해 당정분리 방침의 기조가 유지되었던 장쩌민, 후진타오 시기에는 대체로 총리의 역할이 강조되었고, 그래서 언론에서는 그 시기를 '장쩌민-주룽지(朱鎔基) 체제', '후진타오-온자바오(溫家寶) 체제'라고 부르기도 했다. 그만큼 경제개혁이라는 국가 목표 속에서 경제를 맡은 총리의 역할이 중요했고, 총서기와 총리 간의 업무 분담과 협조가 비교적 잘 이루어졌기 때문이라 할 수 있다.

그러나 시진핑 집권 이후 점차 당 중앙의 역할이 강화되고, 경제 분야를 포함하여 각종 영도소조의 조장을 총서기인 시진핑이 맡기 시작했으며, 2018년에는 당·국가기구개혁을 통해 당이 국가 전체를 총괄하는, 당 우위의 제도개혁을 완성하게 된다. 시진핑 권력 강화는 이러한 당과 당 중앙 조직으로의 제도적 권한 강화에 따른 것으로 이해할 수 있다.

둘째, 집단영도체제는 원로지배체제와 다른 유형의 영도체제가 아니라, 원로정치의 책임과 영향 아래에서 구상된 것이라는 점이다. 정치국 상무위원 자리는 여러 파벌의 계파를 고려하여 배분하는데, 이러한 파벌이 탄생하게 된 배경을 살펴보면, 개혁개방 초기 마오쩌둥처럼 압도적인 카리스마를 갖고 있지 못한 혁명 원로들이 차기 총서기와 정치국 상무위원으로 각자 선호하는 후보를 추천한 데서 비롯되었다는 것을 알 수 있다. 덩샤오핑과 천윈(陳雲), 리셴녠(李先念) 등 혁명 원로들이 상호 협의를 통해 인사문제를 결정하면서, 각자가 추천하는 인물이 자연스럽게 정치국 상무위원으로 선출된 것이다.[9] 이렇게 14차 당대회 최고 지도자의 인선이 정해지고 15차, 16차, 17차에서 정치국 상무위원 지분이 계파 간의 안배로 이어지면서, 이른바 파벌 간의 세력 균형이 이루어졌다. 이러한 관례의 정착은 집단영도체제의 '제도화'로 이어졌다.

이처럼 정치국 상무위원회 지도부 구성은 혁명 지분이 있는 원로들이 각자 생각하는 후계자를 추천하면서 시작되었다. 또한 후계자 사전 선임이라는 이른바 '격대지정(隔代指定)' 규범 역시 1992년 14차 당대회 당시 차기 후계자 선정을 둘러싸고 권력투쟁이 발생할 것을 우려하여, 차기 후계자를 미리 결정해 엘리트 정치의 안정을 도모한다는 취지에서 덩샤오핑이 천윈, 리셴녠 등 원로들과 협의하여 후진타오를 차기 후계자로 결정하면서 생긴 것이다.[10] 장쩌민과 후진타오 시기에는 계파 간

---

9 조영남, 『중국의 엘리트 정치: 마오쩌둥에서 신시대까지』 (서울: 민음사, 2019), 6장 참고.

10 조영남, 『중국의 엘리트 정치: 마오쩌둥에서 신시대까지』 (서울: 민음사, 2019), p. 456.

의 안배를 관례로 이어받아 규범처럼 지켜왔고, 이렇게 하여 이른바 '파벌정치'가 이어져 왔다. 1990년대 중·후반에 이르면 대부분의 원로가 사망했지만, 장쩌민과 후진타오는 자신의 권력 기반을 확대하기 위해서라도 원로들의 권위에 의존할 필요가 있었다. 또한 장쩌민과 후진타오 자신이 원로들이 지명한 지도자였기 때문에, 원로들의 영향력에서 벗어날 수 없었고 그들의 유훈을 지킬 필요가 있었다. 이렇게 본다면 집단영도체제는 집단영도와 관련된 어떤 규정 때문이 아니라, 원로들의 영향력과 그들이 정해놓은 후계구도의 권위 속에서 지켜져 온 것으로 볼 수 있다.

그러나 시진핑은 혁명 원로가 아니라 계파 간의 합의에 따라 선출된 지도자이다. 또한 원로들의 간섭과 원로들의 말을 근거로 삼아 자기 계파를 추천할 상황과 조건이 사라지게 되었다. 즉 시진핑이 집단영도체제를 지켜야 하는 환경과 조건이 사라진 것이다.[11] 이렇게 원로들의 영향력이 사라지고 난 뒤 새로운 권위 자원이 필요하게 되었으며, 시진핑은 집권 이후 주로 법과 제도에 의존한 영도체제를 만들어왔다. 그것이 시진핑 체제의 등장이다. 이런 측면에서 시진핑 체제의 등장은 곧

11 앤드류 레버는 권위주의 국가의 지도자가 자신에게 정치권력을 집중할 수 있을지의 여부는 정치 원로와의 관계에 달려있다고 지적하며, "정치 원로들이 차기 지도자에 대한 감시 능력(oversight capacity)을 유지한다면, 통치모델이 개인 독재이든 집정연맹 권력이든지 상관없이, 개인 권력을 집중시키기는 어려울 것"이라고 지적한다. 이 연구에서는 중국을 사례로 들어 1989년부터 2012년까지 세 차례에 걸친 지도부 교체를 분석하면서 후진타오와 정치 원로들의 약세로 시진핑이 2012년 후계 이후 집단영도제를 타파하고 개인화된 독재를 발전시킬 수 있었다고 지적한다. Andrew Leber, Christopher Carothers & Matthew Reichert, "When Can Dictators Go It Alone? Personalization and Oversight in Authoritarian Regimes", *Politics & Society*, March 4, 2022.

원로정치, 그리고 원로정치와 연계된 집단영도체제의 종식으로 이해할 수 있다.

셋째, 집단영도체제는 중국의 조직원리이자 의사결정 규범인 '민주집중제'를 구현한 제도로, 그 자체로 '민주'와 '집중'의 원리를 모두 담고 있다. 집단적인 의사결정은 '집중'의 원리를, 개인 분담책임은 '민주'의 원리를 반영한다. 그러나 '민주'와 '집중' 간의 구체적인 방식이 매우 모호하듯이, '집단영도'와 '개인분업책임' 간의 관계도 명확히 구분하기 어렵다. 따라서 시기마다 중앙 영도체제에는 여러 차례 변화가 있었다. 예컨대 당 주석제, 당 주석과 총서기 병행제, 총서기제 등이 있었다. 또한 최고영도체제 역시 '당정군' 최고 직위 간의 분권도 있었고, '당군' 집권이나 당정군 '삼위일체' 집권제 등 여러 가지 형태가 있었다.

또한 집단적 의사결정은 자유주의적 시각에서 생각하듯 영도집단 구성원 각자가 n분의 1이라는 똑같은 몫으로 권한을 행사한다는 의미가 아니다. 집단적 의사결정이 개인 독단에 빠지지 않으면서도 집단의 지혜를 발휘하자는 취지에서 생긴 것이지만, 효율적인 결정을 위해 '핵심'을 필요로 한다.[12] 즉 집단영도체제는 '집중에서 민주로'라는 단선적 방향으로 가는 것이 아니라, 당 의사결정의 효율성을 높이기 위해 민주적 방식과 집중적 방식의 균형을 추구하는 제도이다. 민주집중제는 민주와 집중 원리의 조화, 즉 그 균형점을 찾아가는 끝없는 과정이기 때

12 인타이(尹钛)는 영도핵심이 필요한 이유로 "고효율의 정치 행동을 낳기 위해, 그리고 정책 결정의 효율을 높이고 내부 비용을 줄이며 능력상실의 리스크를 감소시키기 위해서"라고 분석한다. 尹鈦, 「當代中國政治中'領導核心'制之研究」 『二十一世紀雙月刊』 2020年 4月號.

문이다. 따라서 영도집단 내부의 최고 지도자가 어떠한 당력(黨歷, 당내 활동경력)과 카리스마를 갖고 있으며, 어떠한 리더십을 추구하느냐에 따라 매우 민주적으로도, 혹은 매우 집중적으로도 운영이 가능한 제도이다. 그 자체로 매우 불안하고 모호하며 가변적인 제도라 하겠다.

넷째, 집단영도체제를 하나의 '제도'로 이해한다면, 제도화될 수 있는 부분과 제도화될 수 없는 부분으로 나누어 봐야 한다. 그동안 규범으로 제정해온 집단영도 '제도화의 범위'는 대개 영도집단의 업무 분장이나 회의 및 조직 운영 등 집단영도의 운행 시스템과 관련된 것이었다. 영도집단의 권력이 어떻게 선출되는지, 그리고 총서기와 나머지 여섯 명 상무위원 간의 의사결정권 배분이나 관계에 관해서는 구체적인 규정이 없다. 이는 일당제하에서는 제도화되기 어려운 부분이다. 시진핑 집권 이후 연령제나 임기제, 격대지정 등 기존에 제도화되는 것처럼 보였던 관례들이 깨짐에 따라, 권력 승계와 중국정치의 불확실성은 더욱 커졌다. 즉 집단영도의 운행과 당 통치가 제도화되는 추세를 보이는 것과는 대조적으로, 최고 지도자의 개인 독재 가능성은 더욱 커지는 아이러니한 상황이 발생하게 된 것이다. 이는 집단영도체제 자체에 제도화될 수 있는 것과 없는 것을 포함하고 있기 때문이다.

시진핑은 어떻게 권력을 강화했나?

시진핑은 2012년 18차 당대회에서 당 총서기와 중앙군사위 주석으로 임명돼 중국 최고 지도자가 되었고, 이듬해 3월 전인대에서 국가주석에 취임했다. 당정군(黨政軍) 주요 분야에서 최고 수장이 된 이른바 '삼위일체(三位一體)'를 이룬 것이다. 2022년에 개최된 20차 당대회에서는 2연임으로 제한된 관례를 깨고 총서기 3연임에 성공하며, 마오쩌둥 이래 가장 강력한 권력자로 부상했다. 정치국 상무위원의 인선 역시 계파 간의 안배로 이루어지는 규범이 깨지면서, 모두 시진핑의 핵심 측근들로 채워졌다. 시진핑은 10년이라는 길지 않은 시간 동안 어떻게 막강한 권력을 장악하고, 집단영도체제를 무너뜨리게 된 것일까?

우선 시진핑으로의 권력 승계가 이루어지던 2012년 당시 중국이 가야 할 길이나 승계와 관련하여 당내 합의가 있었다. 18차 당대회에서 「보고」를 한 후진타오는 중국이 "폐쇄적이고 경직된 낡은 길"로도, "기치를 바꾸는 그릇된 길"로도 가지 않을 것을 강조하며, "오직 중국특색 사회주의의 길을 확고히 간다"라고 선언하였다. 「보고」에서도 밝히고 있듯, 당시 중국공산당은 중국이 발전의 기회와 함께 전례 없이 위험한 도전에 직면해있다고 인식했다. 세계정세(世情)와 함께 국가(國情)와 당의 상황(黨情) 모두 심각한 변화가 발생했다고 본 것이다. 이러한 위기 인식은 이후 19, 20차 당대회에서 "지극히 평범하지 않고(極不平凡)" "지극히 예사롭지 않은(極不尋常)" 상황이라는 시대 인식으로 이어진다.

이러한 위기의식 속에서 중국공산당은 당의 권위를 다시 강화하는 방향으로 당정관계를 조정할 필요가 있으며, 그러기 위해서는 당·정·군의 수장을 하나로 통합하고, 형식적 최고 지도자와 실질적 최고 지도자를 일치시켜야 한다고 인식했다. 마침 후진타오는 장쩌민의 '반퇴(半退)' 방식이 아니라 '주동적으로' 완전 은퇴를 선언하며, 세 개의 수장 자리를 시진핑에게로 넘겨준다.[13] 시진핑은 집권 초기부터 완전한 삼위일체의 권력을 지니게 된 것이다.

집권 이후 시진핑 권력의 공고화 과정은 집권 1기와 집권 2기로 나누어 볼 수 있다. 우선 집권 1기에는 전임 지도자들이 했던 방식대로 자신만의 통치이념을 만들고, 당내 정풍운동을 지휘했으며 군 통수권을 장악했다. 그러나 그 과정에서 기존의 방법을 뛰어넘는 새로운 방식을 도입하고, 실질적인 권력 기반을 넓혀나갔다. 특히 집권 2기로 들어선 이후에는 일련의 제도개혁을 통해 자신의 권력을 더욱 공고하게 다져나갔다.

그 과정을 구체적으로 살펴보면 우선 집권 10년 동안 당내 정풍과 반부패 운동을 가속했다. 18차 당대회 이후 약 10년간의 성과를 보면, 전국 기율검사기관에서 380.5만 건을 입안·조사하여 408.9만 명을 조사·처벌하였고, 당 기율 정무에서 374.2만 명을 처벌하였다. 또한 2014년에 "톈왕(天網)행동(해외 도피 범죄인 체포와 자금회수 작전)"이 시작된 이후 120개국에서 9,165명의 해외 도피자를 귀환시켰는데, 그중 당원과 국가 관료가 2,408명에 달한다. 이들로부터 회수한 도피자금은 모두 217억 3,900만 위안 규모이다.[14] 이러한 대대적인 반부패 운동은 이후 당의 기율검사와 국가감찰 기구의 통합으로 이어지고, 당에 의한 엄격한 관리가 강화된다.

---

13 형식적 최고 지도자와 실질적 최고 지도자의 불일치 문제, 그리고 구체적인 권력 승계 과정에 대해서는 다음을 참고할 것. 조영남, 『중국의 엘리트 정치: 마오쩌둥에서 신시대까지』(서울: 민음사, 2019), 제2, 3부.

14 「坚定不移正风肃纪反腐: 以习近平同志为核心的党中央推进党风廉政建设和反腐败斗争述评」『人民日报』 2021/11/08.

둘째, 대대적인 반부패 운동을 통해 당에 충성하지 않거나 부패한 관료들을 제거해나갔고, 이들 빈자리를 자신의 측근들을 기용하여 채워나가며 권력 기반을 구축해나갔다. 특히 자신의 측근을 당의 조직관리 자리에 기용해 핵심 인력의 임명을 통제하면서 권력 기반을 구축했다. 18차 당대회 회기에 임명한 중앙조직부장은 자오러지(趙樂際)이고, 19차 회기에는 천시(陳希)였다. 자오러지의 부친은 시진핑의 아버지 시중쉰(習仲勳)의 부하였고, 천시는 시진핑의 칭화(清華)대학 동기이다.

셋째, 2015년부터 군에 대한 전면적인 개혁과 인력 감축에 나서며 군 통제를 강화했다. 또한 군사위원회 주석이 전국무장역량을 통일적으로 지휘하고, 국방과 군 관련 중대 사항을 결정하는 "군사위원회 주석책임제"를 관철해야 한다는 점을 강조했다. 이에 따라 군사위원회 주석인 시진핑의 의사결정이 결정적인 요인이 되었고, 중앙군사위원회에서는 전군의 각급 간부들에게 군사위원회 주석책임제를 관철시키도록 구체적인 요구를 제기했다.[15] 최근 시진핑의 직함에 '군사위원회 연합지휘 총사령관(軍委聯指總指揮)'이 추가되면서, 시진핑의 실질적인 군 장악력이 한층 더 강화되었다고 볼 수 있다.[16]

넷째, 2017년 수정된 「당장」에 '시진핑신시대중국특색사회주의사상'을 수록하고, 마오쩌둥과 덩샤오핑에 이어 세 번째로 자신의 이름을 올린 이데올로기 지도자가 되었다. 장쩌민과 후진타오 시대의 이데올로기는 각각 '3개대표 중요사상'과 '과학발전관'이라고 부르며, 지도자의 이

15 「关于深化军委主席负责制贯彻落实的若干意见」『人民日报』2022/11/03.

16 「"军委联指总指挥" 习近平战略与战役一把抓」, 『自由亚洲电台』, 2022/11/09.

름이 들어가지는 않았다. '시진핑신시대중국특색사회주의사상'은 중국이 목표로 내세운 '중화민족의 위대한 부흥'의 꿈을 이루고, 두 번째 백년을 완성하는 2049년까지 중국을 이끌어 나갈 국가 통치이념으로, 이를 공산당 「당장」에 명기했다는 사실은 이미 절대적인 권위를 획득했다는 것을 의미한다.

다섯째, 시진핑의 권력 강화는 당내 업무보고방식을 변화시킴으로써 더욱 가속화되었다. 2015년부터 "중앙정치국 동지는 매년 당 중앙과 시진핑 총서기에게 서면으로 업무 보고(述職)한다"라고 요구하였고, 또한 중앙서기처와 중앙기율검사위원회, 전인대 상무위원회 당조, 국무원 당조, 전국정협 당조, 최고인민법원 당조, 최고인민검찰원 당조는 매년 중앙정치국 상무위원회와 중앙정치국에 업무를 보고한다고 규정했다.[17] 중앙당 조직을 포함하여 모든 국가기관의 당조는 당 중앙정치국에, 그리고 당 중앙정치국원은 당 중앙과 시진핑 총서기에게 서면으로 업무보고를 하는 것이다. 중앙정치국 상무위원을 포함한 모든 중앙정치국 위원이 당 중앙과 총서기에게 업무보고를 해야 한다는 것은 원래 총서기와 같은 급의 일원이던 정치국 상무위원들이 이미 총서기와 상 하급 간의 '영도와 피영도 관계'로 변화되었다는 것을 보여준다.

여섯째, 시진핑에게 '핵심'이라는 지위를 부여하면서 시진핑의 권력 강화를 공식화했다. 2016년 개최된 18기 6중전회에서는 "시진핑 동지를 핵심으로 하는 당 중앙"이란 표현이 처음 등장하며, '영도핵심'으로서의

17 「中共中央政治局会议研究部署学习宣传贯彻党的十九大精神, 习近平主持」『新华社』 2017/10/27.

시진핑의 권위를 공식화했다. 후진타오 시기에는 정치국 상무위원 9인 간에 비교적 대등한 업무 분장이 이루어졌던 반면, 시진핑에게 '핵심'이란 칭호가 부여됨에 따라, 정치국 상무위원 7인 사이의 관계와 역할도 변화되었다. '영도핵심'으로 존칭받는 것은 단순히 형식적인 선전이 아니라, 일련의 권위 승격과 권력 부여 조치에 따른 것이다. 이러한 조치에서 가장 중요한 내용은 시진핑이 '말하면 그것으로 결정되는(說了算)' 권력을 가지게 된다는 것을 의미하며, 특히 군사통솔권과 인사결정권 분야에서 절대적인 권력을 행사한다. 실제로 총서기가 "당 중앙이 반드시 '정어일존(定於一尊)'하고 '일추정음(一錘定音)'하는 권위가 있다"[18]는 것을 공개적으로 보여주려고 할 때, 이것이 바로 시진핑이 '최종결정권'을 갖고 있다는 점을 선포한 것이라고 볼 수 있다.[19]

시진핑이 강조해온 네 가지 의식(四個意識) 중 '일치의식(看齊意識)'[20]

18 '정어일존(定於一尊)'은 사마천의 『사기 · 진시황 본기』에서 유래한 말로, 중원이 천하를 통일하고 함께 하나의 제왕을 존립했다는 것을 의미한다. 즉 어떤 인물이나 학설, 사상, 제도 등의 영역에서 권위 있는 유일한 기준을 가리킨다. '일추정음(一錘定音)'은 징을 만들 때 마지막 망치로 음색을 결정한다는 뜻으로, 최종 결정을 내린다는 의미이다.

19 尹鈦, 「當代中國政治中'領導核心'制之硏究」 『二十一世紀雙月刊』 2020年 4月號.

20 '네 가지 의식'은 정치의식, 대국(大局)의식, 핵심의식, 일치의식을 말하며, 이는 2016년 1월 29일 중국공산당 중앙정치국 회의에서 처음 제기됐다. 시진핑 총서기는 95주년 중국공산당 창립기념대회에서 "당 전체 동지들은 정치의식, 대국의식, 핵심의식, 일치의식을 강화하여, 당에 대한 충성과, 당을 위해 걱정을 나누고(爲黨分憂), 당에 대해 책임을 지며(爲黨擔責), 당에 대한 책임을 다하는 것(爲黨盡責)을 확실히 해야 한다"고 강조했다. 당의 18기 6중전회에서 채택한 「새로운 정세하에서 당내 정치생활에 관한 몇 가지 준칙」에서는 "전 당은 정치의식, 대국의식, 핵심의식, 일치의식을 확고히 세워 사상적, 정치적, 행동상에 있어 당 중앙과 고도로 일치해야 한다"고 강조하였다.

은 당원이 자신의 의식을 반드시 '영도핵심'과 '동일시'할 것을 요구하고 있다. '일치(看齊)'란 모두 가지런히 통일시키고 같게 만든다는 뜻이다. 마치 한 몸처럼 의식과 행동을 하나로 통일시켜야 한다는 의미인데, 중국공산당은 "하나의 국가, 하나의 정당에서 영도핵심은 매우 중요하다. 당의 각급 조직과 전체 당원, 특히 고위급 간부는 모두 당 중앙에 대해 '일치'해야 한다"[21]고 강조하고 있다. '시진핑을 핵심으로 하는 당 중앙'이라는 논리에서 볼 때, 모든 당원은 당 중앙에 대해 '일치'해야 하고, 결국은 당 중앙의 정점에 있는 시진핑과 자신의 사상과 행동을 일치시켜야 한다는 것이다.

일곱째, 시진핑 권력/권위 강화의 과정에서 가장 중요한 점은 개인의 권력 강화를 당 중앙의 결정권을 강화하는 각종 규범 및 규칙 제정 등의 제도개혁과 함께 진행했다는 것이다. 중국공산당은 2013년 중국공산당 18기 3중전회의 「전면적인 개혁 심화 결정」을 통해 "정층설계"와 함께 "전국이 하나의 장기판(全國一盤棋)"처럼 움직일 수 있도록 하는 '위에서 아래로'의 정치운영 방식을 강조하였고,[22] 정책 결정은 모두 중국공산당 '중앙'에서 주도하고, 제정, 집행, 관리, 감독한다는 방침을

21 「关于新形势下党内政治生活的若干准则」『人民日报』2016/11/03.

22 「中共中央关于全面深化改革若干重大问题的决定」(18기 3중전회), 『新华社』 2013/11/15. 「결정」의 16번째 부분인 "전면적인 개혁 심화에 대한 당의 영도 강화 및 개선"에서는 "당의 영도를 강화하고 개선하여 당이 '전체 국면을 총괄하고 각 분야를 조정하는(總攬全局, 協調各方)' 영도핵심 역할을 충분히 발휘하고, 학습형, 서비스형, 혁신형 마르크스주의 집정당을 건설하여, 당의 영도 수준과 집정능력을 향상시켜 개혁의 성공을 보장해야 한다"고 강조한다. 또한 이를 위해 "전체 당원이 사상과 행동을 중앙의 정책결정 및 배치와 통일시킬 것"을 강조한다.

정한 바 있다. 이후 중국공산당은 당 중앙으로 영도를 집중시키고 통일시키기 위해 전체 국면과 관련된 중요한 사안에 대해 당 중앙의 총괄적인 조정권과 결정권을 강화해왔다. 또한 당 중앙의 정점에 있는 시진핑은 인사 결정과 중요 회의의 의제설정권을 당내 조례로 제정함으로써 확고부동한 권력을 확립했다. 2020년 9월 30일 공표된 「중국공산당 중앙위원회 공작조례」에 따르면 중앙정치국과 상무위원회 회의 의제는 총서기가 '확정'한다.[23] 19기 6중전회에서 채택된 「3차 역사결의」 초안은 2021년 3월 중앙정치국 회의에서 결정되었는데,[24] 이는 시진핑 자신이 「공작조례」를 통해 확보한 의제설정권을 행사하여, 역사결의에 대한 의제 실행을 지시한 것이라 하겠다. 이렇게 보면 「3차 역사결의」는 시진핑의 권력 강화를 위한 것이라기보다는, 오히려 당내 영도확립의 '결과'라 할 수 있다.

앞 장에서 살펴보았듯이 기존의 의사조정기구였던 '영도소조'를 '위원회'로 바꾸면서 의사결정 기능을 강화했다. 위원회는 이제 명실상부한 중앙의 정책결정기구가 되었다. 게다가 위원회의 주요 책임직(위원장)은 모두 시진핑 총서기가 맡았다. 이는 조직적으로 '시진핑을 핵심으로 하는 당 중앙'의 '집중통일' 영도를 완성하는 모양새로 볼 수 있다. 이러

23 「중국공산당 중앙위원회 공작조례」 제25조는 "중앙정치국 회의는 정기적으로 개최하고, 중요한 상황이 생기면 수시로 개최할 수 있다. 회의 의제는 중앙위원회 총서기가 확정한다", 제26조는 "중앙정치국 상무위원회 회의는 정기적으로 개최하고 중요한 상황이 생기면 수시로 개최할 수 있다. 회의 의제는 중앙위원회 총서기가 확정한다"라고 규정하고 있다. 「中国共产党中央委员会工作条例」 『人民日报』 2020/10/13.

24 「牢记初心使命的政治宣言:《中共中央关于党的百年奋斗重大成就和历史经验的决议》诞生记」『新华社』 2021/11/17.

한 구도에서는 당 중앙으로 영도력이 통일될수록 시진핑 개인의 권력도 집중된다. 국가기관이 아니라 당과 당 중앙기구가 거의 모든 중요한 의사결정권을 장악하고 있고 또한 당 중앙의 정점에 있는 시진핑의 결정권이 강화되었다는 점에서, 시진핑의 '핵심' 지위는 그 이전의 '핵심'과는 완전히 차별화된다. 즉 당 중앙의 정책결정권이 제도적 형식으로 보장됨에 따라, 당 중앙의 정점에 있는 시진핑이 보유한 권력은 바로 '제도적 힘'에서 나오는 것이며, 이러한 측면에서 시진핑의 권력은 다른 정치국 상임위원들뿐 아니라 이전 총서기의 권력을 훨씬 초월하는 것이라 하겠다.

이러한 통치제도의 개혁은 오랜 기간의 구상과 준비로 이루어진 것이다. 2013년 11월에 개최된 18기 3중전회 「결정」에서는 이미 "당정군(黨政群) 기구개혁을 통합하고, 부서의 직책 관계를 바로잡겠다"라고 밝혔다. 2015년 시진핑은 「중앙전면심화개혁영도소조」에 기구개혁에 관한 조사연구를 요구했고, 2017년 19차 당대회 보고에서는 기구 및 행정체제개혁 심화를 강조하면서, 각 기구를 통합 설치하고 부문별 책임을 명확히 하겠다고 강조했다. 중국공산당은 기존의 제도적 문제점으로 당정기구의 중복 및 직책 교차, 권한과 책임의 괴리 문제, 일부 정부 기구의 설치와 직책 구분의 비과학성, 그리고 정부 직능전환이 제대로 이루어지지 않은 문제 등을 꼽았다. '두 개의 100년' 분투 목표와 '중화민족의 위대한 부흥'이라는 중국몽의 실현을 위해서는 당·국가기구 개혁이라는 강력한 제도적 보장이 있어야 한다는 것이다.[25]

25 「《中共中央关于深化党和国家机构改革的决定》和《深化党和国家机构改革方

이상을 요약해보면 시진핑의 집권(集權)은 원로들의 간섭과 원로들의 뜻에 따라 계파를 고려하여 지도부를 구성하는 상황이 사라지게 된 조건에서 출발했고, 시진핑의 권력 강화는 중국이 처한 비상상황을 위기라고 인식한 당내 지도부의 공감 속에서, 당과 당 중앙의 권력을 다시 강화하는 방향으로 통치구조를 바꾸는 과정에서 이뤄진 것이다. 국가기구에 대한 당의 직접 영도가 제도적으로 실현되면서, 당의 최고 수장인 총서기의 역할도 강해진 것이다. 장기적인 국가목표를 달성하기 위해 통치구조를 바꾸었고, 달라진 통치구조에 따라 시진핑 개인의 권력도 막강해진 것이며, 이렇게 막강해진 시진핑 권력은 기존의 집단영도체제를 무너뜨리게 됐다. 2012년 총서기 취임 이후 10여 년에 걸친 권력과 권위의 축적을 거치면서 시진핑의 영도권에 도전할 수 있는 경쟁상대나 계파집단은 당내에 더는 존재하지 않게 되었다.

'집단영도체제'에서 '집중통일영도체제'로

현재 시진핑 개인으로의 권력집중 현상을 두고 "집단영도체제 유지인가, 일인지배체제로의 전환인가"라는 논쟁이 있다.[26] 그러나 집단영도체제는 넓은 의미에서 '제도'이고, 일인지배체제란 실질적인 권력 점유의 독재적 상황을 지칭한다. 하나는 제도를 지칭하고 다른 하나는 권력

案》诞生记」『新华社』. 2018/03/22.

26 이에 대한 소개로는 다음을 참고하라. 김용호, 「시진핑 시대 중국공산당의 집단영도체제는 어디로 가고 있나?」『SNUAC 다양성+Asia』 2022년 12월(19호).

문제인데, 이 둘을 하나의 스펙트럼에 두고 양자택일 식으로 논쟁하는 것은 다소 소모적이다.

앞에서 설명했듯이 집단영도체제 자체에 '민주'와 '집중'의 원리, 그리고 '집단영도'와 '개인분업책임'의 결합을 포괄하고 있으므로, 그 자체로 다양한 형태의 영도체제가 나올 수 있다. 특히 집단영도체제에는 최고 지도자 선출에 대한 기준과 절차가 없고, 영도집단 내부의 상호 관계나 권한에 관한 규정이 없어서, 상황과 환경 변화, 그리고 최고 지도자의 특성에 따라 개인으로의 권력집중은 언제라도 나타날 수 있다. 이는 공산당 일당체제의 제도적 한계로 인한 필연적 결과이자, 집단영도체제라는 불완전한 제도 자체에 내재한 문제로 보아야 한다. 덩샤오핑도 이러한 속성을 알고 있었기 때문에 집단영도에 '핵심'이 필요하다고 강조했다.

중국에서 '집단영도제'는 개별 권력을 제약할 수 있는 '제도'가 아니라, 영도집단 사이의 업무 범위와 권한을 조정하고 관련 조직을 효과적으로 운영하기 위한 규칙이다. 다시 말해 집단영도체제의 실제 모습은 영도집단 내부의 권력 관계와 합의의 결과로 나타나는 것이지, 집단영도제가 정치국 상무위원들의 개별 권력을 제약하고 구체적인 권한을 규정하는 것은 아니다. 이는 법률로 명문화된 제도가 아니며, 당내 합의 혹은 권력 관계의 변화에 따라 정치적으로 변화·운용될 수 있는 여지가 크다고 하겠다.

그럼에도 불구하고 크게 보면 '당에 의한 영도체제'는 여전히 중국공산당 운영의 본질이자 공통된 인식이다. 시진핑 개인에게 아무리 권력이 집중되더라도 개인의 의지를 집단의지로 전환할 수 있어야 비로소 당내 정당성을 확보할 수 있다. 시진핑 개인의 권위와 권력은 당 중앙과 연동되어 있다. 시진핑 집권 이후 당 영도력이 급속하게 중앙으로 집중됐고, 이것이 제도적으로 규범화되는 과정과 동시에 총서기 개인의 권력 역시 강화되어왔다. 시진핑 일인 권력의 강화가 당 영도체제 전체 구조에 대한 조정과 연동되어 있고, 이것이 실질적인 제도화로 이어지며 시진핑의 권력 기반도 제도적인 권위를 획득한 것이다.

당 영도체제라는 통치구조의 관점에서 이러한 변화를 파악해보면, 큰 틀에서는 여전히 당에 의한 집단영도체제라 할 수 있지만 덩샤오핑이 구상했던 '집단영도체제'는 이미 깨졌고, '당 중앙으로의 집중통일영도체제'로 전환되었다고 볼 수 있다.[27] 즉 당 중앙으로 '제도화된 집권' 속에 총서기가 권력의 핵심이 되는 새로운 영도체제의 틀을 구축한 것이다. '두 개의 수호'와 '두 개의 확립'[28]에서 밝히고 있듯, 시진핑과 당

---

27 일부 대만학자는 이러한 변화를 '총서기 책임제'와도 같은 새로운 권력 구조라고 분석하면서, 이를 "유사 총서기책임제(類總書記負責制)", 즉 여전히 중앙 고위층 영도집단의 일원이지만 정책 결정의 영향력은 다른 구성원들보다 현저히 높은 제도로 규정한다. 趙建民, 吳仁傑, 「習近平積極建構中共中央高層新權力架構」『展望與探索』 2019年 17卷 4期.

28 '두 개의 수호'는 1장의 각주 2)를 참고할 것. '두 개의 확립(兩個確立)'은 2021년 19기 6중전회에서 제기된 용어로, "시진핑 동지를 당 중앙의 핵심이자 전당의 핵심지위로 확립하고, 시진핑신시대중국특색사회주의사상을 지도적 지위로 확립"하는 것을 말한다. 중국공산당은 '두 개의 확립'이 '두 개의 수호'를 위한 정치적 자각과 사상적 자각, 행동적 자각을 더욱 강화해, 정치적 입장, 정치적 방향, 정치적 원칙, 정치적 길에서 시진핑 동지를 핵심으로 하는 당 중앙과 고도의 일치를 유지하는 데 중대하고도 현실적, 역사적 의의가 있다고 본다. 「中共中央关于党的百年奋斗重大成就和历史经验的决议」(19기 6중전회), 『新华社』 2021/11/16.

중앙은 서로 연동되며 하나로 일체화되었다. 그러나 20차 당대회에서 개정된 「당장」에서는 '두 개의 수호' 규정은 넣었지만, '두 개의 확립'이란 문구는 넣지 않았다. 이는 당 중앙 차원에서 시진핑의 권력을 제어할 수 있는 여지를 남겨둔 것으로 해석할 수 있다.

물론 집중된 의사결정 구조에서 정치적 야심가들의 충성경쟁으로 인한 부작용을 어떻게 할 것인가의 문제가 있다. 임기제든 연령제이든 간에 기존의 규범이 한두 차례 깨지는 것 자체는 별다른 문제가 아닐 수 있다. 그러나 문제는 이러한 규범의 파괴가 주요 엘리트들에게 어떤 신호를 주게 될 것이며, 이들의 정치적 행위를 어떻게 바꿔놓을 것이냐는 점이다. 즉 기존 규범과 관례가 깨지게 되면 자신의 권력과 영향력을 강화하려는 충성경쟁이 가열되고, 이로 인해 일인 권력집중과 우상숭배 현상은 언제든지 나타날 수 있게 된다.

5장

신시대 통치이념과 문화 거버넌스

시진핑 집권 이후 중국공산당은 '신시대'를 표방하며 당·국가 영도체제를 변화시키고 각종 규범 및 제도를 정비해왔다. 그러나 통치구조 완성은 제도 정비로만 그치지 않는다. 당내 최고 지도자는 취임 후 자신의 이론을 당내 사상으로 통일해야 하며, 이를 당대회에서 「당장」의 형식으로 통과시키고 국가 이념으로 공식화해야 한다. 이러한 이데올로기의 계승 및 확립이 이루어져야 권력 승계도 완전하게 된다. 또한 중국 제도에 걸맞은 '이념'을 체계화해야 할 뿐 아니라 이러한 이념 아래에 사회 구성원들을 교육해 이를 하나의 주류 문화로 만드는 과정이 병행되어야, 비로소 '중국식 통치(中國之治)'가 완성될 수 있다. 이것이 통치제도와 사상이념과 교육문화를 일치시키는 중국의 오래된 '대일통(大一統)'[1]의

1 '대일통(大一統)'은 『춘추공양전(春秋公羊傳)』에 처음 보이는 말로, 동한 시대

통치모델이다.

'시진핑신시대중국특색사회주의 사상'

시진핑은 전임 지도자들과는 다르게, 총서기 지위에 오른 지 불과 5년 만에 자신의 이름이 들어간 이념체계를 갖게 되었다. 중국공산당 19차 당대회에서는 '시진핑신시대중국특색사회주의 사상'을 「당장」에 수록했다. 새로운 시대를 선언하며 국가목표를 제시했고 '주요 모순'도 다시 규정했으며,[2] 이에 따라 새로운 역사적 사명에 직면한 중국공산당에게 새로운 지도이념이 필요했다. 그것이 바로 '시진핑신시대중국특색사회주의 사상'이다.

당의 공식적인 이념으로서가 아니라, 말 그대로 시진핑이 강조한 이념으로서 '시진핑 사상'이 논의되기 시작한 것은 2014년 경부터였다. 화

하휴(何休)의 주해에 따르면, '대'는 추앙과 중시의 의미이고, '일통'은 만물 근원의 의미로 근원과 기초의 의미이다. 정치공동체로서의 '대일통'은 문명사회의 유일성을 의미하며 이는 중국 고대인의 사유방식이 되었다. 요컨대 대일통은 전근대적인 중국적 보편주의로, 정치적-도덕적 단일체이자 위대한 전체로서 하나의 체제(Great Systemic Whole)를 의미한다. 제국의 이념과 질서로 대일통을 파악하고 있는 연구로는 다음을 참고할 것. 전인갑, 『현대중국의 제국몽: 중화의 재보편화 100년의 실험』 (서울: 학고방, 2016). 통일과 분열의 순환 역사에 내재해 있는 중국 국가의 통합정체성의 형성과 의미에 대해서는 다음을 참고할 것. 이종화, 「중국의 '통일국가(大一統)'정체성 형성과 의미: 중국의 통일과 분열의 역사 순환을 어떻게 볼 것인가?」 『중소연구』 2014년 38권 3호.

2 중국공산당은 19차 당대회에서 중국특색사회주의가 신시대에 진입함에 따라, 주요 모순이 "인민의 나날이 증가하는 아름다운 생활에 대한 요구와 (이를 충족시켜주지 못하는) 불평형과 불충분한 발전 간의 모순"으로 변화되었다고 수정했다. 이전의 주요 모순은 "인민의 나날이 증가하는 물질문화 요구와 낙후된 사회생산력 간의 모순"이었다.

중사범대학의 스센위(石先鈺) 교수는 〈인민논단〉에 「시진핑 사상의 기본 특징 및 지도의 의미 분석」이라는 글을 발표하며, '시진핑 사상'의 확립을 주장하였고, 또한 중공의 지도사상을 "마르크스-레닌주의, 중국화된 마르크스주의, 시진핑 사상"의 세 가지 단계로 바꿀 것을 건의했다.[3] 군사학자인 류밍푸(劉明福)는 『시진핑 사상』이란 책을 외국에서 출간하며, 이는 중국이 미국과 경쟁하는 국가가 되기 위한 역사적 선택이라고 주장했다.[4] 이 시기 시진핑의 권력은 이른바 '소조(小組)정치'와 '정풍운동'으로 점차 공고화되었고, 18기 6중전회에서 '핵심' 지위가 확립되면서, 시진핑 사상의 선전도 더욱 활발해졌다. 이를 주도한 것은 당 조직인 중앙판공청(中央辦公廳)과 중앙조직부였다.

2017년 2월 중앙판공청 주임인 리잔수(栗戰書)는 「중앙 직속기관 2017년 당 업무회의」 연설에서 시진핑 집권 이후의 새로운 이념과 사상, 전략이 이미 초보적으로 완전한 이론 체계를 형성하고 있음을 처음으로 제시했다.[5] 류윈산(劉雲山) 중앙당교 교장은 2017년 5월 개학식 연설에서 시진핑의 중요 연설 시리즈는 '마르크스주의 중국화의 최신 성

---

3 石先钰, 「浅析习近平思想的基本特徵及指导意义」 『人民论坛网』 2014/12/17.

4 류밍푸는 2012년 시진핑이 '중국몽'을 제기하기 전인 2010년에 이미 『중국몽: 포스트-아메리카 시대의 대국 사유와 전략적 위상』이라는 책을 출간하여 주목을 받은 바 있다. 이 책에서는 강대한 군사역량을 건립하여 미국과 경쟁하는 국가가 되어야 한다고 주장한다. 즉 류밍푸의 중국몽은 '강군몽(强軍夢)'이고, 이후 중국공산당 역시 강군몽을 제기한다. 刘明福, 『中国梦: 后美国时代的大国思维与战略定位』 (北京: 中国友谊出版公司, 2010).

5 「栗战书在中央直属机关2017年党的工作会议上的讲话」 『中直党建网』 2017/04/30.

과'라고 강조했다.[6] 같은 해 7월 중앙조직부가 주관하는 『당건연구(黨建研究)』 잡지에 편집부가 발표한 「당 혁신이론의 위대한 기치 아래 전진하자」라는 글에서는 "18대 이후의 혁신이론은 시진핑 사상"이라면서, "마르크스주의 중국화의 최신 성과이자, 중국특색사회주의 이론체계의 최신 발전이며, 당대 중국의 가장 생생한 마르크스주의"라고 평가했다.[7]

"마르크스주의 중국화의 최신 성과"라는 평가는 이후 '시진핑 사상'의 이론을 구축하는 중요한 지렛대가 된다. 이러한 과정에서 알 수 있듯이 시진핑이 했던 일련의 연설 내용이 '시진핑신시대중국특색사회주의 사상'이라는 이념으로 공식화된 배경에는 당의 주요 요직을 맡고 있던 수장들의 '시진핑 사상 띄우기'가 있었음은 부인할 수 없다.

그렇다면 '시진핑신시대중국특색사회주의 사상(이하 시진핑 사상)'은 기존의 지도이념과 어떤 차이가 있는가? 개혁 시기를 이끌어온 덩샤오핑 이론은 이른바 '중국특색사회주의 이론'이라는 이름으로 개혁개방의 이론적 논거를 제시해왔다. 개혁개방 시대의 가장 큰 정책목표는 경제발전이었고, 이러한 개혁개방의 요구에 맞춰 마르크스주의를 재해석했다. 그러나 이제 경제 분야에서의 쉬운 개혁은 거의 완성되고 체제 문제와 관련된 '어려운' 개혁이 남게 되었다. 변화된 대내외적 상황에서 중국공산당은 전면적이고 심화된 개혁을 제시하였다. '전면적 심화 개

---

6 刘云山, 「学习掌握习近平总书记系列重要讲话贯穿的马克思主义立场观点方法」 『学习时报』. 2017/06/01.

7 编辑部, 「在党的创新理论伟大旗帜下阔步前进」 『党建研究』 2017年 第7期.

혁'이란 서구의 기대처럼 '시장의 주도적 역할'을 포괄한 전면적 개혁으로 국가의 경제 개입을 축소하고, 국유기업의 독점적 행태를 개혁하겠다는 의미가 아니다. 그것은 경제개혁뿐 아니라 다른 영역에 대한 개혁을 전체적으로 고려하면서 개혁을 관리하고 추진하겠다는 것이다. 즉 '전면적 심화 개혁'이란 경제뿐 아니라 정치, 사회 등 모든 분야를 포괄하는 개혁인데, 이에 따라 전체적인 '통치'의 관점에서 각 영역을 조화시키는 이념, 즉 전면적 개혁에 적합한 총괄적 통치이념의 필요성이 대두된다. 개혁개방의 이념인 덩샤오핑 이론으로는 전면적 심화 개혁을 포괄하기 어렵다.

18차 당대회와 이후 개최된 일련의 중앙위원회 전체회의(中全會)에서 전면적 개혁 심화와 소강사회의 완성(建成), 그리고 국가통치에서의 의법치국, 당 조직의 엄격한 관리 등, 이른바 '네 가지 전면(四個全面)'을 잇달아 제시한 것은, 전면적 개혁에 걸맞은 통치 구조를 갖추기 위한 것이라 할 수 있다. 18차 당대회 회기 동안 제기해온 '4개 전면'은 이후 시진핑 사상을 집대성하는 기본적인 구성 요인과 경로를 제공하였다. '전면적'이라는 것은 개혁의 영역을 전방위로 확대하겠다는 것을 의미하면서, 동시에 이를 총괄하고 조율할 정치적 능력이 중요해진다. '경제개혁'에서 '전면 개혁'으로 전환됨에 따라, 경제개혁에 맞춘 제도개혁이나 정치발전이 아니라, 전면 개혁을 위한 통치 전반의 대대적인 재편이 필요했다. 시진핑 사상은 바로 이러한 필요에서 만들어낸 통치이념이자 국정이념이라 할 수 있다.

중국공산당의 설명에 따르면, '시진핑 사상'은 '8개의 명확함(明確)'

과 '14개의 기본 방략(基本方略)'으로 구성된다.[8] 14개의 기본 방략은 당과 인민, 개혁, 발전, 의법치국, 사회주의핵심가치, 민생보장, 국가안보관, 외교, 군대 등 모든 분야를 포괄한다. 이런 측면에서 시진핑 사상은 총괄적인 통치이념이자 전략이며, 국가 통치체계와 통치능력을 현대화하기 위한 행동지침이다. 중국공산당에 따르면, 시진핑 사상은 하나의 '전면적'인 이론 체계이며, 여러 가지 문제에 관해 '전략적 지도'를 제공하는 것으로, 경제, 정치, 법치, 생태문명, 외교, 국가안보, 국방, 군대, 심지어 일국양제(一國兩制)와 중국의 통일까지 포괄하고 있다. 즉 시진핑이 어떤 한 분야에 대해 한 발언은 모두 '시진핑 사상'으로 포괄하게 되는 것이다.

시진핑신시대중국특색사회주의 사상을 「당장」과 「헌법」에 명기한 이후, 중국공산당은 이 사상을 포괄적 이론 체계로 발전시켜왔다. 외교부 산하 중국국제문제연구원은 「시진핑외교사상연구센터」를 설립하여 '시진핑 외교사상'을 연구하고 있고, 생태환경부는 '시진핑 생태문명사상', 국가발전개혁위원회는 '시진핑 경제사상', 법학회는 '시진핑 법치사상'을 연구하고 있다. 이외에도 시진핑 사상은 강군(强軍) 사상에도 적용되며, 대만 업무, 문화, 언론과 여론, 스포츠, 삼농(三農) 업무까지 지도하는 이념으로 구체화하고 있다.

국가기관뿐 아니라 각 지방정부와 대학에도 시진핑 사상을 연구하는 센터와 연구소가 잇달아 설립되어, 2021년 7월 현재 「시진핑사상연

8 「党的十九大新闻发言人举行专题新闻发布会, 有关方面负责人解读十九大报告」『新华社』 2017/10/26.

구센터」는 총 18개로 늘어났고, 각 지방 대학에도 시진핑사상연구소가 문을 열었다.[9] 일례로 2018년 1월 23일 「시진핑신시대중국특색사회주의사상연구원」을 설립한 베이징대의 경우, 연구원의 사명은 "시진핑신시대중국특색사회주의사상을 깊이 학습·연구·해석·관철하고, 마르크스주의 지도와 사회주의 정치방향, 인민을 위한 연구와 교육을 견지하며, 중국공산당의 국정 통치, 중국특색사회주의제도의 공고화와 발전, 개혁개방과 사회주의현대화 건설을 위해 복무한다"고 표방하고 있다.[10]

이러한 측면에서 본다면 시진핑 사상은 이데올로기 차원을 뛰어넘어, 중국공산당과 국가 전체를 지도하는 하나의 통치이념이자 중국제도 발전과 현대화 실현을 위한 전략적 사상이라 하겠다. 시진핑 사상이 바로 이러한 통치를 위한 전략이자 행동지침이기 때문에, 만약 통치의 효과가 좋지 않을 때 통치이념은 곧바로 도전을 받을 수 있게 된다. 마오쩌둥의 '혁명 사상'이나 덩샤오핑의 '개혁 이론'은 혁명과 개혁 과정에서 좌절되고 실패하더라도 기본적인 방향과 목표를 제시하고 있으므로, 그 자체로 정치적 동력의 역할을 하게 된다. 그러나 '통치이념'의 성격을 띠는 시진핑 사상은 기본적으로 보수적인 성격을 띨 수밖에 없다. 무언가를 '변화시키기 위한 것'이 아니라 '지키기 위한 것(守城)'이기 때문에, 통치 실적이 좋지 않았을 때 곧바로 인민들의 불만을 일으킬 수 있다. 하나의 이념이나 사상체계로서, 그 자체로 취약하다는 한계를 안

9 「中國新增擴建"習近平思想"研究中心, 從表象看實質」『BBCNews中文』 2021/07/25.

10 「北京大学习近平新时代中国特色社会主义思想研究院」, https://xnewera.pku.edu.cn/yjygk/jbqk/index.htm

고 있다. 혁명이나 개혁 이론은 기본적으로 '논쟁'을 통해 길을 모색해 가는 성격을 띠었었다. 그러나 시진핑 사상이라는 통치이념은 논쟁을 불허한다. 각 영역의 요소를 조화롭게 만드는 전체적인 균형을 중시하며, 이를 조정하는 권위 있는 핵심의 역할을 강조할 뿐이다.

또한 시진핑 사상은 국가통치와 관련된 모든 것을 포괄하며, 공산당을 중심으로 한 중국의 국민(민족)국가 만들기 프로젝트라 할 수 있다. 포괄적인 지도이념인 만큼 시진핑은 이념적 권위 측면에서 이미 장쩌민과 후진타오를 능가하였고, 새로운 시대에 새로운 이론을 제시한 마오쩌둥이나 덩샤오핑과 같은 지도자의 반열에 올랐다고 볼 수 있다. 그러나 시진핑 사상에는 과거 마오쩌둥 사상이 품고 있던 국제주의적인 보편적 내용이 없다. 마오쩌둥 사상은 아시아와 아프리카, 남미, 그리고 유럽 국가에 전파되어 많은 혁명가와 이론가들에게 영감을 주며 이른바 '마오주의자(Maoist)'들을 길러냈다. 하지만 '중화민족의 위대한 부흥'을 위한 통합적 계획인 시진핑 사상은 단지 국민국가의 목표 실행을 위한 전략이념일 뿐이다.

중국 국내 차원에서만 보자면, 시진핑 사상은 하나의 정합적 구조를 지향하고 있다. 시진핑 '사상'은 '시대' 및 '방략'과 함께 삼위일체의 관계를 형성한다. 시진핑 사상은 새로운 시대에 당 영도의 국가통치체제를 확립하기 위한 것이다. 여기에는 당 영도의 권위를 담보할 수 있는 통치제도뿐 아니라 사회 전체의 단결과 통일 유지가 중요하며, 사상과 문화 역시 이러한 기조에서 하나로 통제되고 있다. 통치이념 안에 제도와 문화(가치와 행동 규범)를 통합하는 대일통의 지향이 담겨있다.

현대중국에 들어서면서 전통적 관료체제나 제도 및 이념의 내용은 근본적으로 달라졌지만, 중앙집권적 정치제도와 단일한 이념을 하나로 통합하는 통치모델은 그대로 이어져 왔다. 전통적인 유가(儒家) 이념은 통치 정통성을 합리화할 뿐 아니라 통치 엘리트를 동질화하여 결속시키고, 교화(敎化)를 통해 피통치층의 도덕적 행위규범을 내재화시켜왔다.[11] 대일통 왕조에서의 유가 윤리 도덕과 마찬가지로, 오늘날 중국의 주류 이데올로기도 체제의 합법성이나 안정성의 문제와 관련되며, 현대 중국인의 정체성에 영향을 미쳐 중화민족의 문화적 정체성을 만들어내고 있다. '시진핑 사상'의 함의를 이러한 측면에서 읽을 수 있다.

거버넌스의 수단이 된 '문화'

19차 당대회에서 개정된 「당장」에는 기존의 "군중으로부터 나와, 군중 속으로 들어간다"라는 문구를 "자신의 업무 속에서 군중노선을 실천하고, 모든 것을 군중을 위해, 모든 것을 군중에 의지하여, 군중으로부터 나와 군중 속으로 들어가서, 당의 정확한 주장을 군중으로부터의 자각적 행동으로 전화(轉化)시킨다"라고 보다 구체적으로 수정했다. 무엇이 당의 정확한 주장인지, 당의 주장이 언제나 정확한 것인지의 문제는 차치하고라도, 당의 주장을 어떻게 군중의 자각적인 행동으로 변하게 할 수 있다는 것인가? 공산당은 이 문제의 관건은 당의 정책 주장이

11 周光辉, 赵德昊, 「教化: 大一统国家韧性的形成路径」, 『探索与争鸣』 2021年 第4期; 贺东航, 「"大一统"治理与中国政治的内生性演化之路」 『中央社会主义学院学报』 2021年 第4期.

인민대중의 근본이익을 잘 보호하고 실현하며 발전시키기 위한 것이라는 점을 인민들에게 충분히 알리고 잘 인식시키는데 있다고 본다. 이렇게 하기 위해서는 당의 정책 주장을 잘 선전하고 '당 이념의 대중화'를 추진해야 한다는 것이다.

이는 곧 일당제 체제에서는 매우 중요할 수밖에 없는 '이데올로기(ideology)'와 '선전(propaganda)', 그리고 대중교육의 문제와 관련된다. 중국공산당이 제시하는 국가목표를 실현하기 위해서는 국가적 차원에서 거버넌스체계와 능력을 갖추고 이를 제대로 작동하게 만드는 것도 중요하지만, 기층에서 대중의 자발성과 활력에 기반을 두어 얼마나 많은 사회적 역량을 결집해낼 수 있느냐가 중요하다. 일당제의 통치가 제대로 작동되려면 피통치층인 인민이 당의 정책을 잘 숙지하고 이를 자발적인 행동으로 실천할 수 있게 해야 한다. 요컨대 일당제 사회는 '이데올로기'와 '선전' 및 '교육'을 통해 인민을 지속해서 계몽하고 각성시켜서 사회에 대한 일치된 마음과 단결력을 끌어내야 하는 체제이다.

자유주의적 관점에서 보았을 때는 이를 '세뇌'라고 부른다. 냉전 시대 중국에 관한 많은 연구가 이러한 관점에서 중국 사회를 관찰하기도 했다.[12] 그러나 중국에서 '이데올로기'는 단순히 주입되는 이념이나 사상에 그치지 않고, 통치층 내부를 동질화하고 구속하는 공통의 교리이자, 각종 경로를 통해 피통치자를 도덕적으로 구속하며 사회질서를 유

---

12 대표적으로 다음과 같은 연구들이 있다. Edward Hunter, *Brain-washing in Red China: The Calculated Destruction of Men's Minds*, New York: Vanguard Press, 1951; Robert J. Lifton, *Thought Reform and the Psychology of Totalism: A Study of "Brainwashing" in China*, New York: Norton, 1961.

지해가는 매우 중요한 통치 기제이자 수단이다. 또한 사회 구성의 최소 단위인 '개인'을 완전히 독립적인 존재로 상정하는 자유주의적 관점과는 달리, 중국에서 개인은 기존 사회 규범이나 사회적 관계에서 분리될 수 없는 존재로 본다. 중국에서는 '이데올로기'가 사회적 가치나 행위규범 등 여러 가지 기능과 역할을 맡고 있다는 측면에서, 이를 단순히 사상의 일방적 주입이라는 세뇌의 관점에서 파악하기는 어렵다. 중국에서 이데올로기는 정권의 합법성을 정당화할 뿐 아니라 사회 전체의 '문화적 정체성'을 형성하는 핵심적 통치 기제라는 점에서, 여전히 과거 '문화주의 통치'의 전통이 이어진다고 볼 수 있다.[13]

신시대 이후 중국공산당은 당 중앙으로 권력을 집중시키는 제도 변화와 함께, 당이 '국가부흥의 영도자'이자 '전통문화의 계승자'임을 선전하는 데 집중해왔다.[14] 특히 19차 당대회 이후에는 당의 이데올로기가 사회생활의 각 영역으로 확장되고 침투하여 사회사상과 행위를 구속하고 규범화하는 '주류 이데올로기'가 되도록 한다는 방침을 내놓았다.[15]

---

13 자오딩신(赵鼎新)의 말처럼 고대 중국 엘리트들의 마음속에는 보편적으로 '문화주의'라 할 수 있는 감정들이 깊게 자리 잡고 있다. 그는 이러한 감정 중의 근본적인 정체성의 기초는 '문화적 귀속'이었지, 종족적 특징은 아니라고 강조한다. 赵鼎新, 夏江旗译, 『东周战争与儒法国家的诞生』(上海: 华东师范大学出版社, 2011), p. 9.

14 당 선전의 변화를 중심으로 중국 문화 거버넌스의 문제를 분석한 연구로는 다음을 참고할 것. Elizabeth J. Perry, "Cultural Governance in Contemporary China: "Re-Orienting" Party Propaganda", Vivienne Shue, Patricia M. Thornton(eds.), *To Govern China: Evolving Practices of Power*, Cambridge University Press, 2017.

15 陈明明, 李松, 「当代中国党政体制的沿革: 路径与逻辑」『统一战线学研究』

당대회 보고에서 지난 시기의 업적을 회고하고 평가하는 부분에 '문화'가 처음 거론된 것은 17대부터이다. 17대 보고에서는 '문화 건설'이 물질문명 건설의 중요한 조건이자 인민의 사상적 각오와 도덕 수준을 향상하는 중요한 조건이라고 하였다. 이후 19대에서는 '사상문화건설' 분야로 표기하며, "이데올로기 업무에 대한 당 영도의 강화"를 강조했다.[16] 왜냐하면 "이데올로기는 문화의 전진 방향과 발전의 길을 결정"하기 때문이라는 것이다. 18대 보고에서는 문화영역 부분에 사상(이데올로기)에 관한 내용은 없었지만, 19대 보고에서는 문화를 사상에 예속시키며 당의 영도를 강조하고 있다.

나아가 19기 4중전회의 보고에서는 "사회주의 선진문화를 번영·발전시키는 제도를 견지하고 완전하게 하며, 전 인민이 단결하여 분투하는 공동의 사상 기반을 공고히 한다"고 하면서, "사회주의핵심가치관으로 문화건설제도를 이끌어 나갈 것을 견지한다"라고 강조했다. 중국의 문화건설제도 강화의 가치나 방향, 경로가 사회주의핵심가치관의 육성과 실천임을 명확히 하고 있다.

이러한 전략적 변화의 배경에는 중국의 발전 경험을 토대로 개괄한 이른바 '네 가지 자신감(四個自信)'에 있다. 20세기 중국이 성공적으

2020年 第6期.

16 당 보고의 첫 번째 부분인 지난 5년간의 회고에서는 사상문화건설 영역에 대해 "사상문화건설에서 중대한 진전을 이루었다. 이데올로기 사업에 대한 당의 영도가 강화되었다. 당의 이론 혁신이 전면적으로 추진되고 이데올로기 영역에서 마르크스주의의 지도적 지위가 더욱 뚜렷해졌다"고 평가하고 있다. 习近平, 「决胜全面建成小康社会, 夺取新时代中国特色社会主义伟大胜利: 在中国共产党第十九次全国代表大会上的报告」『新华社』 2017/10/27.

로 걸어왔다고 자부하는 혁명, 건설, 개혁의 길에 대한 '노선자신(道路自信)', 이러한 역사 경험을 중국특색사회주의이론체계로 설명한다는 '이론자신', 중국특색사회주의제도를 견지하고 완전하게 하여 사회주의강국몽을 실현한다는 '제도자신'이 그것이다. 그리고 이 세 가지 자신감의 토대이자 근본이 되는 가장 중요한 자신감으로, 중화문화에서 기원하고 혁명문화와 사회주의선진문화로 융합된 '중국특색사회주의문화'라는 '문화자신'을 꼽는다. 물질문명과 동시에 정신문명을 이룩해야만 진정한 사회주의 국가가 될 수 있기에, 정신문명을 이루는 중요한 기초이자 자원인 '문화'가 중요하다는 것이다.[17] 이에 따라 신시대로 들어서면서 '문화'는 이전과는 다른 맥락에서 그 중요성이 강조되고 있으며, 새롭게 제시된 국가목표와 거버넌스 실현을 위한 하나의 이데올로기적 수단으로 강조되고 있다.

이에 따라 문화의 '생산 및 혁신'뿐 아니라, 생산된 문화를 다양한 매체를 통해 '선전'하고 '교육'하는 일이 매우 중요해졌다. 18대에서는 문명사회 수준을 높이기 위한 공민의 도덕적 자질 향상에 초점을 맞추었다면, 19대에서 강조하는 '사상도덕건설'에서는 정신과 행위의 일치에서 비롯된 도덕적 행위가 나오기 위한 '사상교육'을 강화해야 함을 강조한다. 그 내용은 첫째, 사상교육을 통해 도덕 행위를 마음에 깊게 새겨넣

17 덩샤오핑의 문화건설과 관련된 발언들은 다음과 같다. "우리가 건설하려는 사회주의 국가는 고도의 물질문명뿐 아니라 고도의 정신문명도 달성해야 한다", "고도의 물질문명을 건설하는 동시에 전 민족의 과학문화수준을 높이고 고상하고 다채롭고 풍부한 문화생활을 발전시켜 고도의 사회주의 정신문명을 건설해야 한다." 「邓小平同志关于文化建设的重要地位的重要论述」『中国文明网资料频道』 2012/02/23.

고, 둘째, 인민 개인을 국가 민족과 연결하고 사회 전체의 문명 수준으로 연결하며, 셋째, 애국주의와 사회주의를 강조하는 '집단적 문화관'을 형성하고, 넷째, 사상정치사업과 정신문명을 연결하는 것이다. 특히 신시대에는 인민 전체를 대상으로 한 "마르크스주의의 대중화" 사업을 중시하며, 인민대중을 확고한 이상과 정신으로 무장시키기 위한 이상과 신념 교육의 일상화와 제도화도 함께 추진하고 있다.[18]

일례로 19차 당대회에서 제기한 시대적 요구에 맞춰, 2018년 1월 교육부는 「고등학교 사상정치교육과정표준」을 공포하고, 2022년부터 전면적으로 실시하기로 했다. 개정된 교육과정의 근본 목표는 "입덕수인(立德樹人, 덕을 세우고 사람을 키운다)을 원칙으로 사회주의핵심가치관을 배양하는 것"이고, 구체적으로 '정치 정체성(政治認同)', '과학정신', '법치의식', '공공참여' 등 네 가지 내용을 포함한다. 여기서 '정치 정체성'이란 "중국공산당의 영도를 옹호하고, 중국특색사회주의를 견지 및 발전시키며, 중화인민공화국, 중화민족, 중화문화의 정체성을 갖고, 사회주의핵심가치관을 널리 알리고 실천한다"는 것이다.[19]

중국의 전통적인 '교화' 방식은 도덕과 문화와 교육을 하나로 결합한 것으로,[20] 현재 중국에서는 사상정치교육의 강화가 새 시대에 맞는

---

18 王晓晖, 「坚持以社会主义核心价值观引领文化建设制度」『〈中共中央关于坚持和完善中国特色社会主义制度, 推进国家治理体系和治理能力现代化若干重大问题的决定〉辅导读本』(北京: 人民出版社, 2019).

19 中华人民共和国教育部制定, 『普通高中思想政治课程标准(2017年版)』 (北京: 人民教育出版社, 2018).

20 周光辉, 赵德昊, 「教化: 大一统国家韧性的形成路径」『探索与争鸣』 2021年 第4期.

'문화건설'과 '문화 자신감'이라는 이름으로 진행되고 있고, 이를 바탕으로 중화민족의 문화적 정체성을 만들어나가고 있다.

사회주의핵심가치관과 중화문화의 강조

사실 국가전략적 차원에서 '문화'의 중요성을 강조한 것은 이미 후진타오 시기부터였고, 이후 중국문화와 국학에 관한 연구 및 전파를 가속해왔다. 그러나 시진핑 집권 이후에는 그 이전보다 훨씬 '이념적'으로 중화문화의 우수성을 알리는 일을 지속해오고 있다. 이는 단순한 복고나 문화적 보수주의의 부활이 아니라, '신시대 개혁개방'에 걸맞은 이념을 제시하면서 동시에 '중화민족의 위대한 부흥'과 '강국몽'이라는 목표 실현을 위해 중국의 정신문명을 창조하고 전파하는, '사상문화적' 기획의 일환이라 할 수 있다.

2013년에 개최된 「전국선전사상공작회의」에서 시진핑은 네 가지의 '분명히 말하자(講清楚)'를 제시하며, 선전사업에서 문화의 독특성을 강조하는 것이 얼마나 중요한지 강조한 바 있다. "첫째, 모든 국가 민족의 역사전통, 문화적 축적, 기본 국정이 다르고, 발전의 길이 자신의 특색을 담고 있다는 점을 분명히 말해야 한다. 둘째, 중화문화는 중화민족의 가장 깊은 정신적 가치를 축적해온 것으로 중화민족의 번성과 발전의 풍부한 자양분이라는 점을 분명히 말해야 한다. 셋째, 우수한 중화의 전통문화가 중화민족의 뛰어난 장점이고 중국의 문화 소프트파워라는 점을 분명히 말해야 한다. 넷째, 중국특색사회주의가 중화문화의 옥

토에 뿌리를 두고 중국 인민의 의지와 염원을 반영하며 중국과 시대발전에 대한 진보적 요구에 적응하여 깊은 역사적 연원과 광범한 현실적 기초가 있다는 점을 분명히 말해야 한다"는 것이다.[21]

19차 당대회 「보고」에서는 '중국특색사회주의문화'를 전통문화와 혁명문화, 그리고 건국 이후 발전시켜온 사회주의선진문화, 이 세 가지가 융합되어 만들어진 문화라고 규정했다.[22] 이러한 기조에서 19차 당대회에서는 "문화는 한 나라, 한 민족의 영혼이다. 문화가 융성해야 국운이 흥하고, 문화가 강해져야 민족이 강성해진다"라고 강조한다. 문화가 한 국가과 민족의 '영혼'으로 규정되면서, 문화는 국가가 흥하고 민족이 강해지기 위한 수단이 되었다. 민족의 문화적 정체성을 재구성하려는 것을 넘어, 문화는 신시대에 정신문명을 구축하고 신시대 국가목표를 달성하기 위한 일종의 사상적 보증이며 정신적 동력이라는 것이다. 중국특색사회주의문화가 전통문화에서 기원하고, 이러한 중국특색사회주의문화 없이 중화민족 부흥이라는 꿈을 이룰 수 없다고 선언함으로써, '문화'는 민족을 결속시켜주는 하나의 '정신'으로 규정되고, 국가를 위한 복무 수단으로 예속되었다. '애국주의'와 '집단화된 국가문화'적 성격을 강하게 띠고 있고, '주선율(主旋律)'이란 단어가 당 보고에서 언급된 것도 19대가 처음이다.

20차 당대회 「보고」에서는 중국의 역사문화를 마르크스주의라는

---

21 「习近平: 胸怀大局把握大势着眼大事, 努力把宣传思想工作做得更好」『人民日报』2013/08/21.

22 习近平, 「决胜全面建成小康社会, 夺取新时代中国特色社会主义伟大胜利: 在中国共产党第十九次全国代表大会上的报告」『新华社』2017/10/27.

진리의 '나무'가 뿌리 내리는 '옥토'에 비유하며, 전통적 중화문화를 한층 더 강조한다. 즉 "천하위공(天下爲公), 백성은 나라의 근본(民爲邦本), 덕으로 다스림(爲政以德), 묵은 것을 버리고 새 것을 창조(革故鼎新), 현능한 인재 임용(任人唯賢), 천인합일(天人合一), 자강불식(自强不息), 후덕재물(厚德載物) 등의 전통적 관념이 중국 인민이 축적해온 천하관과 도덕관의 중요한 체현이면서도, 과학적 사회주의의 주장과도 부합한다"라는 점을 강조하고 있다.[23]

또한 문화건설 과정에서 사람들의 문명의식을 마음속에 새기고 실천할 수 있도록 정확한 방향으로 인도하는 것으로 '사회주의핵심가치관'을 내세운다.[24] 19대 보고에서는 '중국 정신'과 '새로운 인간형(時代新人)'의 양성을 강조하면서, "사회주의핵심가치관을 마음에 내화시키고 행동으로 외화시켜(內化於心, 外化於行), 점차 전국 인민 행위의 근본적인 지침이 되게 하고, 인민의 사상 각오와 도덕 수준, 문명 소양을 향상해 전 사회의 문명 정도를 높인다"라고 강조한다. 나아가 "사회주의핵심가치관을 사회발전의 각 분야로 융합하여 그것이 사람들의 정서적 정체성(情感認同)과 행위습관으로 전화되도록 한다"고 강조한다. 19기 4중전회에서는 한발 더 나아가 이러한 "사회주의핵심가치관으로 문화건설제도를 이끌어 나갈 것"이라고 명시하고 있다.

사회주의핵심가치관은 핵심가치관에 위계적인 층차를 둔다. 즉 국

23 「习近平, 高举中国特色社会主义伟大旗帜, 为全面建设社会主义现代化国家而团结奋斗: 在中国共产党第二十次全国代表大会上的报告」『新华社』 2022/10/25. 성균중국연구소, 『중국공산당 제20차 전국대표대회 보고』 (서울: 지식공작소, 2022), p. 39.

24 「以社会主义核心价值观引领文化建设」『求是网』 2020/01/27.

가 층위의 가치목표로는 부강, 민주, 문명, 화해를, 사회 층위의 가치목표로는 자유, 평등, 공정, 법치를, 공민 개인 층위의 가치목표로는 애국, 경업(敬業, 직업윤리), 성신(誠信), 우선(友善)을 제시했다. 순서대로 "어떠한 국가 의지를 표출할 것인가", "어떠한 사회를 건설할 것인가", 그리고 "어떠한 공민을 육성할 것인가"라는 각각의 차등적 목표에 따라, 이에 맞는 가치목표를 제시하고 있다. 이러한 사회주의핵심가치관은 다음의 몇 가지 특징을 갖고 있다.

첫째, 핵심가치관의 배양과 전파를 중화문화에 입각하고 있다고 설명한다. 즉 "중화문화는 사회주의핵심가치의 역사적 근원이며 문화적 명맥"이라는 것이다.[25]

둘째, 국가 정책을 추진하기 위한 이념적 근거를 제공하는 차원을 초월하여, 향후 중국이 지향하는 가치목표를 제시한다는 점이다.

셋째, 국가·사회·개인이라는 층위로 나누고 있고, 공민 개인의 차원에선 구체적인 실천 행동을 담고 있다는 점이다. 국가통치를 위한 가치목표를 제시하면서, 통치 차원만이 아니라 인민 개개인을 동원하고 움직이게 만드는 덕목까지 제시하고 있다. 이러한 내용은 중화미덕(中華美德) 계승의 중요성을 중시한다는 점에서 매우 윤리적인 특징을 띠는데,

25 시진핑 주석은 다음과 같이 강조한다. "중화문명은 수천 년 동안 이어져 왔으며, 독특한 가치체계가 있다. 중화의 우수 전통문화는 이미 중화민족의 유전자가 되어 중국인의 내면에 뿌리를 두고, 중국인들의 사상 방식과 행동 방식에 영향을 미치고 있다. 오늘날 우리는 사회주의의 핵심가치관을 제창하고 고양하는 데 있어서 반드시 중화문명으로부터 풍부한 영양을 흡수해야 한다. 그렇지 않으면 생명력과 영향력이 없다.", 「习近平在北京大学师生座谈会上的讲话」 『新华社』 2018/05/03.

새로운 시대적 조건에서 중화민족의 전통적인 미덕을 고취하고 이를 사회주의 사상도덕건설의 중요한 내용으로 삼아야 한다고 보고 있다.

넷째, 대내적인 통합을 위한 이념일 뿐 아니라 대외적인 이념 제시와 실천을 통해 서구와 구별되는 뚜렷한 중국 가치와 정체성을 지향한다는 점이다.

요컨대 '시진핑신시대중국특색사회주의'라는 국가 지도사상 아래 사람들의 마음을 움직여 실제 행위로 바꿔놓게 만드는 것은 '사회주의핵심가치관'이고, 이 사회주의핵심가치관으로 문화건설제도를 이끌어나간다는 것이다. 사회주의핵심가치관은 중화문화에 뿌리를 두고 있고, 인민들의 도덕 수준과 문명 소양을 높이는 행위준칙이 된다. 즉 중국사회가 지향하는 가치일 뿐 아니라 실천적 행동으로 이어지게 만드는 행위준칙이자 중국인들의 감정적·정서적 정체성과도 관련된다. 그리고 선진문화의 선도자이자 실천자이고 전통문화의 전승자이자 선양자인 중국공산당이 이러한 '새로운 문화적 사명'을 짊어지고 문화의 진보를 이룩해야 한다고 강조하고 있다.

'경전(經典)'식 이념체계와 문화 정체성의 형성

이처럼 중국에서 공식적인 통치이념은 각 기관의 간부와 인재 채용을 위한 평가 기준이 될 뿐만 아니라 하나의 사회 규범으로 대중교육이라는 사회화 과정을 통해 퍼진다. 또한 각 대학과 기관, 조직에서는 다양한 형태의 독서소조와 학습조를 꾸려 '시진핑 문화·이데올로기이론'

의 주요 경전 저작 및 중요 연설을 집단으로 학습한다. 이렇듯 중국에서 문화와 이데올로기는 공산당 집권을 합리화해주는 중요한 수단일 뿐 아니라 중국 사회 구성원의 의식과 규범을 동질화하고 일정한 행동 규범을 유도하는 중요한 장치이다.

특히 일당제라는 일원화된 시스템에서 행정 편제(編制)에 속한 모든 엘리트는 '중앙당교(국가행정학원)'를 통해 동일화된 이념을 공유하고 주기적으로 학습한다. 또한 집단적으로 생산하고 축적된 공식 이념을 사회 구성원 전체가 학습하고 암기하며 교육을 통해 후속 세대에 전승한다는 점에서, 중국에서 이념은 단순한 통치 수단을 넘어 사회 규범화의 역할을 담당하는 '경전식 이념체계'의 속성을 갖고 있다고 볼 수 있다. 즉 중국은 집단적으로 생산·축적된 이념체계, 공식 경전을 학습하고 체화한 동질화된 엘리트 인재, 그리고 경전식 이념에 대한 대중적 교육과 암기·평가를 기반으로 체제가 유지되고 재생산된다.

'경전'이란 종교의 가르침이 담긴 거룩한 문서를 의미하지만, 이를 조직 논리에 적용해보면 조직의 연속성과 통일성을 유지하고 조직 구성원이 공통으로 읽고 실천하는 근본적인 지침이 된다. 중국에서 이념은 바로 이러한 경전의 역할을 하며 간부들에게 통일된 행동 규범을 제공한다. 과거 전통체제에서도 '경학(經學)'은 통치층이 배우고 실천하는 학문으로, 시대에 따라 끊임없이 새롭게 해석하며 축적해온 하나의 문화체계를 이루었다. 오늘날 중국공산당이 집대성하고자 하는 이른바 "마르크스주의 중국화"의 이론화 작업도 바로 이러한 경전이 갖는 기능과 체계화 방식을 그대로 이어받은 것이다. 경전식 이념의 중요한 특징은 과거부터 내려오는 경서의 축적과 집대성, 시대변화에 따른 새로운 해석, 그리고 오늘날 필요한 요소를 과거에서 가져와 결합하여 쓴다는 점이다.

중국 혁명은 전통에 대한 부정을 통해 이루어졌기 때문에 마르크스주의는 논리적으로 전통적 유교와는 양립할 수 없다. 그러나 중국의 경전식 이념체계에서는 논리보다는 해석의 문제를 중시하며, 현실에서 이를 어떻게 적용하여 실천하고 시행하는 지가 중요하다. 중국의 경전식 이념은 전체적 관점에서 조망하면서 현재 유용한 요소를 과거에서 가져와 새롭게 해석하고, 오늘날의 문제를 해결하는 하나의 처방으로 결합하여 집대성한다. 이는 다시 각급 각 기관에서 시정을 집행하는 관료들의 구체적인 행동 양식과 지침으로 규범화되고, 전체 조직을 안정적으로 유지하게 해주는 이론적 토대가 된다. 이에 대한 해석은 조직 전체의 꼭대기에 자리한 핵심층, 즉 과거에는 유교 엘리트들이, 오늘날엔 공산당의 마르크스주의 이론가들이 독점한다. 이러한 '중국 이론'의 구성방식은 서구에서의 정치철학과는 매우 다르며, 잠언 진리를 축적하는 경전식 구성이라는 측면에서 오히려 종교적 경전의 원리와 가깝다고 볼 수 있다.

이를 문화적인 관점에서 보면 중국의 사유체계와 사유방식이 오늘날까지도 지속되고 있음을 알 수 있다. 진관타오(金觀濤)에 따르면 19세기 말 중국 엘리트들은 도덕을 사회제도의 정당성의 근거로 삼는 유학의 사유방식에서 벗어나지 못했고, 캉유웨이(康有爲)처럼 개방적 사상을 가진 사상가도 전통적 유학의 도덕 논증 방식에서 벗어나기 어려웠다고 본다.[26] 미조구치 유조의 해석에 따르면 반제·반봉건이라는 정치적인 공화주의 혁명과 유교적 도통(道統)을 근본적으로 타도했던 아래로부터의 반(反)체제적 사상 역시 "천리(天理)적 도통 속에서 발육하고 성숙한 것"이었고, "도통에 근거한 공화 혁명"을 지향한 것이었다.[27] 즉 전통의 계승뿐 아니라, 전통에 대한 '부정적 계승'도 함께 진행되었던 것이다.

중국의 소장 학자들은 "사회주의라는 도(道)는 당 존립의 근본이며 당의 치국 근간이자 당의 도덕적 감제고지이다. 당의 최대 영도력은 초월적인 이상과 가치 제공에 있다"[28]고 주장한다. 중국 체제가 추구하는 가치와 도덕 규범을 제공하는 이러한 경전식 이념체계의 특징은 오늘날 사회주의체제에서도 여전히 지속되고 있다.

26 진관타오, 류칭펑 지음, 양일모 외 옮김, 『관념사란 무엇인가2』 (서울: 푸른역사, 2010), pp. 54~55.

27 미조구치 유조 지음, 서광덕·최정섭 옮김, 『방법으로서의 중국』 (서울: 산지니, 2016), pp. 28~29.

28 鄢一龙, 白钢, 章永乐, 欧树军, 何建宇, 『大道之行: 中国共产党与中国社会主义』 (北京: 中国人民大学出版社, 2014), 성균중국연구소 옮김, 『중국공산당을 개혁하라』 (서울: 성균관대학교출판부, 2015). p. 34.

2부

중국의 통치제도 원리와 정치의 동학

6장

중국 당정체제의 운영 원리

중국은 당이 국가를 영도하는 체제(以黨領政)이다. 그런데 이러한 원칙을 현실의 통치과정에서 실현하는 문제는 그리 간단하지 않다. 당이 국가를 영도한다는 원칙을 현실에서 작동시키기 위해서는 수많은 제도적, 절차적 방법이 필요하기 때문이다. 중국공산당이 국가 관료기구를 '사용'하여 자신의 의도를 관철해야 하면서도, 다른 한편으로 국가 관료체제가 당의 의도에서 벗어나는 모순을 다스리고 통제할 수 있어야 한다. 따라서 당과 국가 간의 관계를 어떻게 조정할 것인가는 줄곧 중국 통치의 핵심적 문제였다. 구체적으로는 당과 국가기관 간의 관계, 즉 '당정(黨政)' 간의 관계를 어떻게 설정하고 제도화하여, 중국의 안정적인 통치구조를 유지할 것인가의 문제라 하겠다.

중국의 통치구조는 크게 당을 중심으로 하는 정치 우선의 중앙집권적인 구조와 행정을 맡은 정부를 중심으로 하는 경제 중심의 분권적 관리구조로 나눌 수 있다. 전자의 구조에서는 '당치'의 논리가, 후자에서는 '법치'의 논리가 강조된다. 전자의 논리가 강화되면 경제사회가 경직되는 경향이 나타나고, 후자의 논리가 확산하면 당의 정치적 권위가 약화한다.[1] 이렇게 반복해서 나타났던 중국체제의 불확실성을 제거하고 보다 규범적이고 제도적인 틀 속에서 통치구조를 만들려고 한 것이 신시대 이후의 제도적 변화라 할 수 있다. 중대한 사안(정치뿐 아니라 경제, 사회 등 모든 영역)에 대한 당의 의사결정권을 제도화하면서도, 국가 행정기관의 각 영역이 법과 제도 안에서 운영되도록 각종 규범을 제정·강화해왔다. '정치개혁'은 더는 거론되지 않으며, '당의 조직건설' 강화를 통해 국가건설을 실현한다는 '정치건설'이 강조되고 있다.

물론 이러한 일련의 제도개혁이 진행되었다 하더라도 중국의 통치제도가 완성된 것으로 볼 수는 없으며, '당'과 '정' 간의 불안정한 관계가 해결된 것도 아니다. 일당체제에서는 권력을 포함한 정치의 문제를 법의 형태로 구속할 수 없고, 본질적으로 당과 정 간의 내재적 긴장이 존재할 수밖에 없기 때문이다. 또한 달라진 통치구조가 실제로 어떻게 집행되는지 그 과정과 효과도 함께 봐야 한다. 이 장에서는 중국 '당정체제'의 특징을 통해 중국 통치의 원리와 특징을 좀 더 자세히 살펴보고자 한다.

---

1 陈明明, 「双重逻辑交互作用中的党治与法治」『学术月刊』 2019年 第51卷.

일당체제에서 '정치'와 '행정'의 문제

관료제의 병폐는 모든 사회에서 나타난다. 다양하고 복잡한 거대 조직인 현대사회를 관리하기 위해서는 관료제가 필수적이지만, 관료제 자체가 하나의 조직 원리를 가진 틀로 고착되면, 그 안에서 관리되는 사람들을 억압하는 기제가 되기 쉽다. 여기에서 '정치'의 역할이 중요하게 나타난다. 정치는 기존의 불합리한 구조를 변혁하기 위해, 무엇보다 통치구조 속에서 억압된 약자의 권리와 인권 보호를 위해 필요하다. 통치와 정책의 관점에서 보면 정치와 행정은 결합하지만, 민주주의와 인권 보호를 위해서는 정치와 행정을 분리하지 않을 수 없다. 이렇게 현대사회에서 '정치'는 '행정'과는 구분되며, 그 목적은 모든 인간의 자유와 민주적 권리를 보장하기 위해서이다. 이러한 측면에서 '자유'란 바로 '정치와 행정의 분리'가 가져온 산물이라 할 수 있다.[2]

그렇다면 일당체제 중국의 경우는 어떠한가? 정치와 행정이 구분되지 않은 정치행정합일체제에서 과연 '자유'란 존재하는가? 일당체제에서 '정치'란 과연 무엇일까? 정치가 행정화될 때 나타나는 관료화의 문제를 어떠한 방법으로 극복할 것인가? 어떻게 약자의 권리와 이익을 보호하고, 사회를 변혁시켜나갈 동력은 어디에 있는가? 일당체제라 하더라도 행정의 원리만을 가지고 국가를 운영할 수는 없다. 왕정이 아닌

2 정치와 행정의 관계에 관해서는 기존 연구에서 다양한 논쟁이 존재하지만, 이러한 학문적인 논쟁에도 불구하고 명확한 정답을 구하기는 어렵다. 정치와 행정의 관계에 관한 논의는 다음을 참고할 것. 유현종, 「정치-행정 관계의 이론적 곤경과 해결방안」 『한국행정학보』 2018년 제52권 제4호.

'공화정'을 표방한 이상 '권력의 정당성' 문제를 해결해야 하고, '주권재민'의 이상을 실현해야 한다. 실제 통치과정에서 변화의 동력을 위해서라도 '정치'가 필요하다.

이러한 측면에서 비록 정치와 행정이 결합한 일당체제라 하더라도, 정치와 행정의 역할은 구분되어 있다. 다른 현대국가와 마찬가지로 중국 역시 '정치'는 권력의 합법성(정당성)과 민주주의, 주권의 문제와 관련되고, '행정'은 효율적인 정책제정 및 집행 문제와 관련된다는 점에서 정치와 행정은 구분된다. 원론적으로 말해 당이 정책을 결정하고, 국가기관이 정책을 집행하는 것으로 구분할 수 있지만, '정책'이란 정치와 행정이 중첩된 영역에 있다. 좋은 정책을 만들어 실행하고 정책의 효과가 좋으면 자연히 집권당에 대한 인민의 지지가 높아지겠지만, 그렇다고 행정의 문제(효율성)로 정치의 문제(정당성)를 대체할 수는 없다. 일당체제에서 당 기관과 국가기관이 하나로 결합하여 운행된다 할지라도, 당 자체가 국가 관료화되는 것을 막고 민주적 원리를 실현하기 위해서는 여전히 정치와 행정의 기능은 구분되어야 한다. '통치'의 논리로 '정치'의 문제를 대신할 수는 없기 때문이다.[3]

여러 정당이 경쟁하고 국민의 선거로 집권당이 교체되는 시스템에서는 선거의 과정과 집권당의 교체 자체가 새로운 정치에 대한 개혁의 열망과 의지를 표출하는 정치과정이다. 이러한 과정을 통해 기존 사회

---

3 여기서 '통치'는 통치행위의 의미로 사용하며, '행정'의 의미와 가깝다. 물론 '통치' 안에 고도의 정치성이 내포되어 있고, 행정 또한 통치의 개념과는 다르다. 그러나 이 책에서는 통치의 뜻을 주로 중국에서 사용하는 '치리', 즉 국가 통치 주체에 의한 통치행위의 의미로 사용한다.

의 모순과 문제를 해결해나갈 수 있는 정책적 돌파구와 동력을 얻기도 한다. 그렇다면 집권당이 중국공산당 하나밖에 존재하지 않는 중국에서는 어디에서 이러한 동력을 구하는가? 원론적으로 일당제에서 '정치'가 작동하려면, '자신에 대한 혁신과 혁명'을 지속해나가야 한다. 체제가 '관료제 국가화'되는 것을 막고, 당 자신을 개조하는 방법을 지속해서 고안해야 한다. '노선'이나 '논쟁'을 통해 정치적 동력을 구할 수도 있고, 새로운 투쟁의 전선을 설정할 수도 있으며,[4] 반부패운동이나 대중운동도 정치변화를 가능하게 만드는 중요한 메커니즘이다.

이러한 측면에서 볼 때 중국 일당체제에서 '운동'이란 매우 특별한 의미가 있다. 자유민주주의 체제에서 '운동(movement)'은 주로 사회변혁을 위해 조직된 시민들의 자각적이고 자발적인 행동으로 규정된다. 그러나 일당체제에서 운동은 '통치를 위한 수단'이기도 하고, '변혁을 위한 동력'일 수도 있다. 당의 영도에 따라 인민을 조직하는 과정이기도 하고, 인민 스스로가 정치적 주체성을 획득하는 중요한 경로이기도 하다. 이 책의 10장에서 '인민민주'의 원리를 다루면서 자세히 살펴보겠지만, 중국 일당체제에서 말하는 '운동'은 사회변혁의 원리로서의 'movement'

4 2천년대 이후 중국학계에서는 '정치'와 '주권' 등에 관한 칼 슈미트(Carl Schmitt)의 논의를 통해, 오늘날 중국의 정치 현실에 주는 이론적 시사점을 탐구하고자 하는 흐름이 있었다. 20세기 당시 독일이 처했던 상황이 현재 국가적 전환이라는 비상상황에 놓인 중국과 유사하므로 참고할 만한 점이 있다는 것이다. 특히 홍콩의 「국가안전법」을 인권이나 법치의 관점이 아니라, 국가 주권이나 정치적 적아(敵我) 개념으로 합리화하려는 국가주의적 성격을 강하게 띠고 있다. 대표적인 글은 다음을 참고할 것. 张永会, 「卡尔·施米特的国家观简析」『政治学』 2010年 2期; 田飞龙, 「中国法治的现象解释与理性展望」『安徽大学法律评论』 2010年 第1辑; 陈伟, 「卡尔·施米特的政治理论及中国启示: 敌友界分·政治决断·空间革命」 https://www.aisixiang.com/data/40771.html

의 의미뿐 아니라 정치적 동원의 의미를 함축한 'campaign'의 의미도 담고 있다. 공산당이 '조직'과 '사상'을 포함하여 '정치'에 대한 영도권을 독점하고 있는 구조에서, 대중의 운동, 그리고 당이 주도하는 정치 운동은 이미 '당의 영도 안에서'라는 일정한 범위와 한계가 그어져 있다. 여기에서 바로 대중의 '정치적 능동성'을 억압하는 문제가 발생할 수 있고, 때로는 대중의 정치적 열망이 당이 허용한 범위를 초월하여 터져 나올 수도 있다.

'정치'는 계속 변화하고 움직이는 것이며, '행정'은 고정되고 안정된 질서를 지향한다. 이런 측면에서 정치와 행정은 상보적이면서도 상반된 특성을 갖는다. 일당체제에서 일당제가 지속하려면 당이 관료기관화되는 것을 막으면서도 지속해서 정치적 역량과 동력을 창출할 수 있어야 한다. 문화대혁명 시기에는 관료주의를 극복하는 방법으로 '대중운동'을 동원했었지만, 대중운동이 당의 통제에서 벗어나며 기존 통치체제가 파괴되고 사회적 혼란을 불러오기도 했다. 신시대 들어서는 반부패나 정풍운동 등 당내 정치운동을 강조하며, 관료주의와 관료부패 문제를 해결하기 위해 당의 영도력을 강화하고 있다. 물론 당의 영도 강화를 정당화하는 명분으로 '인민지상주의'나 '인민민주'를 함께 강조하고 있지만, 실질적인 발언권과 조직권을 부여받지 못한 인민들이 매우 억압적인 현실에 놓이는 모순적인 상황이 벌어지고 있다.

새로운 투쟁의 대치선도 긋고 있다. 2021년 창당 백 주년을 맞은 해에 진행된 세 번째 「역사결의」가 그렇다. 법적 절차의 방식으로는 정치적 정당성을 확보하지 못하는 일당제에서 '역사'는 당 스스로 새로운 목표를 설정하고 이를 달성해나가는 과정에서 정치적 역량을 집결시키는 하나의 중요한 수단으로 사용되어왔다. 이를 당 문건인 「역사결의」의 형식으로 공식화함으로써 새로운 정치적 대결의 전선을 만들어왔다. 1차 역사결의에서는 왕밍(王明) 노선의 부정과 마오쩌둥 노선의 채택을 통해 혁명의 대치선을 분명하게 정리했고, 2차 역사결의에서는 문화대혁명의 오류를 지적하고 그 역사를 부정함으로써 개혁이라는 새로운 발전의 방향을 제시했다. 3차 역사결의에서는 서구와의 대결 전선을 보다 분명히 하면서, 지난 10년 신시대에서의 업적과 당의 영도를 합리화했다.[5] 정치적 대치의 전선을 당 내부, 국가 내부가 아니라 '외부'로 돌려, 중국과 외부 세력과의 장기적인 투쟁의 대치선을 설정한 것이다. 즉 중국이 "매우 엄중한 국가안보 상황과 전례 없는 외부 압력", 그리고 "외부로부터의 각종 포위, 탄압, 교란, 전복 활동에 직면해 있다"라는 것이다.[6]

새로운 정치적 대립 선의 설정, 정치적 목표를 실현하기 위한 단결 및 투쟁, 이는 '정치'와 '행정'이 하나인 일당체제 구조에서 자기 혁신과

---

5 백승욱은 중국공산당의 세 차례 역사결의를 세계적 정세 변화와 함께 노선, 오류, 영도라는 핵심어로 비교하면서 분석한다. 백승욱, 「중국공산당 역사결의를 통해 본 시진핑 체제의 성격」 『마르크스주의 연구』 2022년 제19권 제2호.

6 3차 역사결의에서는 다음과 같이 적고 있다. "당 중앙은 외부로부터의 각종 포위, 탄압, 교란, 전복 활동에 직면하여, 반드시 사악한 세력을 믿지 않고 귀신을 두려워하지 않는 정신을 발휘해야 한다. 또한 중국공산당 영도와 중국의 사회주의제도를 전복하려 하며 지연시키고 심지어 중화민족의 위대한 부흥 과정을 차단하려는 모든 세력과 끝까지 투쟁해야 한다. 한 치의 양보라도 더욱 굴욕적인 상황을 초래할 수밖에 없다는 점을 깊이 인식해야 한다." 「中共中央关于党的百年奋斗重大成就和历史经验的决议」 (19기 6중전회), 『新华社』 2021/11/16.

개조를 위해 지속해서 제시해야만 하는 필수불가결의 정치적 요건이라 하겠다. '정치'의 문제와 관련하여 일당제가 직면한 문제는 어떻게 정치를 '정치답게' 만들 것인가이다. 일당제가 지속할 수 있으려면 당이 관료화되는 것을 막아야 하며, 지속해서 정치적 혁신의 동력을 창출할 수 있어야 한다. 즉 당 자신이 인민 대중들과 끊임없이 소통하며 '관료제 국가화'되는 것을 막고, 자신을 지속해서 개조하고 변화시킬 수 있어야 한다. 각종 투쟁이나 논쟁, 그리고 당의 주도로 진행되었던 대중운동까지도 일당체제 내에서 중요한 정치적 과정이라 할 수 있다. 정치와 행정이 하나로 합치된 일당체제라 할지라도 정치는 '객관적인 구조'가 아니라 '주관적이고 능동적인 영역'에서 작동한다.[7] 이러한 관점에서 보았을 때 최근 '중국 제도'의 구축을 통해 강조되는 '제도화'란 '국정운영과 통치를 위한 제도화'일 뿐이며, 오히려 당의 정치적 위기를 '통치' 논리로 극복하려고 하면서, 중국의 정치적 능동성을 억압하고 있다.

당의 두 개의 지위: '영도지위'와 '집정지위'

당의 영도 원칙은 개혁 이후 당의 '영도'와 '집정'이라는 두 개의 논리로 변화되고 점차 구체화되는데, 이러한 과정은 우선 1980년 덩샤오핑이 제기한 「당·국가영도제도」에 관한 개혁에서 시작된다. 덩샤오핑의 이 연설로 인해 당 지도부는 지나친 권력 집중을 방지해야 한다는 당

7 왕후이 지음, 성근제, 김진공, 이현정 옮김, 『탈정치 시대의 정치』 (서울: 돌베개, 2014), p. 126.

내 합의뿐 아니라, 기존의 '혁명' 논리에서 '개혁' 논리로 전환해야 한다는 근거를 얻을 수 있었다. 중국공산당이 더는 혁명을 위한 당이 아니라 국가건설을 위한 집정당으로 변해야 한다는 것이다.

이후 천안문 사건으로 인해 당의 정당성에 대한 의문과 위기를 맞기도 했지만, 다시 90년대 들어 시장경제 개혁을 추진함으로써 중국공산당은 경제적 업적을 기반으로 정당성의 위기를 타개하려 하였다.[8] 1999년에 발표한 '삼개대표론'[9]이라는 당 이론으로 '혁명당'에서 '집정당'으로의 변신을 정당화하였다. 2002년 16차 당대회에서 개정된 「당장」에서는 중국공산당에 관한 규정을 기존의 '노동자계급의 선봉대'에서 '노동자계급의 선봉대이자, 동시에 중국 인민과 중화민족의 선봉대'로 바꾸며, 중국 전체를 통치하는 당의 집정지위를 분명히 했다. 그리고 다시 2012년 "선진적인 정당을 통한 중화민족의 부흥 실현"을 제시하며, 당 주도의 국가건설 목표를 확고히 한다.

이러한 과정에서 보면 중국공산당은 스스로 직면한 '영도'의 위기를 당의 성격과 지위에 관한 규정 변화로 대응하고, 새로운 '집정'의 임무를 부여함으로써 극복해왔다는 것을 알 수 있다. 즉 당의 영도라는 '정치적 정당성'의 문제를 당의 집정이라는 '통치 정당성'의 문제로 전환한 것이다. '집정당'으로서 국가건설과 중화민족의 부흥을 실현하겠다는

---

8 Dingxin Zhao, Hongxing Yang, "Performance Legitimacy, State Autonomy and China's Economic Miracle", CDDRL Working Papers, April 2013.

9 중국공산당이 선진적인 사회생산력의 발전 요구, 선진적 문화의 전진 방향, 그리고 가장 광범위한 인민의 근본적 이익, 이 세 가지를 대표한다는 이론이다. 이에 따라 중국공산당은 노동자·농민, 지식인뿐 아니라 사영기업가라 불리는 자본가도 대표하는 전 인민의 당으로 그 성격이 변하게 된다.

새로운 목표를 제시하고 좋은 성과와 업적을 실현함으로써 다시 자신의 영도지위를 공고히 하고자 했다. 덩샤오핑이 제시한 당·국가영도제도의 변화, 그리고 이어진 당의 성격 및 지위 변화와 새로운 집정 임무의 제시라는 일련의 과정을 거치면서, 중국공산당의 영도와 집정의 논리가 완성되었다. 당의 영도지위를 일관되게 유지하면서도, 집정당으로서 성과를 내고 국가 목표를 잘 실현함으로 다시 당의 영도지위가 공고화될 수 있다는 것이다.

이처럼 중국공산당은 '영도지위'와 '집정지위' 두 개의 지위를 갖고 있다. 당의 영도지위는 정치적 영도와 주요 정책 결정을 통해 구체화하고, 당의 집정지위는 국가기관을 통한 정책집행으로 실현된다. 시진핑은 중국공산당의 '영도'와 '집정'에 대해 "당은 인민의 헌법과 법률 제정을 영도하고, 당 자신은 반드시 헌법과 법률의 범위 안에서 활동하며, 당은 입법, 법 집행 보장, 선도적 법 준수를 영도한다"[10]고 강조한 바 있다. 당의 활동과 조직 운영은 일정한 법의 틀 안에서 이루어져야 한다고 강조하고 있지만, 헌법과 법률 제정을 '영도'하는 주체는 여전히 '당'이라는 점을 알 수 있다.

"당이 헌법 제정을 영도한다"라는 말은 논리적으로 볼 때 당이 헌법 밖에 있는 구조로 되어 있으며, 이는 중국의 정치 시스템이 국가통치를 위한 '헌법' 이외에 당 영도를 별도로 두는 이원적 구조로 구성된다는 것을 말한다. 실제로 중국 헌법에는 중요한 정책결정권을 가진 당의 주요 기관에 관한 관련 규정이 없으며, '법에 의한 통치'의 대상은

10 习近平, 『习近平谈治国理政』 (北京: 外文出版社, 2014), p. 142.

'국가'이지, '당'이 아니다. 당은 헌법의 규정 밖에 존재한다.

당과 국가가 따라야 하는 원칙과 그 근거도 각기 다르다. 당은 반드시 '당장'에 근거하여 당을 엄격히 관리(從嚴治黨)해야 하며, 또한 당은 반드시 '헌법'에 근거하여 국정운영(治國理政)을 해야 한다.[11] 전자는 당의 '영도원칙'과 관련되고, 후자는 당의 '집정원칙'과 관련된다. 한편으로는 당의 정치적 영도력을 강화하여 영도지위를 확고히 하면서도, 다른 한편으로는 국가기관을 통해 당의 집정지위를 실현하고, 국가통치능력의 향상을 통해 당의 집정능력을 높임으로써 당의 장기집권을 가능하게 할 수 있다는 것이다.

〈표 6-1〉 당의 두 개의 지위

	당의 영도지위	당의 집정지위
근거	당장	헌법
원칙	엄격한 당의 관리	법에 의한 통치와 국정운영
수단	영도력, 정치운동	국가통치시스템의 현대화

중국에서 효율적 행정 운영은 국가통치의 문제와 관련되면서 이는 곧바로 정치권력을 독점한 당의 지배체제와 관련된다. 일당제인 중국에서는 정책에 실패하더라도 공식적으로 공산당 집정을 대신할 집권세력이 없다. 당의 통치는 정부를 포함하여 각 국가기관을 통해 구현되며, 정치와 행정은 서로 뗄 수 없는 관계이다. 정치 지도자는 곧 행정관료이기도 하며, 당은 정치를 영도하면서도 동시에 국가통치와 관리의 주

11 林尚立, 『当代中国政治: 基础与发展』(北京: 中国大百科全书出版社, 2017), 린상리 지음, 성균중국연구소 옮김, 『현대중국정치』(서울: 사회평론아카데미, 2020), pp. 293~294.

체이다. '당원'과 '국가 관료'의 신분이 중첩되는 중국 체제에서는 효율적인 통치를 위해서라도 '당'과 '정(국가기관)'으로 나누어진 조직과 업무의 구분을 통해 중국 나름의 현대적 관료체제를 구축하는 것이 필요하다.

'일원화된 당의 영도 원칙'은 변한 적이 없다. 그런데도 당의 '영도지위'와 '집정지위'를 구분하고 국가기관을 통해 당의 집정을 실현하는 것은, 이러한 구분이 있어야 정치와 행정 간의 긴장을 확보할 수 있기 때문이다. 그래야 정치적 영도를 수행하는 '당'으로서의 고유한 기능도 살려둘 수 있다.

당과 정(국가기관)의 관계

사회주의 국가에서 '정치'의 핵심은 유일한 집권 정당이 국가 정치제도에서 어떤 위치를 차지하며, 당의 권력과 의사를 국가의 정치제도 속에 어떻게 실현하는가의 문제와 관련된 것이라 하겠다. 중국은 건국 초기 몇 년간은 과도기적인 시스템에 머물렀고, 1954년에야 비로소 「헌법」을 만들고 국가 제도를 확립했다. 그리고 56년 8차 당대회에서 집권당의 존재 형태와 당과 국가의 관계를 확정했다. 이렇게 만들어진 54~56년 체제는 현대중국의 기본적인 정치 틀이다.[12]

그러나 사회주의 건설 시기 당과 국가기관이 명확히 구분되지 않은(黨政不分) 구조에서, 최고 지도자가 막강한 권력을 행사하고 당내 투쟁

12 모리 가즈코 지음, 이용빈 옮김, 『현대중국정치: 글로벌 강대국의 초상』 (서울: 한울아카데미, 2013) p. 171.

이 벌어지면서 관료체제 전체가 붕괴하고 파탄나는 경험을 겪었다. 국가 부문의 대다수 '관료'가 '당원'인 상황에서, 당과 국가기관이 하나의 원리로 움직이게 되면 매우 모호한 선택의 순간이 온다. '국가기관 수장'의 신분으로는 당 조직인 당 위원회의 명령에 따르지 않을 수도 있지만, '당원'의 신분으로는 당 위원회의 명령에 따를 수밖에 없기 때문이다. 따라서 공산당 지도부는 문화대혁명 당시 관료체제 붕괴의 주요 원인을 '과도한 권력 집중'과 '당이 정을 대체(以黨代政)'하는 문제라고 보았고, 이 문제를 해결하기 위해 바로 덩샤오핑의 「당·국가영도제도 개혁에 관한 연설」이 나온 것이다.

주지하듯, 중국은 국가가 성립된 이후 하나의 정치제도로서 정당이 탄생한 것이 아니라, 1921년 공산당이 먼저 창당되고 혁명전쟁을 거쳐 1949년에 국가를 건립했다. '당'이 먼저이고 '국가'가 나중이다. 건국 이후 만들어진 주요 정치 제도들은 혁명 시기 당이 통치하던 옌안(延安) 지역에서 형성되고 정착된 당의 원칙과 규범, 관행들이 계승되고 공식화된 것이었으나, 이러한 것들이 법률의 형태로 제정된 것은 아니다. 따라서 중국공산당이 전체 국가를 이끌어나가기 위해서는 법률 형식을 통해 '국가통치'를 위한 법과 제도를 정비할 필요가 있었다.

이런 측면에서 '국가에 대한 당의 영도가 어떠해야 하는가', 그리고 이를 '어떻게 제도적으로 구현할 것인가'의 문제는 중국정치의 핵심이라 할 수 있다. 공산당은 주로 혁명이라는 정치적 과업 속에서 인민을 조직하고 영도하는 조직이고, 반면 국가기관은 국가 전체를 안정적으로 관리해야 하는 행정의 주체이다. 당과 국가가 같을 수는 없다. 일당체제에서 당 조직과 국가기관이 어떤 관계를 갖고 각자의 고유 기능을 수행하며, 어떻게 국가의 상대적 독립성을 유지할 것인가의 문제는 핵심적 난제이다.

중국에서 공산당의 영도 원칙은 불변이지만, 중국정치의 중요한 축인 '당'과 '정' 양자 간의 관계는 시대의 흐름에 따라 변해왔다. 실제로 당과 정의 관계를 어떻게 설정해야 당의 안정적인 집권과 효율적인 통치를 보장할 수 있을 것인가의 문제를 둘러싸고, 지난 70여 년 동안 끊임없는 모색을 거듭해왔다.[13] 중국 국가기관의 90%에 이르는 관료가 공산당원이라는 점에서, '사람'을 기준으로 하면 당과 정은 분리하기 어렵다. 그러나 '당 영도의 국가통치'는 '조직'과 '업무' 영도관계를 통해서 이루어져야 안정적이고 현대적인 관료체제를 구축할 수 있다. 그래서 지금까지도 어떻게 하면 효율적인 통치가 가능한 당정관계와 관료체제를 구축할 수 있을까를 둘러싼 논쟁과 제도적 실험이 반복되어온 것이다.

그렇다면 중국에서 '당'과 '정'이란 무엇인가? 일당제 중국에서 '당'은 당연히 공산당을 말하고, 역사적으로 획득한 확고한 영도지위를 갖고 있으며 중국에서 유일한 집권당이다. 중국의 전체 국가시스템에서

---

13 중국학계에서도 당정관계에 관한 다양한 견해가 존재한다. 대표적으로 중국의 통치구조를 '당과 국가기관의 이중구조체제'로 보는 견해가 있고, 당과 국가기관이 사실상 하나로 합일된 '당정관료제'로 보는 관점도 있다. 관련된 논문으로는 다음을 참고할 것. 刘炳辉, 「党政科层制: 当代中国治体的核心结构」『文化纵横』 2019年 第2期; 王浦劬, 汤彬, 「当代中国治理的党政结构与功能机制分析」『中国社会科学』 2019年 第9期; 杨彬彬, 「党的政治建设与党政关系调适」『社会主义研究』 2019年 第5期; 王长江, 「关于改革和梳理党政关系的思考」『马克思主义与现实』 2014年 第3期; 宋玉波, 黄锟, 「党政体制改革的探索与优化」『上海行政学院学报』 2020年 第21卷 第1期; 任剑涛, 「以党建国: 政党国家的兴起, 兴盛与走势」『江苏行政学院学报』 2014年 第3期.

중국공산당은 '영도핵심'이다. 중국공산당은 집권당으로서 정부를 조직하고 영도할 뿐 아니라 인대, 사법, 군대의 업무를 지도하고 영도한다. 여기서 '정'은 좁은 의미의 행정기관, 즉 '정부'를 의미할 뿐만 아니라 국가 전체의 정치 시스템을 포함한다.[14] 중국에서 '정'은 대개 국가기관을 통칭하며, 이는 삼권분립체제에서 말하는 행정부와는 다르다. 여기에는 정부(국무원)뿐 아니라 국가의 최고권력기관인 전인대와 인민법원 및 인민감찰원 등의 기관을 모두 포함한다.

삼권분립체제에서 행정부는 사법부와 입법부와는 분리된 '거버먼트(government)'의 기능을 맡지만, 중국에서 '정'은 행정부를 의미하는 것이 아니라 국가통치를 담당하는 국가기관 전체를 의미한다. 영어로 표현하자면 국가를 통치하는 행위, 즉 '거버닝(governing)'의 문제를 총칭한다. 당은 이러한 국가기관 안에 있지 않고, 국가기관 밖에 존재한다.

중국공산당은 국가통치과정에서 '영도'적 역할을 맡으면서도 동시에 국가통치체계를 구성하는 주체이다. '당-국가체제(Party-State System)'는 중국공산당의 집정과 국가통치 실천에 대한 일종의 해석방식이자 이론적 인식으로, '혁명'과 '현대화' 사이에 있는 일종의 과도형식으로도 여겨진다.[15] 즉 당의 영도로 혁명을 주도하고, 당이 전체 국가를 영도하여 현대화의 길로 이끄는 역할을 한다는 것이다.

또한 중국 국가기관에서 입법을 맡은 전인대와 행정기관인 국무원,

---

14 李景治, 「中西执政党执政方式比较及其启示」『中国人民大学学报』 2005年 第5期.

15 陈明明, 『在革命与现代化之间: 关于党治国家的一个观察与讨论』(上海: 复旦大学出版社, 2015), 천밍밍 지음, 이희옥, 김현주 옮김, 『중국의 당국가체제는 어디로 가는가: 혁명과 현대화의 경계』(서울: 성균관대학교출판부, 2019).

그리고 사법기관인 인민법원은 서로 '분립'되지 않고, 당의 영도 하에서 국가통치를 위해 서로 유기적으로 연결되어 있다. 중국은 '입법' 형식이 아니라 공산당의 '행정명령', 혹은 '정치적 결정'의 방식으로 정책을 제정하고, 국가기관은 당이 정한 정책을 입법화하거나 조례 등의 다양한 형식으로 공식화하며 당의 정책을 집행한다. 즉 국가기관은 당이 결정한 정책을 수행하는 집행권을 행사하는 것이다.

요컨대 중국에서 '당'은 정치의 영역을 대표하고, '정'은 넓은 의미의 행정 영역에 해당한다. 당 중앙은 정책을 제정하고, 각급 정부는 당에서 제정한 정책을 집행한다. 개혁개방 시기 경제사회 분야에 대해서는 각급 정부에게 상당한 정책 재량권을 이양하기도 했지만, 정치·이데올로기 영역에서의 정책 원칙과 방향은 언제나 당 중앙에서 제정해왔다. 또한 각급 정부에게 이양한 권한은 당이 필요에 따라 언제든지 중앙으로 다시 거두어들일 수 있다.

〈표 6-2〉 당과 정의 관계

	당	정(국가기관)
분야	정치	행정
조직	당 위원회	전인대, 국무원, 사법기관, 군대
기능	영도(leadership)	(당의 영도에 따라) 통치(governing)
권한	정책결정권	정책집행권

당의 국가기관 통제 채널 : 당조(黨組)와 대응 부서(對口部)

그렇다면 당은 어떠한 방법과 채널을 통해 국가기관에 대한 영도를 행사하고 통치를 실현하는가? 건국 초기부터 중국공산당은 국가 제도 안에서 자신의 영도를 간접적으로 강화하기 위해 다양한 조치를 취해왔다. 국가기관 내에 당 조직, 즉 '당조'를 설치한 것이 대표적이다. 당조는 중국공산당이 국가기관, 인민단체, 경제조직, 문화조직, 사회조직, 기타 조직 등의 내부에 설립한 영도기구이다.[16] 공산당은 전인대, 전국정협, 최고인민법원, 최고인민검찰원, 국무원과 각급 부처, 그리고 각종 중앙급 중요 경제조직단체에 모두 당조를 설치했고, 각급 지방기구에도 마찬가지로 당조가 있다. 최근에는 '당의 전면적 영도'를 각 국가기관 조직법에 기재하도록 했다.[17]

당조는 동급 당 위원회(당위)의 영도를 받고 당위에 대한 책임을 지

16 「中国共产党党组工作条例(试行)」『新华社』 2015/06/16. 이 조례는 19차 당대회 이후 '당의 전면 영도 강화'라는 취지에 맞게 2019년에 다시 수정된다. 「中共中央印发《中国共产党党组工作条例》」『新华社』 2019/04/15.

17 "헌법 규정을 관철하고, 당 영도와 관련된 업무의 법적 지위를 명확히 규정하도록 관련 법률·법규를 제정·개정한다. '당의 전면적 영도 견지' 요구를 인대, 정부, 법원, 검찰원의 조직법에 기재해야 하고, 정협, 민주당파, 공상련, 인민단체, 국유기업, 대학, 관련 사회조직 등의 규약에 기재해야 한다. 이들 조직에 대한 당의 영도를 제도적 규정으로 정비하고, 이들 조직이 당의 영도 하에서 능동적이고도 독립적인 책임을 갖으며 조화를 이루면서 업무를 추진해 나갈 수 있도록 한다" 「中共中央关于加强党的政治建设的意见」(2019년 1월 31일). 『新华社』 2019/02/27. 중국공산당이 건설하고자 하는 통치제도는 '당의 전면적 영도의 제도체계'이다.

며, 부서 업무 중 중대한 문제는 당조가 책임지고 동급 당위에 보고한다. 또한 당의 노선, 방침, 정책 및 당위의 결정을 해당 부서에 관철하는 업무를 담당한다.[18] 즉 당조는 해당 조직과 부서에서 실질적인 권력을 행사하는 기구로, 중대한 업무를 논의하고 결정하는 권력이 있으며, 당조의 구성원은 당조 설립을 승인한 상급 당위가 지명한다. 당조에 서기와 부서기를 두며, 당조의 영도는 그 부서의 당원 책임자가 겸임한다.[19]

당조 외에도 당 기관 내에 정부 업무에 상응하는 부서, 일명 '대구부(對口部)'를 설치하는 방식도 있다. 중국공산당은 건국 초기에는 국가기관이나 군중단체에 대한 직접적 관리를 피했었다. 새로운 정권 자체가 민주당파와의 '연합정권'의 색채를 지니고 있었기 때문이다. 그러나 한국전쟁과 54년 당 중앙의 권위를 위협한 가오강(高崗), 라오수스(饒漱石) 사건이 일어나면서 분위기가 바뀌었고, 권력이 당 중앙으로 집중되기 시작했다. 1955년 당내에 국가기관과 행정조직에 대응하는 부서를 만들면서부터 당의 영도는 직접적인 것으로 변해갔다. 당 위원회 내의 행정담당기구, 즉 '대구부'의 직무는 간부에 대한 인사 관리, 당의 결의 및 정책의 집행 상황에 대한 감독, 당 말단 조직의 활동을 관리하는 것이다.[20] 국가기관 안에 있는 '당조'가 중앙에 대해 보고하고 제안하는 채널이라면, 당내에 있는 행정담당기구, 즉 '대구부'는 거꾸로 중앙 및 당

18 王林生,『中国地方政府决策研究』(广州: 华南理工大学出版社, 2005), pp. 78~79.

19 俞可平,『中國政治體制』(台北: 風雲論壇出版社, 2001), pp. 19~20.

20 모리 가즈코 지음, 이용빈 옮김,『현대중국정치: 글로벌 강대국의 초상』(서울: 한울아카데미, 2013) pp. 255~256.

으로부터 행정기관에 대해 지시하고 명령하는 채널이라 할 수 있다.[21]

'대구부'는 구체적인 부서의 이름이 아니라, 말 그대로 '업무계통에 상응(對口)'하여 만든 조직으로 소조, 영도소조, 위원회 등의 다양한 이름으로 불린다. 비교적 체계적인 형태를 갖추기 시작한 것은 1958년 정치국에 설치한 재경(財經), 정법(政法), 외사(外事), 과학, 문교(文教) 등 5개 소조이다. 이들 소조가 각각 대응하는 정부 부문을 직접 지도하였는데, 이처럼 직능별로 나누어 각각 대응하는 행정기관과 기업을 당이 직접 영도하는 것을 '업무계열 영도(分口領導)'라고 한다.[22]

그런데 '영도소조(領導小組)'라는 대구부 형식은 여러 부문의 의견을 조정하는 역할을 하는 일종의 의사조정기구로 발전하며, 당위 조직뿐 아니라 정부 조직라인에도 설치된다. 지방의 각급 당정기구에도 업무에 대응하여 설치한 영도소조가 있다. 그러나 영도소조는 당정 조직라인에 설치한 일상적인 기구가 아니라 특정한 시기에 필요에 따라 한시적으로 만들어지는 조직으로, 부처를 초월한 업무조정 권력을 갖는다. 게다가 특정한 인력 편제도 없고 단독으로 문건을 발표하지도 않기 때문에 부서 직인도 없다.

중국공산당의 역사에서 가장 개혁적이라고 평가되는 13차 당대회에서는 당정분리를 위해 '당조'의 단계적 폐지 및 '대구부'의 폐지를 결정한 바 있다. 공식적인 부서가 아니기에, '법에 의한 통치' 방침에 어긋나

21 모리 가즈코 지음, 이용빈 옮김, 『현대중국정치: 글로벌 강대국의 초상』 (서울: 한울아카데미, 2013) p. 263.

22 모리 가즈코 지음, 이용빈 옮김, 『현대중국정치: 글로벌 강대국의 초상』 (서울: 한울아카데미, 2013) p. 256.

기 때문이다. 그러면서 국가에 대한 당의 영도를 "정치 영도, 즉 정치원칙, 정치방향, 중대한 정책결정에 대한 영도와, 국가기관에 중요 간부를 추천하는 것" 두 가지로 제한했다.[23] '정치 영도'를 제외하고 기존 당의 '조직 영도'와 '사상 영도' 조항은 삭제한 것이다. 그러나 1989년 천안문 사건을 거치며 당정분리의 구상은 흐지부지되며 실현되지 않았다.

당과 (전)인대의 관계

중국은 건국 이후 1954년이 되어서야 헌법을 제정하였고, 헌법에 따라 전국인민대표대회(전인대)와 국무원(초기엔 정무원), 최고인민법원·감찰원 등의 각 국가기관을 설립하였다. 이러한 국가기관은 헌법에 따라 운영되며, 전인대는 국가의 최고권력기관이자 입법기관이다.

중국의 전인대, 국무원, 최고인민법원·검찰원은 각각 입법기관, 행정기관, 사법·검찰기관이지만, 이것이 삼권분립체제에서의 입법부, 행정부, 사법부를 의미하지는 않는다. 중국의 각 국가기관은 헌법에 따라 운영되지만, 주요 정책 결정이나 입법 원칙 및 헌법 개정 등은 국가기관 '밖'에 있는 당 중앙에 의해 결정된다. 당 중앙에서 결정한 사항들이 국가기관인 전인대를 거쳐 입법화되고, 이를 국무원에서 집행한다. 입법, 행정, 사법의 삼권 관계에서 중국은 모든 권력이 전인대에 집중되는 '의행합일(議行合一)' 시스템을 채택하고 있다. 행정, 사법이 원칙적으로 최

23 모리 가즈코 지음, 이용빈 옮김, 『현대중국정치: 글로벌 강대국의 초상』 (서울: 한울아카데미, 2013) p. 250.

고권력기관인 전인대에 종속되는 체제이다. '국가의 행정기관'인 국무원은 전인대에 종속되며, 총리를 포함한 각료의 선출 모두 전인대에서 이루어진다.[24] 당은 입법기관인 전인대를 통해 당의 입법 의지를 실현하며, 국무원을 통해 당의 정책을 실현하고 집행한다. 이러한 구조에서는 실제로 당이 매우 손쉽게 국가권력을 배타적으로 행사하면서 당 자체가 국가화되기 쉽다.

중국에서는 일반적으로 가을에 열리는 전국대표대회나 중전회(중앙위원회 전체회의) 등 당 관련 회의에서 중요한 정책 설계와 방향을 제정하고, 그 이듬해 봄에 열리는 전인대를 통해 당의 의지와 정책을 법제화의 형태로 관철해 구체적인 국가 정책으로 전환한다. 전인대에서 총리가 「정부업무보고」를 통해 경제성장 목표나 각종 정책을 발표한다. 전인대에서 발표되는 경제사회정책을 효율적으로 집행하고 정책 효과가 좋다면, 당의 영도와 권위를 유지할 수 있게 된다.

전국인민정치협상회의(정협)는 전인대와 같은 회기로 봄에 함께 열리기 때문에, 전인대와 정협, 이 두 개의 회의를 '양회(兩會)'라 부른다. 그러나 전인대와 달리 정협은 헌법기관이 아니다. 헌법 서문에 정협을 대표적인 '통일전선' 조직으로 꼽으며 역사적 의미를 부여하고 있지만, 헌법 조문에서 정협 기관의 직능과 지위에 대해 보장하고 있지 않다.

전인대는 입법기관이라는 점에서 흔히 한국의 '국회'에 해당한다고

24 중국의 정체(政體)를 구성하는 핵심은 레닌의 소비에트론에 입각하여 입법과 행정을 일체화시킨 '의행합일'이라고 설명한다. "의회를 수다스러운 기관으로부터 실행의 기관으로"라는 것은 파리코뮌을 모범으로 한, 그리고 부르주아 의회의 기만성을 비판한 레닌의 유명한 말이다. 모리 가즈코 지음, 이용빈 옮김, 『현대중국정치: 글로벌 강대국의 초상』(서울: 한울아카데미, 2013) p. 186.

소개한다. 그러나 전인대가 입법의 기능을 갖지만, 제헌권·개헌권은 당 중앙에 있다. 중국에서 '입법'이란 전인대와 전인대 상무위가 법률에 따라 입법과 법률 개정 및 폐지 활동을 하는 것을 말한다. 중국공산당이 법률의 창시자이자 법률 주체이며, 입법은 반드시 당의 방침과 권위에 복종해야 한다. 당은 자신의 입법 주장이 전인대라는 입법 절차를 통해 국가 의지로 변하도록 만들고, 입법의 정책 결정이나 입법 규칙에 영향을 미치는 권력을 갖고 있다.

그렇다면 중국공산당은 어떻게 입법에 관여하며 영향을 미치는가? 당이 전인대와 각급 인대에 영향을 미치는 방법은 법률 형식뿐 아니라 여러 가지 형태가 있다.[25]

첫 번째 방식은 당 중앙에서 입법 건의를 제기하는 것이다. 현행 헌법 제64조는 전인대 상임위 또는 5분의 1 이상 전인대 대표의 동의가 있으면 헌법 개정을 발의할 수 있다고 규정하고 있지만, 통상 중국공산당 중앙위원회가 헌법 개정 건의안을 먼저 제출하고 전인대 상무위나 5분의 1 이상의 전인대 대표가 이를 수용한 뒤, 다시 전인대에 정식으로 헌법 개정안을 제출하는 것이 일반적이다.

두 번째 방식은 중요 법안에 대해 당 중앙에서 사전에 비준하고 심사한다. 당 중앙은 주로 입법안에 대한 지도 사상 및 중대한 원칙 문제를 확정한다. 따라서 전인대와 전인대 상무위가 심의한 법률이 중대한 원칙의 성격을 띠는 것이라면 사전에 중앙에 보고하고 비준을 받아야

25 秦前红, 李元, 「中国共产党对立法的影响」. http://ww2.usc.cuhk.edu.hk/PaperCollection/Details.aspx?id=2357

한다. 물론 이는 늘 그렇게 해오던 관례에 따른 것으로, 전인대는 이러한 모호한 기본 원칙에 줄곧 따라왔다.[26]

세 번째 방식은 인대 대표의 비율과 정원을 통제하는 것이다. 인대 대표는 '선거'를 통해 선출되지만, 중국에서 선거 제도의 운용은 "중국 공산당 영도 하에서 그 역할과 효능을 발휘하는 것"으로, 상당수의 인대 대표는 당원이다.[27] 인대 대표는 인민의 대표이기 이전에 우선으로 당원이기 때문에 반드시 당 기율을 준수해야 한다. 실제로 인대가 열리기 전 인대 대표 중의 당원은 모두 '조직 생활'을 요구받으며, 당 조직에서 전달되는 중앙의 정신을 듣고 중앙의 입법 의도를 파악해야 한다. 지금까지 전인대와 전인대 상임위는 단 한 차례도 당 중앙에서 의도한 법률을 부결시킨 적이 없으며, 당 중앙의 비준을 받지 않고 전인대 혹은 상임위에서 통과시킨 법률도 없다.

네 번째 방식은 당 중앙에서 국가기관의 주요 간부를 추천한다. 당에서 국가기관의 요직을 '추천'하는 제도는 줄곧 집정당인 공산당이 정치, 경제, 문화 기구를 통제하는 주요 수단이었다. 당에서 인재를 일괄적으로 검토한 뒤 우수한 당원을 각 부처, 각급 정부 및 중요한 인민단

26 처음으로 당 중앙이 입법에 개입하는 범위와 절차를 확정한 문건은 1991년 당 중앙의 「국가의 입법업무 영도강화에 관한 약간의 의견」이다. 헌법 개정, 중대한 정치·경제·행정 분야의 법률 초안, 그리고 정치 분야의 법률에 대해서는 모두 당 중앙정치국(또는 당위)과 중전회의 심의를 거쳐야 한다고 규정하고 있다. 이 문건은 입법에서의 당의 위상과 기능을 명확히 하면서도 이를 공식화하고 있다. 「论加强和完善党对立法工作的领导」『中国人大网』 2015/09/25.

27 『인민일보』가 집계한 역대 전국인민대표의 비율 분석표를 보면, 중공 당원 비율은 1기 54.49%, 2기 57.75%, 3기 54.83%, 4기 76.8%, 5기 72.78%, 6기 62.5%, 7기 66.9%, 8기 68.4%, 9기 71.5%로 나타났다.

체, 사회단체에 영도 간부로 선출하는 방식이다. 당의 '추천'과 '선발파견'이 갈수록 공식적인 '인사·임면'으로 진화되면서, 당은 인사권을 통해 중요한 부문에 대한 합법적인 영도를 실현해왔다.

다섯 번째 방식은 당이 각급 국가기관에 설치한 당 조직을 통해 직접적인 통제를 행사하는 것이다. 앞에서 지적했듯이 중국공산당은 국가기관, 인민단체, 경제 및 문화조직 등에 당조를 두는데, 인대 역시 인대 상무위에는 모두 당조가 있고 당조는 상급 당위의 영도를 받는다. 당조라는 형식의 존재 때문에, 중국에서는 법률·법규와 당의 정책이 혼동되기 쉽다. 당 중앙은 전인대 상무위원회 당조의 '의견'이나 '보고'를 '전결(轉批)', '전송(轉發)'의 형식을 통해 당내 문건을 법률 규범으로 혹은 인대 입법을 당내 문건으로도 바꿀 수 있게 된다.

여섯 번째 방식은 당의 주장을 법적 절차를 통해 국가 의지로 바꾸는 것이다. 공산당이 '정치적 영도'를 실행하는 기본 방식은 당의 주장을 법적 절차를 거쳐 국가 의지로 바꾸는 것이다. 중국공산당은 자신의 '정책'을 전인대를 통해 '법률'이라는 형식으로 바꾸어왔는데, 이러한 관점에서 보면 중국에서 법률은 '정책'이라는 거인의 '그림자'에 불과하다고 볼 수 있다.[28] 중국에서 통치는 기본적으로 입법을 통한 정책이 아니라 당의 행정명령에 따른 정책으로 이루어져 왔다.

당과 전인대의 관계에서 최근에 주목해서 보아야 할 변화는 2021

---

28 "우리나라는 줄곧 정책 사회로, 정책에 의존하여 나라를 다스렸고 법률의 지위가 없었다. 만약 정책을 거인이라고 한다면, 법률은 거인의 그림자일 뿐이다." 여기에서 정책은 당의 정책을 말한다. 蔡定剑, 『历史与变革: 新中国法制建设的历程』(北京: 中国政法大学, 1999), p. 259. 秦前红, 李元에서 재인용.

년 10월 13~14일 중국공산당 역사상 처음으로 열린 「중앙인대공작회의(中央人大工作會議)」(이하 「회의」)이다. 그동안 당 중앙위원회가 하는 정책결정 역할을 대행해왔던 것이 각종 중앙공작회의인데, 인대와 관련해서는 처음으로 개최되었다. 「회의」에서는 1) 회의 개최 시점의 중대한 시대 상황 2) 신시대에 강화하고자 하는 인대의 업무 방향, 그리고 3) '전 과정 인민민주'에 대한 설명을 하였다. 회의 내용을 요약하면, 1) 현 시기는 '백 년 만에 맞이하는 대변국'의 시대로 국가의 전략적 주도권을 확보하기 위해서는 제도경쟁과 제도우위가 매우 중요하다고 보면서 인민대표대회 제도의 위상과 그 업무의 중요성을 강조하였고, 2) 인민대표대회 제도의 위상을 국가 통치체계와 통치능력을 떠받치는 근본적인 정치제도로 규정하면서, 신시대 인대 업무의 강화와 개선의 방향을 명확하게 하였으며, 3) '전 과정 인민민주'를 서구식 민주와는 다른 중국 사회주의민주의 본질적 특징으로 개념화하고 있다.[29] 이 회의는 인대에 대한 당의 영도를 실현하면서도 동시에 당 영도의 인민민주를 확정한 중요한 제도적 형식으로 등장하였다.

시진핑 총서기는 이 회의에서 "반드시 견지해야 할 여섯 가지(六個必須堅持)"를 강조하며, 18대 이후 당 중앙의 인대 제도에 관한 새로운 이념과 사상을 개괄했다. 주요 골자는 인대 제도와 인대 업무를 강화하고 인대 및 인대 상무위의 직능을 잘 발휘하게 해서, 인대라는 제도적 장점을 활용해 효율적인 국가통치를 해나가겠다는 것이다.[30] 이 회의와

29 「首次召开的中央人大工作会议, 总书记强调这些大事」『新华网』 2021/10/15.

30 习近平, 「在中央人大工作会议上的讲话」『求是』 2022/02/28. "6개의 반드시 견지할 것(六個必須堅持)"이란 다음을 말한다. ① 중국공산당 영도 견지, ② 제

관련하여 2021년 11월 2일 당 중앙에서 발표한 「신시대 인민대표대회 제도의 견지와 개선, 인대 업무의 강화와 개진에 관한 의견」은 인대 업무를 전면적으로 지도하는 당의 문건이다. '신시대'에 걸맞은 인대 제도의 건설과 인대 업무에 관한 당의 지침, 그리고 사회주의민주정치건설 강화를 위한 조치라고 의미를 부여했다.[31]

「중앙인대공작회의」와 함께 주목해야 할 또 하나의 변화는 2021년 전인대 13기 4차 회의에서 이루어진 「전인대 조직법」 개정과 2022년 13기 5차 회의에서의 「지방 각급 인민대표대회와 지방 각급 인민정부조직법」(이하 「지방조직법」) 개정이다. 「전인대 조직법」 개정은 39년 만에 이루어졌는데, 주요 특징은 전인대 상임위의 권한 강화다. 상임위는 전인대 폐회 기간에 국무원 총리의 지명에 따라 국무원 구성원의 임면을 결정할 수 있으며, 여기에 부총리를 비롯해 국무위원, 군사위 부주석, 군사위 위원 등을 포함했다. 즉 이전까지 전인대를 거쳐야 했던 고위직 인사가 상임위를 통해 이뤄질 수 있도록 했는데, 이로써 고위직의 임명과 해임이 상대적으로 쉬워졌다고 하겠다. 또한 「지방조직법」을 통해 각급 지방 인대와 정부 등, 중앙에서 지방까지 국가기관을 체계적으로 재정비하고 이를 법률의 형식으로 보장함으로써, 국가–지방–사회 기층까지 이어지는 효율적 통치를 위한 법적·제도적 체계를 갖추었다.

18대 이후 진행되어왔던 당 중앙의 영도 강화와 의법치국의 방침

도체계로 인민의 주인됨(人民當家作主) 보장 견지 ③ 전면적 의법치국 견지 ④ 민주집중제 견지 ⑤ 중국특색사회주의 정치발전의 길 견지 ⑥ 국가의 통치체계와 통치능력 현대화 추진 견지.

31 「坚持和完善人民代表大会制度，加强和改进新时代人大工作」，『新华社』 2021/12/26.

은 '중국식 통치'의 주요 특징을 띠면서 '중국 제도'로서 구현되는데, 이는 「헌법」에서 규정하는 최고 국가권력기관인 전인대를 통해 구체화된다. 최근에 개최된 전인대는 이러한 기조에서 당의 지침을 충실히 반영하면서도, 중국 제도의 완성과 중국식 통치의 확립을 한층 더 강화하고 있다고 하겠다.

행정직능(條)과 지방정부(塊) 간의 긴장관계

중국 체제에서 당과 정의 관계는 다시 상급 단위와 하급 단위 간의 관계와 얽혀져 복잡한 긴장관계가 생긴다. 즉 각급 지방정부는 중앙이나 상급 정부와는 다른 지역 고유의 특성과 이해관계가 존재하기 때문에, 실제 정책 명령 및 전달과 집행 과정에서 상충하는 문제가 생기게 된다. 흔히 개혁개방 시기의 중요한 특징 중의 하나로 '분권화' 조치를 꼽지만, 당이 모든 것을 영도하는 중국에서는 대등한 관계에서의 수평적 분권이란 존재하지 않는다. 대신 실질적인 업무추진과 정책집행과정에서 필요한 권한을 이양하는 '수직적인 분권', 중국식 용어로 말하자면 '방권(放權)'이 존재한다. 이는 특정 영역에서의 일부 정책결정권을 중앙에서 지방에 이양하는 것으로, 권한을 위에서 아래로 이양하면 '방(放, 분권)'이 되고, 다시 위로 거둬들이면 '수(收, 집권)'가 된다. '방'과 '수'의 방향은 수평적이 아니라 수직적으로 진행된다. 이는 법으로 규정해놓은 '법적' 결정이 아니라, 당 중앙의 판단으로 결정되는 '정치적'인 것이다.

중앙 최고위층에서 각급 아래 지방으로 업무적으로 연결할 때에는 대개 두 개의 행정 라인을 동시에 설치해둔다. 이를 중국에서는 통상 '티아오콰이(條塊)' 관계라고 부른다. '티아오(條)'는 '기다란 줄'이라는 뜻으로 직능에 따라 설립한 각급 부문(직속 기구 포함), 즉 중앙정부와 수직적으로 연결된 구성 부분을 말한다. '콰이(塊)'는 '덩어리'라는 뜻으로 행정구역에 따라 설립한 각급 지방정부를 말한다. 티아오콰이 관계는 행정직능(티아오)과 지방정부(콰이) 간의 배치관계를 말하며, 이는 구체적으로 티아오와 콰이 간의 감독과 피감독관계, 혹은 통제와 피통제관계, 협조와 배합관계 등으로 나타난다.[32]

〈표 6-3〉 방수(放收)와 티아오콰이관계(條塊關系)

방(放): 수직적 분권	수(收): 수직적 집권(集權)
콰이(塊) 강화	티아오(條) 강화
지방정부 권한 증대 (지방 관리권 강화)	중앙정부 권한 강화 (중앙 통할권 강화)

두 개의 행정 라인을 동시에 두었기 때문에, 직능별 수직적 영도를 강화하면 '티아오'의 논리가 강해지고, 지방으로의 분권을 강조하면 '콰이' 논리가 강해진다. 개혁 이후 시장화 정책 추진에 따라 지방정부에게 많은 경제정책권을 이양했기 때문에, '티아오가 약해지고 콰이가 강해지는(條弱塊強)' 방향으로 변화되어왔다. 그런데 각 지방정부의 권한 강화를 통해 경쟁을 유도함으로써 고속 성장을 달성할 수 있지만, 이와 동시에 지방정부가 중앙의 통제에서 벗어나는 문제점이 발생할 수 있다. 저우쉐광(周雪光)은 이러한 티아오와 콰이 간의 모순을 "중앙 통할

32 曹正汉, 王宁, 「一统体制的内在矛盾与条块关系」『社会』 2020年 第4期.

권과 지방 관리권 간의 모순"이라고 표현한다. 이는 기본적으로 '일통체제(一統體制)'인 중국 체제에 내재된 모순으로, 이른바 "일통체제와 효과적 거버넌스 간의 모순"으로 나타난다는 것이다. 즉 일통체제의 집중 정도가 높고 강경할수록 이에 상응하는 정도로 지방의 거버넌스 권한이 약화되고, 효과적인 거버넌스 능력도 약화된다. 반대로 효과적인 거버넌스 능력의 강화는 지방 거버넌스 권한의 확장을 의미하지만, 종종 '자기 정치화(各自爲政)' 현상이 강하게 나타나거나 일통체제에 대한 거대한 위협을 야기할 수도 있다는 것이다.[33]

중앙의 관점에서 보았을 때 국가 거버넌스 능력을 향상하기 위해서는 지방의 자율성과 적극성을 고취해 스스로 거버넌스 능력을 갖추게 하는 것이 중요하지만, 동시에 지방이 중앙의 정책목표 틀에서 벗어나지 않도록 관리하고 중앙에 도전하지 않도록 통제하는 것이 중요하다. 그런데 중앙으로 많은 권력과 자원이 집중되는 경향이 나타나면 지방정부는 실제 문제를 해결하는 능력이 약화하며, 반대로 지방정부의 실질적인 권한이 강화되면 종종 각자 제멋대로 행동하는 경향이 나타나 중앙의 통제력에서 벗어나고 심지어 중앙 핵심에 대해 위협이 되기도 한다. 중앙에서 지방의 자발성을 활성화하기 위해 지방에 많은 권한을 부여하는(放) 정책을 쓰면 통제하기 어려울 정도로 혼란스러워지고(亂), 혼란스러운 상황을 막기 위해 다시 중앙으로 권한을 거두어들이면(收) 전체 사회가 경직되고 활기가 없어지는(死) 상황이 반복되어 나타나게

33 Xueguang Zhou, *The Logic of Governance in China*, Cambridge University Press, 2022; 周雪光,『中国国家治理的制度逻辑: 一个组织学研究』(北京: 生活·读书·新知三联书店, 2017), p. 19.

된다. 이른바 '방(放)–난(亂)–수(收)–사(死)'의 악순환에서 벗어나지 못하게 되는 것이다.

이러한 중국 체제에 내재한 구조적 문제를 해결하기 위해 최근에는 "중앙집권과 지방분권의 동시 추진" 방침을 밝혔다. 이는 지금까지의 집권 혹은 분권의 이분법적 논리가 아니라, 영역별로 나누어서 중앙과 지방의 적극성을 동시에 추진하겠다는 것이다. 즉 정치, 감찰, 공공사무 거버넌스 등의 영역에서는 중앙으로 권력을 집중시키고, 경제 민생 분야에서는 지방으로 권한을 이양한다는 방침이다.[34] 특히 기층 관련 업무에 대해선 기층 정부에 더 많은 자율권을 부여하며, 기구 간소화 및 권한 이양을 시행하면서 방관(放管)을 결합하며 서비스를 최적화한다는 것이다.[35] 이는 이른바 '방관복(放管服)'으로 요약할 수 있다. '방(放)'은 행정권을 지방에 이양하고 법적 근거와 법률적 권한이 없는 행정권을 줄이며 여러 부처가 중복으로 관리하는 행정권을 정리하는 것을 말한다. '관(管)'은 정부 부처가 신기술을 활용하여 감독관리직능을 혁신하고 강화하는 것을 말한다. 이렇게 함으로써 최적의 서비스(服)를 제공하는 '서비스형 정부'로 그 직능을 전환한다는 것이다.

그러나 중앙지방 간의 관계 규정이 법에 근거하지 않고 중앙의 정치적인 판단으로 좌우되는 체제에서 중앙과 지방의 적극성을 동시에 높이는 일은 매우 어렵다. "중앙과 지방 두 개의 적극성(中央和地方兩個積極性)"이라는 표현은 마오쩌둥이 1956년 「십대관계론(論十大關系)」를

34 曹正汉, 王宁, 「一统体制的内在矛盾与条块关系」『社会』 2020年 第4期.

35 「中共中央关于深化党和国家机构改革的决定」(19기 3중전회), 『新华网』 2018/03/04.

발표하면서 처음으로 제기한 것이다. 이는 중앙의 권력과 지방의 활력을 동시에 강화해야 한다는 제안인데, 마오쩌둥 이후 역대 지도자들 모두 '두 개의 적극성'을 강조해왔다는 사실은, 역설적으로 중앙에서 지방, 기층까지 각 행정단위에서 개혁을 위한 적극성을 모두 동원할 수 있는 체제 메커니즘을 만들기가 얼마나 어려운지를 보여준다 하겠다.

만약 지방의 관리 권한을 법으로 보장하려 한다면, 헌법과 관련 조직법에 각급 정부의 권한 구분과 상호관계를 명확히 하고 지방정부의 지위를 법적으로 명확히 해야 한다. 그러나 중국 「헌법」 3조 4항에는 "중앙과 지방의 국가기구 직권의 구분은 중앙의 통일영도에 따라 지방의 주동성과 적극성이 충분히 발휘되게 한다는 원칙에 따른다"라고만 규정하고 있다. 「지방 조직법」 역시 이에 대해 매우 모호하게 규정하고 있다. 중앙과 지방의 직권 구분이 '중앙의 통일영도'라는 정치적 판단으로 좌우되는 한, 중국 체제가 '방수(放收)순환'의 딜레마, '티아오와 콰이' 간의 악순환에서 벗어나기는 매우 어렵다.

또 다른 문제는 경제와 사회관리 영역에서의 권한을 지방으로 이양하는 것이, 사회 영역에 더 많은 자율권을 부여하는 것을 의미하지는 않는다는 점이다. 오히려 기율·감찰의 수직통제가 강화되면서 지방은 중앙의 국정 기조에 보조를 맞추기 위해 사회를 강하게 통제하게 된다. 지방에 맡겨진 사회관리 업무를 수행하며 폭력 등의 각종 물리력을 동원한 무리한 통제 조치는, 사회 전체에 대해 억압적 분위기를 조성한다. 이것이 바로 장쩌민과 후진타오 집권 시기 지방으로의 분권과 동시에 지방정부에 의한 노동자·농민 탄압이 극심하게 자행되었던 '안정유지(維穩)' 정치의 역설이라 하겠다. 지방정부가 사회안정 유지 업무를 맡고, 안정 관련 지표가 지방 지도자를 평가하는 실적과 연결되면서, 지방정부는 실적을 높이기 위해 사회의 집단행동을 강하게 통제했다. 지방으로 증가한 자율만큼 사회 영역에서의 자율성이 보장된 것은 아니었다.

7장
두 개의 권력과 중국의 제도 논리

앞 장에서 살펴보았듯이 중국공산당은 자신의 지위를 영도지위와 집정지위로 나누어 설명한다. '당의 영도'는 민주와 정당성 문제로 연결되며, 이는 주로 '당과 인민의 관계(黨群關係)'로 나타난다. '당의 집정'은 국가통치와 관료제의 문제로, 주로 '당과 국가의 관계(黨政關係)'로 나타난다. 전자는 '당의 영도와 인민의 주인됨(人民當家做主)' 원리를 어떻게 결합할 것인가의 문제이고, 후자는 '당의 영도와 의법치국의 관계'를 어떻게 처리할 것인가의 문제와 관련된다. 중국공산당은 전자는 '정치', 후자는 '통치'의 관점에서 접근하는데, 이렇게 이원적인 구조로 구분해서 파악할 수 있는 것은 중국에서 '권력'에 대한 관점이 다원주의 민주주의 체제와는 다르기 때문이다.

정권(政權)과 치권(治權)의 분리

민주주의 체제의 경쟁 원리에서는 선거로 정치권력의 절차적 정당성을 확보하고, 집권세력이 교체된다. 그러나 중국은 혁명으로 국가를 세웠고 혁명정부가 집권하며, 이러한 집정권력은 바뀌지 않는다. 권력의 주체는 당이며, 그 정당성은 혁명이라는 역사에서, 그리고 인민을 위한 당이라는 논리에서 찾는다.

당이 권력을 독점하지만, 그렇다고 당이 국가를 대체할 수는 없다. 권력이 작동하는 영역과 그 성격에 따라 '정치권력(주권)'과 '통치권'이라는 두 가지 유형으로 구분해서 볼 수 있다. 당의 영도지위는 '정권(政權)'의 문제에 해당하고, 당의 집정지위는 '치권(治權)'에 해당한다. 당이 영도권을 갖는 것은 인민을 영도하여 혁명에서 승리했다는 역사적 사실로 정당화하며, 또한 당의 집정은 각급 국가기관을 통해서 이루어지고 인민을 위한 민생 업적에서 통치의 정당성을 찾는다. 중국에서 공산당은 정치적 영도권을 독점하며 정책을 제정하고, 각급 정부는 행정통치권 혹은 정책집행권을 갖는다.

이러한 이원적인 구조, 즉 주권과 통치권의 분리 형식은 오래된 기원을 갖는다. 중국 고대의 정치체제는 황제가 모든 권력을 장악하고, 관료는 황제를 대리하여 통치하는 관료체제를 유지해왔다. 황제는 절대적인 '전제권력(arbitrary power)'을 갖고, 관료집단은 민생을 관리하고 통치하는 '일상권력(routine power)'을 갖고 있었다.[1] 과거 황제체제에서

1 필립 쿤 지음, 이영옥 옮김, 『영혼을 훔치는 사람들: 1768년 중국을 뒤흔

황제는 하늘의 아들, 즉 천자(天子)로서 정치적 권위의 정통성이 하늘에서 오는 것으로 보았고, 천도(天道)와 민의(民意)가 내재적으로 상통하는 것으로 황제 권력을 합리화했다.

반면, 현대사회에서 권력의 원천은 인민주권 사상에 기반을 둔다. '민의'는 권력의 원천으로 전환되어 정치권력은 반드시 인민으로부터 부여받은 것으로 바뀌었고, 이로써 민주 관념이 생겨났다. 중국 헌법에서도 "모든 권력은 인민에게 속한다"고 규정한다. 그러나 '인민'은 당의 영도를 받는 '집단적 주체'로 상정하고 있으며, 인민에게 직접적인 참정권을 부여한 것은 아니다. 혁명과정에서 당이 인민을 영도하여 혁명에 성공했기 때문에, 당과 인민을 하나로 연결된 유기적 관계로 규정하며 당의 영도권력을 정당화한다.

중국공산당의 '정권과 치권의 분리' 구상은 직접적으로는 근현대 시기 쑨원(孫文)의 영향을 받은 것이다. 중국 당-국가체제의 원형은 소련 공산당 체제에서 비롯되었고, 소련 공산당의 모델에 따라 국민당을 현대화된 당으로 개조한 사람이 바로 쑨원이다. 쑨원은 국가권력을 '권(權)'과 '능(能)', 두 가지 유형으로 구분한다. 하나는 인민이 행사하는 권력(權) 혹은 정권(政權)으로, 이러한 인민권에는 선거권, 파면권, 창제권(創制權), 부결권 등 4권이 포함된다. 또 다른 하나는 정부가 행사하는

든 공포와 광기』 (서울: 책과함께, 2004). 중국 통치체제의 구조를 과거 황제체제와의 조직적, 문화적 공통점에서 파악하는 연구로는 다음을 참고할 것. Zheng Yongnian, *The Chinese Communist Party as Organizational Emperor: Culture, reproduction, and transformation*, Routledge, 2009; Dingxin Zhao, *The Confucian-Legalist State: A New Theory of Chinese History*, Oxford University Press, 2015.

'능력(能)' 혹은 '통치권(治權)'으로 여기에는 입법권, 사법권, 행정권, 고시권, 감찰권 등 5권이 포함된다. "인민의 네 가지 권력을 이용하여 정부의 다섯 가지 통치권을 관리하는 것이 하나의 완전한 민권의 정치기구"라는 것이다.[2]

그러나 쑨원이 국가건설을 구상하며 제기했던 정부의 '오권분립(五權分立)'은 '삼권분립'에서 말하는 권력 간의 상호견제와 균형이 아니라, 정부의 통치능력을 최대화하기 위한 기능적 분업을 의미한다. 즉 정치권력은 상징적으로는 인민에게 있고, 통치권을 부여받은 통치주체는 경쟁적인 정치세력이 아니라 단일한 혁명정부이다. 오권분립은 혁명정부가 효율적인 통치를 하기 위한 권한의 분리를 의미한다. 따라서 인민에게 부여된 선거권과 파면권 역시 '능'을 갖춘 관료를 선출하거나 혹은 '능'이 부족한 관료를 파면하기 위한 것이지, '혁명정부'라는 통치주체 그 자체를 교체할 수 있는 것은 아니다. 쑨원의 오권분립의 목적 자체가 '만능정부'의 건립이며, 그의 구상 속에서 '국가권력의 통합'은 불변이다. 민의 원칙에서 주권을 강조하면서 '인민유권, 정부유능(人民有權, 政府有能)'을 추구하지만, 서구의 대의제를 배척하고 분권과 상호견제는 거부한다.[3] 근대 시기에 들어선 뒤에도 혁명정부를 무한히 유지하는 것이 중요한 정치적 과업이었다. 중국공산당 역시 이러한 쑨원의 구상을 이어받아 당이 일원화된 영도 원칙을 유지했고, 인민정부를 세웠다. 인민

2 이세평 저, 최윤수, 조현숙 역, 『중국현대정치사상사』 (서울: 한길사, 1989), pp. 125~128.

3 뤄샤오보 지음, 이정남, 유은하, 정주영 옮김, 『중국의 민주주의: 민주 관념의 생성과 변천』 (서울: 아연출판부, 2019) p. 620.

에게 부여된 선거권 역시 현급 이하 인민대표나 기층의 행정수장 등 정부관료를 선출하기 위한 것이지, 실질적 지배권력인 당 간부에 대한 것은 아니다.

이렇듯 근대 이후 중국 지배세력이 구상한 정치제도에는 모두 정권과 치권의 분리라는 구상이 반영되어 있다. 그러나 현실 정치에서 정권과 치권의 명확한 구분은 쉽지 않았고, 마오쩌둥 시기 냉전이란 상황에서 극단적 정치 논리가 지배하며 관료통치체제 자체가 무너졌다. 이후 '정권과 치권의 분리' 구상을 보다 구체적인 제도로 실현하고자 했던 것이 바로 덩샤오핑이 제기한 '당정분리(分開)'이다. 물론 당정분리가 '당정분립(分立)'은 아니다. '당정분리'는 효율적인 통치를 위해 당이 영도하는 정치적 업무와 국가기관의 행정 업무를 서로 구분한 것이지, 민주주의 체제에서의 삼권분립처럼 견제와 균형의 원리를 갖지는 않는다.

그런데 당정분리의 방침은 예상치 않은 문제에 부딪혔다. 개혁 초기에는 당정을 구분하지 않았기 때문에 권력의 지나친 집중 현상이 발생했다고 보았고, 이러한 판단 아래 1987년 13차 당대회에서 당정분리 원칙을 확립했다. 그러나 1989년 천안문 사건 이후 당정분리 원칙은 실질적으로 지켜지지 않았고, 다시 당의 정치적 영도력을 강조했다. 동시에 국가–사회의 기능적 분리를 통해 통치의 효율을 높이고자 했지만, 국가로부터 독립적인 사회적 공간이 확대되면서 당의 권위는 약화하였다. 개혁 초기 당정분리 구상에서는 사회구조의 전환 과정에서 나타나는 변화를 생각하지 못했다. 시장화 개혁과 당과 정의 분리, 즉 경제영역이 확대되고 정치와 행정이 분리되기 시작하면 사회의 자율적 공간이 생기기 마련이다. 이렇게 확대된 사회 영역은 점차 국가로부터의 독립적 공간을 요구하고, 나아가 당의 권위에 도전했다.

2017년 3월 개최된 양회 기간 왕치산 부주석은 "당의 영도 아래 당정분업(黨政分工)만 있고 당정분리(黨政分開)는 없다"고 강조하였다.[4] 당정분리로 인해 약화된 당의 영도를 강화하고, 당 주도의 통치 확립이라는 방향 제시를 명확히 한 것이다. 이러한 당정분업의 구상 역시 '정권과 치권의 분리'를 실현하고자 하는 것이다. 그러나 당정분업은 당정분리와 달리 당 영도 아래에서 당정기관 각각의 업무와 기능상의 분업을 강조한다. 또한 제도를 통해 당 영도를 국가통치 안에 실질적으로 확립함으로써, 당 영도와 당정분업 간의 위상도 명확히 했다.

그러나 '당 영도 하의 당정분업'을 강조한다고 해서, 중국에서 당과 정의 문제가 해결된 것은 아니다. 모든 것을 '당의 영도' 아래에 두고, 만약 '치권'을 행사하는 과정에서 정책집행이 순조롭지 못하면 결국엔 '정권'에 대해서도 영향을 미치게 된다. 권력의지는 정책의 실제 운행 과정에서 구현되고 유지되는 것인데, 정부의 정책집행의 잘못은 곧바로 당이 제정한 정책에 대한 비판으로 귀결될 수 있다.

하나의 정치권력, 하나의 집정세력만 존재하는 통치구조에서는 당중앙이 자원을 총동원하고 집중적인 힘을 발휘하여 정책적 성과를 거두기에 유리하며, 중앙의 의지와 판단에 따라 권력관계를 유연하게 조정할 수 있다는 장점이 있다. 그러나 일찍이 리쩌허우(李澤厚)가 간파했듯이, '권과 능의 분리'로는 권위와 능력을 가진 정부를 확보하는 동시

---

4 「王岐山: 只有党政分工, 没有党政分开」『一财网』 2017/03/06.

에 인민의 민주적 권리를 보장하는 문제를 해결할 수 없다. 또한 이러한 구상은 언제든지 '지도자'와 '천재'가 전제적 통치를 행할 수 있게 하는 이론이 될 수 있고, 독재통치를 위해 길을 열어줄 가능성을 내포하고 있다.[5] 당정관계의 새로운 형태라 할 수 있는 '당 영도 하의 당정분업' 구상에는 인민의 민주적 권리가 빠져있다. 인민은 단지 당의 영도를 받는 집단적, 상징적 주인으로 추앙될 뿐이다.

정권(당 권력)과 치권(국가권력)의 운행 원리

중앙권력이 하나인 중국 체제에서 권력의 형태에 따라 '정권'과 '치권'으로 구분해볼 수 있지만, 현실 정치에서 정권과 치권은 밀접하게 관련되어 있다. 대부분의 당·국가 간부 모두 정치인이자 행정가이기 때문에, 이 둘의 경계는 매우 모호하다. 그런데도 정치권력을 갖는 당 권력과 행정권을 갖는 국가권력으로 구분되는 기본 구조는 중국 통치의 운행 원리를 이해할 수 있는 중요한 틀이다.

당정체제 중국에서는 당이 모든 영역에 대한 '영도권'을 기반으로 절대적 권력을 갖는다. 그런데 실제 통치과정에서 공산당 자신의 '집정지위'를 실현하기 위해서는 전문적인 관료조직에 의존해야 한다. 더구나 중국과 같이 거대한 국가 규모와 수직으로 긴 행정등급을 가진 체제에서는 실제 집정을 위한 관료기구의 체계적인 조직화가 매우 중요하

---

5 리쩌허우 지음, 임춘성 옮김, 『중국근대사상사론』 (서울: 한길사, 2005), pp. 534~535.

다. 각급 각 부문의 관료들이 당의 정책 방향과 목표에 맞춰 정책을 잘 집행할 수 있도록 조직해야 한다. 여기에서 정치권력을 독점한 '당'과 실제 통치권을 실행하는 '국가 관료기관' 간의 긴장관계가 발생한다. 관료체제 자체에 조직 논리가 작동하고 당의 집정권 역시 관료체제에 의존하여 국가를 통치할 수밖에 없기에, 양자 간에는 서로 융합하기도 하고 서로 갈등하기도 하는 긴장관계가 나타나는 것이다. 이를 두 개의 서로 다른 위상을 갖는 권력으로 나눠보면 '영도권(정책결정)을 갖는 당의 정치권력'과 당의 집정을 대리하여 '통치권(정책집행)을 행사하는 관료행정 권력'으로 나눠볼 수 있다.

18세기 중반의 중국을 연구한 필립 쿤(2004)은 자신의 저서 『영혼을 훔치는 사람들』에서 정치권력을 황제의 전제권력(arbitrary power)과 관료의 일상권력(routine power)으로 나누고, 집단적 공포사건에 대응하는 이 두 권력 간의 상호작용을 생생하게 보여준다.[6] 황제는 영혼을 훔쳐가는 사람이 있다고 믿는 민간에서의 집단 공포사건을 관료체제에 대한 재정비의 기회로 활용하려 하는데, 이 과정에서 황권(皇權)과 관료권력 간의 긴장, 타협, 굴종 등 내재적 긴장관계와 정책집행의 역동적 특징이 드러난다.

이러한 특징은 과거 황제체제에서뿐만 아니라 오늘날의 당정체제에서도 그대로 나타난다. 그것은 거대한 국가 규모와 이를 관리하기 위한 통치 및 조직 구조가 오늘날까지 그대로 이어져 내려오기 때문이다. 실

6 필립 쿤 지음, 이영옥 옮김, 『영혼을 훔치는 사람들: 1768년 중국을 뒤흔든 공포와 광기』(서울: 책과함께, 2004).

제 통치의 영역에서 관료체제가 국정 운영의 조직적 기초라는 점은 변함이 없으며, 정치권력 역시 제국 시기의 황권에서 오늘날 공산당이라는 집정당 권력으로 바뀌었을 뿐, '일원적 전제권력'이 최고 위치를 차지하고 권력을 독점한다는 점은 변하지 않았다.

〈표 7-1〉 중국의 두 개의 권력과 권한

			제국체제	현대국가체제
권력	전제권력 (arbitrary power)	정권(주권) (정책결정권)	황제권력	당 조직/중앙
	일상권력 (routine power)	치권(통치권) (정책집행권)	관료권력	국가기관/지방

중국공산당의 중요한 정책결정기구, 예컨대 중앙정치국, 정치국 상무위, 중앙서기처와 같은 기관은 국가체계로 들어가지 않고, 독립적으로 설치한 직능기구를 갖고 있다. 또한 커우(口)나 당조, 영도소조 등의 조직 역시 헌법을 비롯해 관련 국가기관 조직법에는 없는 기관이다.[7] 이처럼 중국공산당은 국가기관을 통해 집정을 실현하지만, 이와 동시에 당의 독점적인 권력을 행사할 수 있는 조직을 국가체계 밖에 만들어두었다.

중국공산당은 항일투쟁 시기였던 1942년 9월에 처음으로 '당의 일원적 영도'를 명확히 했다. 이는 신중국 성립 이후에도 주로 당정관계를 처리하는 원칙이 되어 지속해서 강화된다. 일원적 영도의 주요 특징

7 景跃进, 陈明明, 肖滨, 谈火生, 于晓虹, 『当代中国政府与政治』(北京: 中国人民大学出版社, 2016) p. 8.

은 첫째, '권력 중심의 유일성'이다. 당 중앙이 최고 정책결정센터로서, 오직 유일무이한 하나의 '정치설계원'만 존재한다는 것이다. 둘째, '권력 구조의 집중성'으로 정부의 모든 중요한 사항은 중앙에 보고하고 중앙의 토론과 비준을 거친 뒤 집행한다는 것이다. 셋째, '권력 형태의 통합성'으로 정부 내 당 조직은 정부의 구체적인 정책 제정에 참여할 권한을 갖고, 정부와 공동으로 정부기능을 이행한다는 것이다.[8] 요컨대 당의 일원적 영도란 최고 결정권은 오직 하나이고, 중앙이 독점하며, 당정조직이 통합적으로 구성된다는 것이다.

이처럼 중국공산당은 정치를 영도하는 권력을 독점할 뿐 아니라 유일한 집정당으로서 국가통치 과정에서 권력구조 및 통치방식을 재편할 수 있는 권리를 독점한다. 반면 관료권력은 전제권력을 대신하여 한정된 권한을 위임받아 통치권을 행사한다. 만약 기존의 권력구조에 문제가 생기고 이로 인해 통치위기가 발생하면, 기존 권력구조를 조정하고 바꾸는 결정권은 전적으로 전제권력(당/중앙)에게 있다. 지방/행정관료에게 이전보다 더 많은 권한을 부여하든지(放), 반대로 지방/행정관료에게 부여했던 권한을 다시 거두어들이든지(收) 하는 방식으로 권력 구조를 조절하여 의도했던 정책목표를 달성하고자 한다. 민주주의 체제가 권력기관이 각 기능에 따라 수평적으로 '분립'되어 상호 '견제'하는 구조라면, 중국 체제에서 권력은 수직적으로 '분리'되어 위에서 아래를 '감독'하는 구조라 할 수 있다. 민주주의 체제에서 집권세력은 선거로 교

8 景跃进, 陈明明, 肖滨, 谈火生, 于晓虹, 『当代中国政府与政治』(北京: 中国人民大学出版社, 2016) p. 18.

체되지만, 중국은 역대로 중앙의 집정권력이 하나였다.

물론 이러한 통치구조에서 전제권력이 마음대로 통치할 수 있는 것은 아니다. 각 지방과 부문의 관료들은 지방이익이나 부문 이익을 우선시하고 최대한의 자율적 공간을 확보하기 위해, 중앙에서 내려온 정책에 대해 회피, 지연, 왜곡, 기만 등 다양한 방식으로 대응한다. 전제권력은 통치의 효과를 높이기 위해서는 관료체제에 의존할 수밖에 없기에, 관료조직의 능력과 적극성을 유도할 수 있는 다양한 기제와 방법을 고안해야 한다. 위에서 아래로의 끊임없는 간섭과 조정을 통해 통치의 묘(妙)를 발휘해야 한다.

중국 체제의 핵심은 중앙집권적인 형태를 지속해서 유지하는 데 있는 것이 아니라, 오히려 전제권력에 의해 조정되는 '방(放, 권한 이양)'과 '수(收, 권한 회수)'라는 주기적 변화와 이 두 개의 상호보완적 측면에 있다. 정권의 통합성을 유지하는 동시에 지방과 관료조직에 적절한 권한과 인센티브를 부여하여 통치의 효율성을 발휘해야 한다. 즉 전제권력은 강력한 중앙집권적인 동원력을 장악하여 안정을 유지하면서도, 동시에 지방/행정에 자율적인 권한을 부여하여 효율적인 통치 효과를 거둬야 한다. 그래야 전제권력도 장기적으로 유지될 수 있다. 다시 말해 국가의 통합성과 안정성을 유지하기 위해서는 중앙집권적 힘이 필요하지만, 동시에 효율적인 통치를 위해서는 지방분권적 자율성이 필요한 것이다.

이러한 측면에서 중국체제의 기본적 특징은 중앙의 '일통(一統)' 통치이지만, 통치구조에서는 상당한 유연성을 갖고 있다고 볼 수 있다.

'중앙이 관료를 통치하고 지방이 민간을 통치하는(中央治官, 地方治民)' 구조를 기본으로 하면서, 메트릭스처럼 교차된 수직-수평(條塊) 결합의 관료통치모델을 활용하며 유연하고 다원화된 국가능력을 구축해온 것이다. 이러한 티아오-콰이 결합모델에 대해 리버살(Lieberthal K.)은 중국 행정체계에서의 '분절화'의 문제를 지적하며, 이를 '분절적 권위주의(fragmented authoritarianism)'로 개념화한 바 있다.[9] 이러한 매트릭스 구조는 정보 전달이나 소통의 측면에서 한계를 갖고 있지만, 동시에 국가능력의 탄력성을 증가시킨다. 즉 중앙정부의 정치통제, 자원흡수, 경제발전, 공공거버넌스 등의 영역에서 국가 능력을 동시에 구축하고 통합시킬 수 있게 만들고, 여러 국가 능력 간에 동태적인 평형을 유지하여 정권안정과 '정치 탄력성'의 조직적 기초를 제공할 수 있다.[10]

통치의 관점에서 중국정치체제의 특징을 요약한다면, 당 권력과 국가권력이라는 수직적인 두 개의 권력 사이에서의 절묘한 균형점을 찾고, 양자 간의 내재적 균형을 유지하기 위한 각종 통치제도를 조직화해온 역사라 할 수 있다. 내부의 균형점을 찾기 위해 중앙집권과 지방분권이 주기적인 순환 파동의 과정에 놓이게 된다. 지금 시진핑 시대는 지난 시기 분권의 단점을 극복하기 위해 다시 '집권(集權)'의 방향으로 가고 있다. 그러나 이 또한 영원한 것은 아니다.

9 Kenneth Lieberthal, *Governing China: from revolution through reform*, W. W. Norton & Company, 2003, 김재관 역, 『거버닝 차이나: 현대 중국정치의 이해』(서울: 심산출판사, 2013), 제3부.

10 曹正汉, 王宁, 「一统体制的内在矛盾与条块关系」『社会』 2020年 第4期.

두 가지 거버넌스 기제와 동학

그렇다면 전제권력을 지닌 당은 어떠한 방법을 통해 기존의 권력구조와 통치방식을 바꾸고 통치의 위기를 극복할까? 만약 기존 통치방식에 문제가 생기고 이러한 문제를 기존의 통치구조에서는 해결하기 어려우며, 나아가 이 문제가 자신의 영도지위까지도 위협하게 된다면, 당은 기존의 통치방식을 바꾸지 않을 수 없게 된다. 일원적 영도권을 가진 당이 이러한 목적을 달성하기 위해서는, 관료체제로부터 속박받지 않으면서도 관료체제 내부 기제의 관성을 끊어놓고 자신의 의도를 실현할 수 있는 통치의 수단이 있어야 한다. 특히 기존 관료체제의 제도적 실패를 교정하거나 새로운 정치적 목표나 강령을 제시하고자 할 때는, 이를 추진할 수 있는 특정한 '권위'에 기반을 둔 동력이 필요하게 된다. 이렇게 강력한 권위로 경직된 관료체제를 움직이거나 관료조직의 실패를 개선하기 위해 기존의 거버넌스 규칙을 변경하는데 동원할 수 있는 수단 중 하나가 바로 '운동형 기제'이다.

저우쉐광(周雪光)은 관료체제를 작동시키는 거버넌스 기제를 '상규형 거버넌스 기제(routine governance mechanism)'와 '운동형 거버넌스 기제(campaign-style governance mechanism)'로 구분한다.[11] '상규형 거버넌스 기제'는 안정적이고 분업적인 관료체제 과정과 상규 절차에 따라 진행되는 각종 관례적인 활동 속에서 작동된다. 그런데 관료체제는 각

11 周雪光, 「运动式治理机制: 中国国家治理的制度逻辑再思考」『开放时代』 2012年 第9期.

급 관료조직의 수장이 가진 배타적 권력과 폐쇄적 조직의 특성으로 인해 종종 복지부동인 '부작위(不作爲)' 현상과 관료부패의 문제가 발생한다. 또한 예상하지 못한 돌발적인 사건이 발생했을 경우 아래에서 위로의 정보 전달이 제대로 되지 않는 정보 비대칭의 문제가 발생하기 쉽다. 2003년의 사스(SARS)나 2020년 코로나19(COVID-19) 등 전염병 발생 위기에서 나타났듯이, 하급 정부에서는 상급 정부의 질책이 두려워 각종 수단을 동원하여 정보를 은폐하려 한다. 이러한 문제는 조직이 복잡하거나 규모가 방대할수록 더욱 심각하며, 결국 관료조직의 타성과 위아래 조직 간의 원활한 소통이 이루어지지 않아 조직 실패를 초래하게 된다. 이러한 문제는 상규형 거버넌스 기제의 원리를 가지고는 해결하기 어렵다. 상규형 기제가 조직적으로 실패했을 때 기존의 일상적인 상규 과정을 끊어버리고 새로운 거버넌스 방식으로 전환시키는 기제가 바로 운동형 기제이다.

'운동형 거버넌스 기제'는 관료체제의 상규형 거버넌스 기제가 제대로 작동되지 않을 때 가동되며, 운동형 거버넌스 기제를 활용해 기존 상규 과정을 중단시키는 힘은 관료체제 밖에 있는 외재적 동력에 의해 추동될 수밖에 없다. 커다란 동원능력과 변화의 동력을 갖는 일명 '운동형 거버넌스'는 기존 상규형 기제의 속박에서 벗어나는 데 유리하고, 지방의 이익 할거와 부패, 고질적인 타성을 타파하는 데 도움이 된다. 이러한 의미에서 운동형 거버넌스는 조직의 고질적인 타성과 궤도 일탈을 교정하는 단기적이지만 효과적인 기제로 볼 수 있다. 즉 조직 실패에 대한 복원 기제의 하나로, 짧은 시간에 일정한 범위 안에서 운행이 가동되는 국가통치의 중요한 구성 부분이라 할 수 있다. 코로나19 발생 초기 관료조직 내부의 정보 전달과 소통의 실패를 겪었지만, 이후 당 중앙은 강력한 통제력과 자원동원능력을 통해 전염병 확산방지에 상당한 효과를 거두었다. 이처럼 운동형 거버넌스 기제는 국가통치의 과정에서 관료체제가 가진 조직적 딜레마에서 벗어나기 위해 발전시켜온 일종의 대응 기제라고 할 수 있다.

운동형 거버넌스 기제를 가동할 수 있는 것은 전제권력이며, 이러한 권력은 황제체제에서는 전통적 권위, 현대중국에서는 당(지도자) 중앙의 카리스마 권위에 기초한다. 신중국 성립 이후 중국은 줄곧 카리스마 권위의 일상화(routinization) 과정을 통해 권위 유지 및 강화를 위한 일련의 조직적 기초를 만들어왔다. 특히 당 업무 조직라인이 운동형 거버넌스 기제가 되어 정치운동 과정에서 주도적 역할을 해왔다. 운동형 거버넌스는 종종 위에서 아래로의 지령으로 시작되고, 심지어 상급 지도자의 주관적 의지에서 나오기도 한다. 그러나 그 시작과 과정이 임의대로 되는 것이 아니라, 특유의 안정적인 조직 기초와 상징성 자원의 토대 위에서 이루어진다. 운동형 기제는 상규형 기제의 실패에서 시작되지만, 국가통치의 중요한 구성부분이기도 하다. 이는 중국 체제 특유의 동원능력을 발휘하여 당면한 문제를 빠르게 교정하는 데 효과적이지만, 동시에 법제화하기 어렵기 때문에 '근본적 해결은 하지 못하는(治標不治本)' 한계를 갖기도 한다.

〈표 7-2〉 두 가지 거버넌스 기제

구분	상규형 거버넌스 기제 (routine governance mechanism)	운동형 거버넌스 기제 (campaign-style governance mechanism)
운영 주체	국가권력(일상권력)	당 권력(전제권력)
작동 방식	일상적인 통치 기제	문제/위기시 작동 기제
주요 기능 및 한계	문서나 조직 규범 등 상규 절차에 따라 운영 부작위, 관료부패, 정보 비대칭으로 조직실패 문제 발생	조직실패에 대한 교정 및 복원 기제, 단기적 효과 법제화되기 어렵고, 의도하지 않은 결과를 낳을 수 있음.

신시대로의 전환은 이러한 두 가지 거버넌스 기제(상규형 기제/운동형 기제)의 상호작용 과정으로 설명할 수 있다. 중국이 당면한 문제를 관료체제의 기존 상규 기제 안에서는 해결하지 못한다는 위기감이 작동하면서, 당의 권위에 기초하여 운동형 기제를 동원하고 위기를 돌파하고자 한 것으로 해석할 수 있다. 새로운 국가 목표를 제시하고 '주요 모순'을 시대에 맞춰 재규정하였으며, 사상교육과 반부패라는 운동형 거버넌스 기제를 통해 새로운 변화의 모멘텀을 만들어갔다. 이렇게 중국정치의 흐름을 바꾼 힘은 공산당이 가진 전제권력, 즉 일원화된 영도권에서 나온 것이다. 이러한 정치적 전변 사례는 1970년대 말 개혁개방으로의 전환 과정에서도 나타났다. 개혁 당시에는 '신시기(新時期)'의 논리로, 지금은 '신시대(新時代)'라는 논리로 정책과 거버넌스의 전환을 정당화한다. '새로움(新)'의 논리는 과거의 방식과는 다른 무언가 새로운 것이 시작되었다기보다는, 앞으로 새로워져야 한다는 방향 제시에 가깝다. 이는 기존 거버넌스의 논리로는 해결하기 어렵고 깨기 어려운 구조를 타파하기 위한 전제권력의 정치적 행위이다. 개혁개방과 신시대, 두

번의 역사적 흐름의 전환을 가능하게 만든 힘과 수단은 당이 지닌 영도 권력과 운동형 거버넌스 기제였다.

거버넌스의 전환과 중국식 제도 논리

이러한 변화는 흡사 기존 제도를 뒤집는 '제도화의 역행' 현상처럼 보인다. 그러나 기존에 '제도화'라 지칭했던 경험적 사례들 역시 법 규정에 따라 제정된 것이 아닌 '관례'나 '규범'에 가깝다. 물론 관습이나 관례가 축적되면 점차 규범으로 자리 잡고 이것이 오래되면 제도가 된다. 그러나 중국에서의 제도화란 권력을 배분하고 규칙을 바꾸는 것에 관한 제도화는 아니다. 정치통제능력이나 자원동원능력과 관련된 영역에서는 당이 절대적인 권력을 장악하고 있다. 이러한 영역에 대해서는 제도변화에 관한 규칙을 미리 법률의 형태로 정해두지 않는다.

개혁개방 시기에 강조해왔던 '제도화'란, 제도 자체를 바꾸는 규칙에 관한 것이 아닌, '조직의 운영 원리로서의 제도화'를 지칭하는 것이었다. 중국에서 제도변경의 규칙은 제도화의 대상이 아니며, 전격적인 제도 전환을 결정하는 힘은 공산당 권력에서 나온다. 과거 군주가 그랬듯이 전제권력은 자신을 위해 일하는 수많은 관료를 성문화된 규범으로 규제하면서 행정 절차에 따르도록 만들어야 하며, 동시에 자신은 관료들과 비교될 수 없는 특별한 지위와 권한을 가지면서 자율성을 유지할 수 있어야 했다. 여기에서 중국의 독특한 제도 논리가 나온다. 즉 중국에서 '제도화'의 대상은 '권력'에 대한 것이 아니라 국정을 운영하는 관료체제에서 '통치'와 '집정'을 위한 제도에 적용되는 것이고, 개혁 시기에는 주로 경제와 공공거버넌스 영역을 대상으로 한 것이었다. 공산당은 통치제도 안에 있는 것이 아니라 전체적인 제도를 설계하는 주체로, 논리적으로 볼 때 통치제도 밖에 있다.

제도규칙을 결정하고 변화시키며 폐기하는 힘은 공산당이 독점한다. 당의 '영도지위'는 영도력을 통해 사회 전체 모든 영역에 스며들어 관철되며, 당의 '집정지위'는 이를 대리하는 국가기관에서의 체계적인 규범과 절차에 따라 실행되는 집정능력으로 발휘된다. 이렇게 보면 중국 체제에서 '제도화'의 의미는 '국정운영과 통치를 위한 것'이지, 공산당의 영도권력까지 속박할 수 있는 제도화는 아니다.

현재 중국공산당은 '거버넌스의 현대화'를 목표로 제시했다. 그러나 중국에서 말하는 거버넌스의 현대화는 주로 통치의 합리성과 효율성을 높이는 것에 집중되어있지, 공산당 권력의 합법성을 법리형 권위에 기반을 두려는 구상은 전혀 포함하지 않는다. 중국에서는 여전히 제도가 권력관계를 규정하지 않고, 권력관계가 제도를 결정한다. 이렇게 보았을 때 중국 체제의 맥락에서 거버넌스의 현대화란 '공산당의 영도력과 제도화된 국가 거버넌스 방식'을 결합한 형태라고 할 수 있다. 중요한 정책결정을 당의 영도로 집중시키고 통일시킴으로써 거버넌스의 효율성을 최대한으로 끌어올린다는 구상이다.

이와 같은 체제 구조에서는 국가의 정책목표 실현을 위해 당의 권위를 지속해서 유지할 수 있는 담론 전략과 다양한 통치술이 필요하다. 또한 국가기관의 팽창과 조직 실패에 대응하기 위해 다시 당의 절대적인 카리스마 권위를 불러오게 되면, 절대자 숭배라는 관성적 방식으로 되돌아갈 위험도 내재해있다. 현재 '시진핑 체제'의 현실에서 나타나고 있는 현상들이 이러한 위험을 내포하고 있다.

동일한 체제를 채택했다 하더라도 제도는 국가마다 다르다. 중국의 제도를 주의해서 봐야 하는 이유는 이러한 제도화의 길과 과정이 정권과 치권의 분리, 그리고 당정체제라는 이원적 지배 구조 속에서 형성되어온 것이라는 점이며, 이는 법치국가에서의 제도화와는 그 원리나 동학이 다르다고 하겠다.

8장
일당체제의 권력 감독과 부패 관리

일당체제인 중국에서 권력감독과 부패방지는 체제의 정당성과 유지 측면에서 매우 중요하다. 그러나 지난 역사에서 관료주의와 관료부패 문제는 늘 있었다. 건국 이후 있었던 대부분의 정치운동은 관료부패 문제와 직접적인 관계가 있으며, 천안문 민주운동의 도화선이 되었던 원인 중 하나도 '관료부패(官倒)' 문제 때문이었다. 민주주의체제에서는 권력부패 문제를 방지하기 위해 삼권분립 원칙에 따라 권력기관 간에 상호견제가 이루어지도록 제도를 설계한다. 또한 시민에게 선거권을 부여하고, 사회단체 및 언론 등에 권력자나 권력기관에 대한 감시와 고발권을 부여한다. 그러나 일당체제에서 당은 다른 기관에 의해 견제되지 않는 유일한 권력이다. 또한 당의 권위와 조직 위계의 힘으로 통치가 이루어지는 구조에서 관료에 대한 비판은 자칫 당 권위에 대한 도전으로 이어질 수 있기 때문에, 현대중국 역사에서 예외적인 시기를 제외하고는 인민대중에게 통치권력에 대한 감시 권한을 준 적이 없다.

개혁개방 이후에는 각 지방에서 관료와 민간기업 간의 결탁(官商勾結)이라는 정경유착의 비리와 부패사건이 만연했고, 이에 대해 간헐적인 반부패운동이나 기층 관료에 대한 제한적인 고발을 허용하면서 민심을 달래곤 했다. 그러나 개혁개방 시기는 기본적으로 지방 관료에게 경제재량권을 이양하여 경쟁과 혁신의 동기를 부여함으로써 고속 경제성장을 달성해왔기 때문에, 중앙이 경제성장의 주체인 지방 관료들의 부패를 묵과한 측면도 적지 않았다. 특히 경제 분권화가 진행되면서 지방정부를 중심으로 한 이익공동체구조, 이른바 '콰이(塊)'의 논리가 강화되며, 지방의 주요 당정기관에 의한 '집단적 부패'가 자주 발생했다.[1]

그러나 2008년 세계금융위기 이후에는 이러한 상황이 지속하기 어려운 변화가 발생했다. 서구의 선진국 모델은 더 이상 중국이 추구해야 할 발전모델이 아니었고, 서구 소비시장의 약화로 기존의 수출주도형 성장방식에도 변화가 필요했다. 2008~2012년 사이 중국의 이윤율은 점점 하락해갔다. 경제성장률이 높을 때는 자원의 낭비나 중복투자, 관료부패로 인한 공적 자산의 약탈 등이 크게 문제가 되지 않았지만, '양적 성장'에서 '질적 개혁'으로 전환되는 중저속 성장기로 진입한 이후에는 자원의 효율적 배치와 신속한 결정과 집행, 낭비 요소 제거 등 정책의 효율성과 집중성을 높일 필요가 있었다.

---

1 관련 연구로는 다음을 참고할 것. 何清漣, 程曉農, 張清溪, 吳國光, 徐友漁, 『中國: 潰而不崩』(臺北: 八旗文化, 2017).

신시대 거버넌스로의 재편은 이러한 대내외적 경제변화의 흐름 위에서 진행된 것이다. 시진핑 집권 이후 추진해온 부패 척결의 의지와 성격은 과거와는 다르다. 한마디로 당 기관은 물론 정부기관과 경제사회 주요 분야의 권력기관에 대해 자체 감독과 부패방지를 철저히 하기 위한 '제도화'를 추진한다는 것이다. 시진핑 집권 초기에는 당 조직을 통한 정풍운동과 기존의 제도를 최대한 활용했으며, 18차 6중전회 이후에는 당내 정풍을 규범화함으로써 점차 반부패의 제도화를 추진해 나갔다. 또한 당 영도가 강조될수록 당에 문제가 발생하면 어떻게 할 것이냐는 근본적인 문제가 제기될 수밖에 없는데, 이러한 문제에 대해 중국공산당은 '엄격한 당 관리'에 기초한 당 건설 방안을 내놓았다. 당의 영도가 중국을 올바른 길, 즉 사회주의 이상을 실현하는 방향으로 이끌기 위해서는 당의 선진성과 순결성 유지가 필수적이라는 논리이다.[2] 다음에서 시진핑 집권 시기 추진해온 반부패 정책을 '제도'적 측면과 '운동'의 측면으로 나누어 살펴본다.

반부패의 규범화 과정: 제도적 측면

중국공산당의 관점에서 보았을 때 2012년 보시라이 사건은 당 중앙의 권위에 대한 도전일 뿐 아니라 당 통치 자체를 위험에 빠뜨릴 수 있는 매우 심각한 사안이었다. 이후 중공중앙은 지방 차원의 부패 담

2 이남주, 「2021년 중국정치: 두 백 년의 교차와 시진핑 체제의 공고화」『2021 중국정세보고』(서울: 국립외교원, 2022), p. 22.

합구조를 깨고 중앙에 대한 도전을 제도적으로 막아낼 방안에 대해 지속해서 모색해왔다. 당시 보시라이 사건이 갖는 사안의 엄중함이 큰 만큼, 반부패나 당의 기강을 잡는 정풍운동은 당연한 것으로 받아들이는 분위기가 자연스럽게 형성되었다. 이에 시진핑은 각급 당정기관에 대한 강경한 기강(鐵腕)을 보여준다. 「8조 규정(八條規定)」과 「6항 금지령(六項禁令)」을 제기하였고, 중앙기율검사위원회 18기 2차 전체회의에서는 "권력을 제도의 틀 안으로 넣는다(把權力關進制度的籠子)"는 중요한 지침을 내렸다. '부패 무관용(zero tolerance)'의 관점에서 3불 기제, 즉 '감히 부패를 저지르지 못하는(不敢腐)' 징계 기제와 '부패가 불가능한(不能腐)' 예방 기제, 그리고 '부패를 쉽게 저지를 수 없는(不易腐)' 보장 기제를 형성해야 한다고 강조했다.[3]

2013년 11월에 제정된 「중공 당내법규제정공작5년규획강요(2013~2017)」에서는 미래의 반부패 중점을 순시(巡視) 및 파견주재(派駐) 제도의 전면 확대에 두고, 당내 법규 재정비의 시간표를 제시하였다. 또한 순시 업무에 '이론 노선', '8개항 규정', '청렴 노선', '민주집중제' 등을 포함하고, 각급 당정 영도간부와 당 중앙 간의 일치성을 강조했다. 중앙순시조는 15개로 증가했고, 순시는 연간 2회에서 3회로 늘어났다. 성·시·국유기업·금융기관 등에 대한 순시를 잇달아 완성하였고, 처음으로 회기 임기 안에 순시를 전부 포괄하였다. 중앙기율검사위원회는 기율검사조(紀檢組)[4] 형식을 통해 통제 범위를 당·국가 전면을 포괄했

3 「习近平在十八届中央纪委二次全会上发表重要讲话」『新华网』 2013/01/22.

4 2018년 기구개혁 이전 중앙기율위가 국가기관에 파견하던 조직이다.

고, 이에 따라 시진핑의 권력은 당·국가 기관 곳곳으로 침투하게 된다. 18기 5중전회가 열리기 전 중앙정치국회의에서는 「중국공산당 청렴자율준칙」, 「중국공산당 기율처분조례」를 심의·의결하고, 무엇보다 시진핑이 제시한 정치기율·정치규율, 8항 규정을 제도화했다.[5]

장쩌민 집권 이후 반부패 정책은 대체로 새로운 지도부가 출범한 뒤 자신의 권력을 공고화하기 위한 관례로 사용되어왔다. 그러나 시진핑 집권 이후 반부패 정책은 당내 운동의 성격을 넘어 점차 규범화되어 왔는데, 반부패를 보다 분명한 제도로 확립한 것은 18기 6중전회에서이다.

2016년 10월에 개최된 중국공산당 18기 6중전회는 당의 영도체제는 물론이고 당의 정치적 역할에 대해서도 중요한 의미가 있는 「신형세 아래 당내 정치생활에 관한 약간의 준칙」과 「중국공산당 당내감독조례」를 통과시켰다. 당의 정치적 역할과 관련하여 당 보고서에서는 "엄격한 당 관리"를 강조한다. 즉 "중국의 일을 잘 해나가는 데 있어서 관건은 당이 당을 책임지고(黨要管黨), 엄격하게 당을 관리하는데(從嚴治黨) 있다"고 강조했다. 또한 당의 정치생활에서 "당의 자기정화, 자기개선, 자기혁신, 자기제고 능력을 강화하는 데 힘을 기울여야 한다"고 강조하고 있다.[6]

시진핑 집권 이후 강력한 반부패운동을 추진하면서 영도집단의 권위도 세워지고 민심도 얻었지만, 매서운 사정의 칼날을 피해가려는 관

5 「中共中央政治局召开会议, 习近平主持会议」『人民网』 2015/10/13.

6 「中国共产党第十八届中央委员会第六次全体会议公报」『新华网』 2016/10/31.

료들의 고의적인 복지부동의 현상은 여전했다. 당 중앙에서 보았을 때 이러한 관료들의 행위를 제재하려는 조치는 불가역한 형태로, 더욱 제도화된 방식으로 추진되어야 했다. 18기 6중전회에서는 이러한 문제에 대해 시진핑에게 '핵심' 지위를 부여하는 동시에 당내 규범을 강조한 것이었다.

이러한 기조에서 당의 집중통일영도를 강조하고 당내 규범과 조례를 완비하면서, 정치적 부패를 예방하고 강력한 처벌이 집행되는 방향으로 제도설계를 강화해나갔다. 19차 당대회 이후에는 당·국가기구개혁을 통해 당 기관인 중앙기율검사위원회와 국가기관인 국가감찰위원회를 하나로 통합·재편했다. 당내 감독과 국가기관 감독, 당의 기율검사와 국가 감찰을 유기적으로 통일시켜 모든 공직자를 권력 감독의 범위 안으로 편입시켰다. 반부패를 "전방위적으로, 하나의 예외도 없이, 호랑이와 파리를 함께 타도한다(無禁區, 全覆蓋, 零容忍)"라는 점을 분명히 한 것이다.[7]

그러나 부패를 방지하기 위한 형식은 제도화의 특성을 띠고 있으나, 내용상으로는 행동규범의 성격이 여전히 강하다. 예를 들어 「감독조례」 제14조에서는 "중앙 정치국원은 중앙 8항 규정을 엄격히 집행해야 하고, 이중조직생활에 자발적으로 참가하며, 개인의 중요한 사항을 당 중앙에 성실하게 보고해야 한다. 좋은 가풍(家風)을 세우는 데 앞장서고, 친인척과 측근에 대한 교육과 단속을 강화하며, 배우자와 자녀에게 부정하게 사업체를 경영하게 하거나, 직무와 겸직으로 보수를 받지

7 王长江, 「中国共产党执政七十年党建经验再思考」『党政研究』 2019年 第4期.

않도록 엄격히 요구한다"라고 규정하고 있다.[8] 중앙위원 이상의 고위직 간부들의 솔선수범과 책임을 강조하고 있는데, 그 내용으로 보았을 때 직업윤리를 넘어서서 사적인 '가풍'의 문제까지 제약하는 특징을 보인다.

'운동'을 통한 사회주의 정신 강화: 정치적 측면

시진핑 집권 이후 반부패 정책은 점차 제도화·규범화의 특징을 띠지만, 그 내용이 도덕적인 성격과 이상적 신념의 문제까지 포함한다는 측면에서 '제도'의 문제를 초월한다. 실제 중국에서 각급 단위 일인자의 부패 사례를 조사한 보고서에 따르면, 권력의 지나친 집중과 효과적인 감독 제약의 부족 외에도 이상적인 신념의 결여, 요행을 바라는 주관적 심리의 이유도 부패의 원인으로 꼽고 있다.[9] 공직자가 부패하는 이유를 제도적인 결함뿐 아니라, 정치적 신념 부족에서 찾고 있다. 이러한 문제에 대한 처방은 "당이 초심으로 돌아가 역사적 사명을 잊지 말아야 한다(不忘初心, 牢記使命)"는 정치적 맹약으로 나타났다.

일당체제인 중국은 민주주의체제에서의 권력 '견제'가 아닌 스스로에 대한 권력 '감독'을 통해 유지되는 시스템이다. 당의 '전면적 영도'와 '장기적 집정'을 실현하기 위해서는 '자아감독(自我監督)'을 통해 '자아정화(自我淨化)'와 '자아혁신'의 상태를 이어나가야 한다고 강조한다. 이를

8 「中国共产党党内监督条例」『新华网』 2016/11/02.

9 王卓, 陆丽环, 「破解一把手监督难题, 首个专门文件提出哪些实招」『人民网』 2021/06/07.

위해 시진핑 집권 이후 당내 정풍과 반부패라는 '운동'의 방식으로 당의 기풍을 바로잡고 당의 풍조를 정화해나가고 있다. 당 조직건설과 정치생활, 당원관리 등을 엄격히 진행하여 초기 공산당의 사명으로 돌아가고, 초심을 잃지 않음으로써 당의 '선진성'과 '순결성'을 유지하겠다는 것이다. 당원부터 모범적 역할을 제대로 하도록 단속하고, 당원과 당조직이 특권을 누리지 않고 인민에게 봉사하는, 진정으로 인민을 위한 당으로 만들겠다는 것이다. 이것이 18차 당대회 이후 주창해온 이른바 '전면적 종엄치당(全面從嚴治黨)'이다.

이에 따라 18대 이후 '업무풍조(作風)'건설을 돌파의 시작점으로 하여 전체적인 업무 분위기를 바꾸고 군중과 밀접하게 연계된 8항 규정을 내놓았다. '사풍(四風)', 즉 형식주의, 관료주의, 향락주의, 사치풍조 등 4가지 반대를 중점으로 한 당의 '군중노선교육실천활동'도 전개하였다. '삼엄삼실(三嚴三實)' 전문교육에서 '양학일주(兩學一做)'의 학습교육까지 다양한 학습 운동을 전개하기도 했다.[10] 당의 조직정신과 업무풍조의 변화를 촉진하여 당의 응집력, 전투력, 영도력, 호소력을 크게 강화하고자 했다. 19차 당대회 이후에는 당의 정치건설을 첫 번째 목표로 삼으며 당 전체가 '신시대중국특색사회주의사상'으로 무장해야 한다고

10 '삼엄삼실'은 2014년 3월 9일에 개최된 전인대 제12기 2차 회의 당시 시진핑이 안후이성 대표단 주제 토의에 참여하여 영도간부들이 지켜야 하는 규범에 관해 언급한 것이다. '삼엄'은 엄격한 수신, 엄격한 권한 사용, 엄격한 자기 기율을 의미하고, '삼실'은 일이나 행동, 사람됨 모두가 진실하여야 한다는 뜻이다. '양학일주' 역시 시진핑이 제기한 개념으로, 2016년 2월 당 중앙판공청이 각급 당 조직에 하달한 내용이다. 당장과 당규, 그리고 지도자의 연설문, 이 두 가지를 학습하고, 참된 공산당원이 되자는 내용이다.

강조하고, 대대적으로 기층의 당 조직건설을 추진해왔다.

이러한 사회주의 풍조 강화가 당내 정풍운동에만 그치지 않고, '군중노선'을 통해 사회적으로도 확대되고 있다. 19차 4중전회 보고서에서는 기층 자치와 거버넌스의 모범적인 사례로 '펑챠오(楓橋)경험'을 명시하고 있다. 저장성 주지현(諸暨縣)의 펑챠오 지역은 1963년 "군중을 발동하고 계급의 적에게 독재를 강화하는" 모범적인 사례로 전국적으로 유명해졌던 곳이다. 대중운동의 방식으로 당과 인민 간의 결합을 성공적으로 추동했던 곳이다. 현재 적극적인 기층 거버넌스의 경험으로 대대적으로 선전하고 있는 베이징의 '차오양 군중(朝陽群衆)', '시청다마(西城大媽)' 등의 사례는 바로 이러한 '군중노선'이라는 공산당의 동원 자원에 의존하고 있다.[11] 지역 사회에서의 모범적인 기층 당원과 혁명 간부, 퇴직 간부 등의 적극성을 동원하여 기층 군중의 자발적인 질서의식과 도덕성 함양 등을 독려하고 있다.

또한 미디어나 인터넷 등 다양한 수단을 통해 반부패운동을 대중적으로 확산시킨다는 점도 그 이전과 확연하게 구분되는 특징이다. 대민 선전용으로 제작한 대표적인 홍보물로는 2020년 1월 12일부터 16일까지 방영한 5부작 「국가감찰(國家監察)」이라는 프로그램이 있다. 특히 제2부 「전면감독(全面監督)」 편에서는 당의 전면영도와 장기 집정 과정에서 나타나게 될 가장 큰 도전은 권력에 대한 감독문제라고 지적하며, 당·국가감독체계의 개선을 강조한다.

2022년 1월 15일에서 19일까지 CCTV에서 방영한 「용인은 없다(零

11 「中国为什么有 '朝阳群众' '西城大妈'?」『人民网』 2019/10/28.

容認)」 5부작은 청렴한 당풍 쇄신과 강도 높은 반부패투쟁을 강조한다는 점에서 유례없는 '전면적 종엄치당'의 결단을 보여주는 선전물이라 하겠다. 이 프로그램은 차관급인 쑨리쥔(孫力軍)과 저우장융(周江勇) 등 중앙의 거물급 인사에서부터 기층의 실무를 담당하는 관료까지, 그리고 정법라인뿐 아니라 금융, 병원 및 대학 기관 등 민생 문제와 밀접한 관련이 있는 분야의 부패 문제까지 하나도 빠짐없이 부패척결의 의지를 강조하고 있다. 특이한 점은 부패의 인맥 네트워크와 구체적인 비리 방법, 뇌물의 형태와 규모를 자세하게 소개하고 있을 뿐 아니라, 실형을 선고받은 부패관료들이 직접 출연하여 자신의 죄를 고백하며 회개하는 모습을 연출한다는 점이다. 「14억 인민의 기대를 저버리면 안 된다(不負十四億)」는 1부의 제목처럼 대다수 부패 관료들은 "당 조직과 인민에게 미안하며, 자신과 같은 전철을 밟지 말라"고 강조한다. 자신이 왜곡된 가치관을 따르고 있었고, 이상적인 신념을 잃었기 때문에 부패의 유혹에 쉽게 빠져들었다고 인정하며, 자신의 입당 원서를 다시 읽게 하고 초심과 당성(黨性)을 환기하며 교정시켜주는 "당의 제재와 은혜에 감사한다"고 고백한다.

이처럼 부패권력자들의 자기 고백을 통한 회개와 자아 개조, 단호한 부패 징벌을 통해 당의 순결성을 강조하고 있으며, 이를 '자아혁명', '자아정화'라고 포장하고 있다. 대중적인 선전과 캠페인을 통해 당이 어떤 작은 부패라도 용납하지 않겠다는 의지를 보여주고 있다. 특히 2020년 7월 중앙정법위가 정법 라인에 대해 벌였던 대대적인 정풍운동은 40년대 '연안정풍(延安整風)'을 방불케 하는 가장 강력한 것이었다. 중국

매체에서는 이를 두고 '신시대의 연안정풍' 운동이라고 선전하고 있다.

이러한 반부패 선전 프로그램은 공직 사회의 기강을 잡고 분위기가 이미 달라졌다는 것을 경고하는 효과가 있지만, 부패가 발생하는 원인에 대한 심층적 분석이나 접근은 없다. 즉 부패의 원인을 자신의 공적 지위를 이용하여 사적 이익을 취득한 일부 부도덕한 공직자의 이기적이고 삐뚤어진 신념의 탓으로 돌리면서, 일당체제의 구조적 문제가 아닌 일부 개인의 일탈과 정치적 신념의 부족으로 귀결짓는다.

엄격한 당 관리와 당의 '자아혁명': 흥망의 역사주기를 뛰어넘다?

2022년 10월 16일에 개최된 20차 당대회 「보고」에서 시진핑 총서기는 "당은 끊임없는 '자아혁명'의 노력 끝에 치란(治亂)과 흥망성쇠(興衰)의 역사적 주기율(歷史周期率)을 뛰어넘는 두 번째 답을 찾아냈고", 이로써 "당이 영원히 변질되지 않도록 보장"할 수 있다고 강조하였다.[12] 여기서 "다스림과 혼란, 흥함과 쇠함의 역사 주기율"이란 무엇이고, 찾아냈다는 두 번째 답인 "자아혁명"이란 무엇인가? 또한 두 번째 답보다 앞섰던 첫 번째 답이란 무엇일까?

우선 치란과 흥망의 주기를 뛰어넘을 수 있는 '첫 번째 답안'이란 1945년 7월 마오쩌둥과 황옌페이(黃炎培)의 '토굴 대화'를 말한다. 당시

12 「习近平: 高举中国特色社会主义伟大旗帜, 为全面建设社会主义现代化国家而团结奋斗: 在中国共产党第二十次全国代表大会上的报告」『新华社』 2022/10/25.

항일전쟁 상황에서 국민정부의 참의원인 황옌페이가 옌안으로 초청되어 마오쩌둥과 중국의 장래에 대해 의견을 교환하면서 나온 말이다. 이때 황옌페이는 중국 역사에서 한 왕조가 처음 시작할 때는 생기 넘치다가 나중에는 쇠하게 되는 역사주기를 언급하며, 중국공산당이 이러한 주기적인 법칙의 지배에서 벗어나는 새로운 길을 찾기를 바란다고 말한다. 이때 마오쩌둥이 "우리는 이미 새로운 길을 찾았고, 그것은 바로 '민주'이다. 인민들에게 정부를 감독하게 해야만 정부가 방심하지 않는다"고 말했는데, 이것이 역사 주기율을 뛰어넘는 첫 번째 답안이라는 것이다.

그러나 마오쩌둥이 찾아냈다는 첫 번째 답으로는 관료부패 문제를 근본적으로 해결할 수 없었고, 특히 개혁개방을 거치면서 구조화된 부패 문제는 당내 위기의식을 고조시켰다. 시진핑은 2012년 가을 18차 당대회에서 총서기로 선출된 후 이듬해인 2013년 1월에 개최된 18기 중앙기율위원회 2차 전원회의에서 "우리 당은 청렴한 당풍 건설과 반부패 투쟁이 당과 국가의 생사존망과 관련된다는 것을 인식하면서, 동서고금의 역사적 교훈을 총결산했다. 중국 역사에서 통치집단의 심각한 부패로 인해 집정자가 죽으면 정권도 끝나는 사례가 비일비재하다"라고 말한다. 집권 초기부터 반부패 정책에 대한 의지를 강하게 내비친 것이다.

그러나 시진핑의 반부패 정책은 단순히 관료사회의 기강을 잡거나 자신의 권력을 공고히 하기 위한 캠페인성 운동에 그치지 않고, '당의 장기적 집정'을 가능하게 하는 중요한 방법의 하나로 반부패 정책을 채택하게 된다. 시진핑은 집권 초기부터 당이 안정적으로 집정을 유지하기 위해서는 당을 깨끗하고 엄격하게 관리하는 것이 필요하고, 당을 엄격하게 관리하기 위해서는 더욱 강한 리더십이 필요하다는 점을 강조한다. 아울러 그는 더욱 집중된 권력구조가 필요하고, 자신의 권력과 중국공산당의 운명을 하나로 묶어서 반부패투쟁을 지속해나갈 것임을 임기 내내 강조해왔다.

여기에서 한발 더 나아가 반부패 정책 자체에 역사적 정통성을 부여하고 이를 당의 장기적 집정을 가능하게 하는 주요 개념으로 체계화한다. 즉 당 스스로가 엄격하게 당을 관리하는 것이 당 집정 위기를 극복하고, "흥망성쇠의 역사 주기율"을 뛰어넘어 영구히 집권할 수 있는 '답안'이라는 것이며, 이를 당의 '자아혁명'이라는 말로 묘사한다. 황옌페이가 제기한 '역사주기율'을 뛰어넘을 수 있는 '첫 번째 답'을 마오쩌둥이 제시한 것처럼, 오늘날 그 '두 번째 답'을 시진핑이 찾아냈다는 것이다.

시진핑은 20차 당대회에 앞서 2022년 1월 11일 「19기 6중전회 정신 관철」을 위해 개최했던 성부급 간부학습회의에서 이른바 '두 번째 답'에 대해 언급한 바 있다. 시진핑은 이 회의에서 "새로운 역사 조건에서 당의 마르크스주의 정당으로서의 본색을 영원히 보존하기 위한 관건은 당 자신에게 달려 있다"라고 강조하면서, "우리 당이 어떻게 치란과 흥망성쇠의 역사 주기율을 뛰어넘을 수 있겠느냐? 마오쩌둥 동지는 옌안의 토굴에서 첫 번째 답을 내놓았는데, 그것은 인민들이 정부를 감독하도록 해야 정부가 긴장을 늦추지 않는다는 것이다. 100년의 분투, 특히 18차 당대회 이후 새로운 실천을 거쳐 우리 당은 두 번째 답을 내놓았

는데, 그것이 바로 '자아혁명'이다"고 말한다.[13]

시진핑은 창당 100주년 연설에서도 "용감하게 자아혁명을 하는 것은 중국공산당이 다른 정당과 구별되는 점"이고 "당이 늘 당을 관리하고, 전면적인 엄격한 당 관리를 견지"해왔기 때문에, 대내외의 각종 도전에 직면해서도 당이 "전 인민의 기둥(主心骨)"이 될 수 있었다고 강조한다.[14] 이어 2021년 11월에 개최된 19기 6중전회에서는 "자아혁명을 견지하면, 당이 변질되지 않고, 변색하지 않으며, 맛이 변하지 않는다"고 말했고, 「3차 역사결의」 보고에서도 "자아혁명 정신은 당이 영원한 청춘의 활력을 지탱하는 강력한 버팀목"이라고 강조한다.[15] 즉 당에는 자신을 혁명할 힘이 있으므로 지속해서 영도할 수 있다는 것인데, 그 이유는 "당의 위대함은 오류를 범하지 않는 것이 아니라 자아비평을 통해 문제에 직면해 자아혁명하는 것... 부단히 병독을 제거하는 것"이라는 제3차 결의의 언급에서 찾을 수 있다.[16]

그리고 20차 당대회 「보고」에서는 18대 이후 전면적인 엄격한 당 관리를 통해 많은 문제를 해결했지만, 여전히 집정과 개혁개방, 시장경제, 외부환경의 시련이 장기간 존재할 것이고, 정신적 해이와 능력 부족, 군중 이탈과 소극적 부패 위험 역시 쉽게 사라지지 않을 것을 강조한다. 따라서 전면적인 엄격한 당 관리와 당의 자아혁명은 "영원히 지속

13 「习近平在省部级主要领导干部学习贯彻党的十九届六中全会精神专题研讨班开班式上发表重要讲话」『新华社』 2022/01/11.

14 「习近平在庆祝中国共产党成立100周年大会上的讲话」『新华社』 2021/07/01.

15 董瑛, 「自我革命是党跳出历史周期率的第二个答案」『光明日报』 2022/10/26.

16 백승욱, 「중국공산당 역사결의를 통해 본 시진핑 체제의 성격」『마르크스주의 연구』 2022년 제19권 제2호.

하여야(永遠在路上)"하고, "당의 자아혁명으로 사회혁명을 이끌어야"한다는 것이다.[17]

요컨대 당을 청렴하게 유지하고 부패와 싸우는 것이 당의 집정을 공고히 하고 정권을 존속하게 만드는 핵심적 문제로, 이것이 바로 당의 '자아혁명'이라는 것이다. 그리고 '자아혁명'이 마오쩌둥의 첫 번째 해답에 이은 두 번째 해답이라고 규정하며, 마오쩌둥과 시진핑 자신을 직접 연결하는 역사적 정통성을 만들어냈다. 마오쩌둥은 '인민의 민주적 감독'으로, 시진핑은 '당내의 자아혁명'으로 흥망의 역사주기를 뛰어넘어 공산당의 영속적인 집권을 가능하게 할 수 있다는 것이다. 따라서 20차 당대회에서 밝힌 것처럼 전면적인 엄격한 당 관리와 당의 자아혁명은 영원히 지속되어야 하는 것이다.

오늘날 '시진핑 체제'의 확립을 가능하게 만든 그 첫 출발은 반부패투쟁에 있었다. 시진핑 집권 초기 당시 대내외적 상황으로 볼 때 반부패투쟁은 무엇보다 시급한 정치적·경제적 과제였다. '반부패투쟁'은 개혁개방 이후 지속해서 약화된 당의 위기를 극복하면서 다시 당의 권위를 강화하기 위한 수단으로서, 중국공산당에게는 역사적으로 매우 익숙한 방법이다. 그러나 시진핑은 반부패투쟁을 일시적인 운동성 캠페인에 그치게 하지 않았고 당내 규범으로 제도화했으며, 당 스스로 자신을 엄격하게 관리하며 나아갈 수 있다는 '자아혁명'으로 개념화했다. 그리고 이러한 '자아혁명'을 마오쩌둥의 '민주'라는 해답과 함께, 중국 역

17 「习近平: 高举中国特色社会主义伟大旗帜, 为全面建设社会主义现代化国家而团结奋斗: 在中国共产党第二十次全国代表大会上的报告」『新华社』2022/10/25.

사에서 반복되어왔던 흥망의 주기를 뛰어넘어 당이 영구적으로 장기 집권하는 방법으로 확정한다. 이렇게 시진핑이 찾아낸 당의 영구집권 비결을 개념화하고 역사적 정통성까지 부여함으로써, 시진핑 자신의 권력은 이제 중국공산당의 운명과 함께 절대자의 위치로 자리매김하였다.

그러나 당 중앙으로의 권력 집중과 함께 강화된 시진핑의 권력이 제도적 측면에서는 단단해 보이지만, 이는 마오쩌둥이 가졌던 절대적 카리스마 권위를 기초로 한 권력은 아니다. 당의 영도 아래 개편된 단단해 보이는 통치구조와는 달리, 당과 인민의 관계에서는 취약성을 보인다. 공산당이 지속해서 집권할 방법에 대해, 마오쩌둥은 '민주'라는 답을 내놓았다. 인민이 정부를 지속해서 감독해야 정부가 방심하지 않고 관료주의에 빠지지 않으며 인민을 위한 정책을 펼친다는 것이다. 반면 시진핑은 당 스스로 엄격한 관리를 통해 당을 청렴하게 유지하는 '자아혁명'에서 찾았다. 마오쩌둥은 인민과 함께한다는 자신감이 있었지만, 시진핑의 논리에는 현실적으로 인민이 설 자리는 없다.

당에 의한 직접 감독을 강화하다

중국의 부패 문제를 행정의 관점에서 보면 상급의 하급 기관에 대한 관리·감독 문제라 할 수 있지만, 일당체제인 중국에서 관료부패는 '행정 부패'이자 동시에 '정치 부패'이다. 중앙의 관점에서 보았을 때 특히 위험한 것은 지방세력의 공모성·담합성 부패는 정치적으로 중앙에 대한 도전으로 이어지고, 극단적인 경우 권력 찬탈의 문제와 관련된다는 점이다. 따라서 중앙에서 추진하는 반부패운동은 지방정부의 투명한 행정 운영을 통해 효율성을 높이기 위한 것이기도 하지만, 잠재적인 도전 세력에 대한 정치적 숙청이라는 중요한 의미를 내포하고 있다는 점에서 '권력투쟁'적인 성격을 띨 수밖에 없다. 이러한 구조에서 중앙의 부패 척결은 행정적인 정책적 성격을 띠기도 하지만, 잠재적 정적을 제거하기 위한 정치적인 성격을 띨 수밖에 없다. 따라서 더 강한 부패 척결의 고삐를 조이고 당의 순결성을 강조할수록, 이에 불만을 품는 세력은 언제든지 등장할 수 있고 언제라도 권력투쟁이 일어날 수 있다. 왜냐하면 부패 척결 자체가 정치적 행위이고, 정치의 작동에는 언제나 반작용과 역풍이 존재하기 때문이다.

또한 여전히 성(省) 정부를 비롯하여 각급 행정단위나 국유기업의 최고 지도자인 당 서기, 이른바 '일인자(一把手)'의 문제를 해결하긴 어렵다. 각급 지방이나 기관에서 주요 요직을 맡은 당정 관료들은 대개 그 지방에 뿌리를 둔 엘리트들로, 혼맥이나 학맥 등 다양한 인맥으로 얽혀있는 이익공동체이기 때문에 서로의 비리를 눈감아주는 집단적 부패가 일상적으로 일어난다. 특히 해당 단위의 일인자인 당 서기가 부패를 지시하면 소속 단위의 지도부는 이를 거부하기가 매우 어렵다. 베이징대학 사회학과 펑쥔치(馮軍旗) 박사가 쓴 박사논문 『중현간부(中縣幹部)』에서는 현급의 주요 요직을 특정 가족이 독차지하고 있는 '정치 가족'의 현장을 생생하게 묘사하고 있는데,[18] 이는 현급 이하의 지역이나 내륙 도시에서 흔히 볼 수 있는 매우 일반적인 현상이다.

18 冯军旗, 『中县干部』(北京大学社会学系博士学位论文, 2010).

특히 각급 '일인자'에 대한 감독 문제는 마오쩌둥을 비롯하여 역대 지도자들 모두 수차례에 걸쳐 강조해왔지만 대부분 실패했다. 이는 일인자 감독이 그만큼 어렵다는 사실을 방증한다. 이러한 문제에 대응하여 2016년 18기 6중전회에서 통과된 「중국공산당 당내감독조례」에서는 2003년 제정된 기존의 조례를 수정하여 당에 의한 직접적인 감독을 강조하였다. 구체적으로 첫째, 감독 주체와 감독책임, 감독 조치의 서술을 체계적으로 조정하였고, 둘째, 당 영도 자체에 교육 및 관리와 함께, 감독이 포함됨을 강조하였다. 영도권력을 가지고 있다면 감독 책임까지 져야 한다는 것이다. 특히 '핵심적 소수(關鍵少數)'인 일인자와 당 조직의 중요 직책에 있는 영도간부에 대한 감독을 강조했다. 셋째, 감독 주체와 감독직책의 구분에 있어서, "당 중앙조직의 감독"이라는 별도의 장을 마련하여, 당 중앙과 중앙 영도동지들이 솔선수범을 보여 당내 감독에서 예외가 없음을 보여주겠다는 의지를 밝혔다. 넷째, 실제 감독관리에서 효과적인 방법들을 모아 제도적 규정으로 확대하고, 감독 방식과 방법에서 당 조직의 일상관리감독을 강화한다고 밝혔다.[19]

당 중앙조직의 감독을 별도의 장으로 마련한 이유는 당 중앙의 집중통일영도를 강화하여 '전면적 종엄치당'이라는 주체의 책임을 분명히 하고 감독업무의 효율을 향상하기 위해서이다. 또한 지방세력 담합의 부패 문제를 제도적으로 방지하기 위해, 2021년 6월 1일 당 중앙에서는 각급 일인자와 영도집단에 대한 감독을 강화하기 위한 규범성 문건

19 「《中国共产党党内监督条例》解读(二): 关于新修订的条例的特点和主要内容」『中央纪委监察部网站』 2016/11/14.

을 발표하기도 했다.[20] 처음으로 「의견」의 형식으로 일인자 권력 감독에 대한 방침을 발표한 것인데, 이는 「중국공산당 조직공작조례」와 보완을 이루며, 조직업무의 기초 위에서 일인자와 지도부에 대한 더 강화된 규범과 책임을 요구하고 있다. 당 내부 통제의 법제화 의지를 밝힌 것이라 할 수 있다.

그러나 강화된 규범과 내용의 실효성에 대해 여전히 의문이 들 수밖에 없다. 중국의 권력 감독은 주로 하향식 감독으로, 여기에는 상급의 하급에 대한 감독, 중앙에서 성급·현급 3단계로 이어지는 순시조 감독, 각급 기율위의 직능 감독, 그리고 각급 당위원회 구성원 간의 상호 동급 감독이 있다. 아래에서 위로의 상향식 '군중감독'도 있지만, 이는 매우 형식적이며 기층에서만 제한적으로 이루어진다. 위에서 아래로 한 방향으로 이뤄지는 권력 감독의 구조에서는 여전히 "위로부터의 감독은 너무 멀고, 동급에서의 감독은 물렁하며, 아래로부터의 감독은 어렵다(上級監督太遠, 同級監督太軟, 下級監督太難)"는 문제가 존재할 수밖에 없다.

20 「中共中央关于加强对"一把手"和领导班子监督的意见」(2021年 3月 27日) 『新华社』 2021/06/01.

9장

현능주의(賢能主義) 체제의 이상과 현실

중국은 공산당이 영도하는 국가이다. 당의 영도 원칙은 모든 통치 엘리트에 대한 일괄적인 조직관리를 통해 실현되어왔다. 당에서 간부를 관리한다는, 이른바 '당관간부(黨管幹部)'의 인사관리 원칙은 중국공산당의 일원화된 영도를 실현하는 핵심 기둥이라 할 수 있다. '당관간부'란 당과 국가의 인사업무에 관한 방침, 노선, 정책을 모두 당에서 제정하는 것을 의미하며, 간부의 선별, 임용과 관리는 모두 당의 요구나 규정에 근거한다. 당관간부의 원칙 아래에 당의 영도기구와 조직기구는 인사임면권을 가지고 있으며, 당 중앙에서 관리하는 「간부직무명칭표(Nomenklatura)」를 통해, 당정 간부를 등급별로 관리하고 임용한다.[1] 간

1 John P. Burns, "Strengthening Central CCP Control of Leadership Selection: The 1990 Nomenklatura," *China Quarterly*, No. 138(1994).

부에 대한 조직통제를 통해 고도의 집중적인 영도체제와 지도자의 정치적 권위를 유지하는 것이다.

중국공산당은 레닌주의식 간부위임제의 폐단을 개선하면서도, 선거 등 서구의 엘리트 선발 제도와도 차별화된, '현능(賢能)'을 특징으로 한 간부선발기준을 만들어왔다고 선전한다. 선거를 통해 지도자를 선출하는 방식보다 더 유능하고 이상적인 지도자를 선출할 수 있는 장점이 있다는 것이다. 실제로 2013년 10월 「리더는 어떻게 만들어지는가(領導人是怎樣煉成的)」라는 제목의 애니메이션 동영상은 유쿠(優酷) 온라인에서 중국 지도자들의 선발 과정을 유머러스하고 간결한 언어로 소개하며 미·중·영 3국의 지도자 선발과 검증 제도를 비교한 적이 있다. 영상에서는 기층 당원에서 성부급(省部級, 장관급) 간부로 올라가기까지의 확률은 1/14,000이고 총 23년이 걸린다고 소개한다. 그만큼 엄격한 기준을 거쳐 도덕성과 능력을 갖춘 사람이 지도자로 발탁된다는 점을 강조한다.[2] 이 영상은 10일 동안 조회와 재전송 1,000만 건, 영문판으로는 10만여 건이 재생됐다.

하나의 집권당만 존재하는 중국에서 체제가 제대로 작동되기 위한 핵심은 좋은 인재를 선발하는 일일 것이다. 뛰어난 능력의 보유자가 통치 엘리트가 되고, 이들 엘리트가 단결하며 또한 엘리트 집단을 잘 관리한다면 일당집정체제는 지속해서 유지될 수 있기 때문이다. 시진핑 집권 이후 중국공산당은 중앙집권형의 새로운 간부선발제도를 통해 약화된 당 권위를 강화하고 당내 기강을 다잡으며 조직 결집력을 강화하

2 "領導人是怎樣煉成的", https://v.youku.com/v_show/id_XNjIyOTI1NjYw.html

고자 한다. 이를 통해 정책 집행력을 높이고 공산당 정권의 합법성을 공고화하는 실질적인 효과도 거둘 수 있기 때문이다. 나아가 중국의 '현능' 전통을 담은 간부선발제도를 제시하고 이를 제도화함으로써 장기적으로는 중국식 정치제도를 완성할 수 있다는 계획을 설계하고 있다. 즉 '현능'이라는 간부선발방식이 가져오는 정책적 효과뿐 아니라 중국의 정치모델을 만드는 기반이 되는 이데올로기적 효과도 거둘 수 있다.

'현능주의'란 무엇인가?

중국에서 '어질고 능력있는 사람을 발탁한다'라는 이른바 '선현임능(選賢任能)'의 전통은 매우 오래되었지만, '현능주의'라는 말이 퍼진 계기는 캐나다 학자 다이엘 벨(D. Bell)이 쓴 책 때문이다. 벨은 그의 영문 저서 『The China Model: Political Meritocracy and the Limits of Democracy』에서 중국의 현능주의를 민주정치를 대체할 하나의 가능한 대안적 정치모델로 분석한다.[3] 벨이 제기한 현능주의란 무엇인가?

벨이 주창한 'political meritocracy'는 현명한 사람을 숭상한다는 중국의 '상현제(尙賢制)' 개념과 연결한 것으로 이를 '현능주의(賢能主義)'라고 번역하였다. 서구 사회에서의 '메리토크라시'는 주로 '경제적 능력주의'를 지칭하지만, 중국의 현능주의는 능력뿐만 아니라 덕성을 가진 정

3 이 책의 한글판은 『차이나 모델: 중국의 정치 지도자들은 왜 유능한가』(서울: 서해문집, 2017), 중문판은 『현능정치: 왜 중국에서 현능제는 선거민주보다 훨씬 적합한가』(北京: 中信出版社, 2016)라는 제목으로 번역되었다.

치 지도자를 선발한다는 의미가 포함되어 있다. 벨은 모든 사람에게 교육과 정치참여의 동등한 기회가 주어지지만, 이 과정을 통해 각자가 얻게 되는 정치적 성취에는 차이가 있다고 본다. 따라서 정치의 임무란 뛰어난 인재를 찾아내 정치공동체에 공헌하는 역할을 맡기는 것이고, 지도자들이 역할을 잘해야 대중도 그에 따라 삶의 향상이 가능하다는 것이다. 어질고 유능한 사람에게 정치를 맡기는 '선현임능' 원칙은 중국에서 이미 오랜 역사가 있다. 벨은 현능주의 정치제도에 대한 중화제국의 가장 큰 공헌은 '과거제도'이고, 뛰어난 능력과 덕성을 가진 정치 지도자를 뽑는 방법에 정치 이론의 목적을 두어야 한다고 주장한다.

이러한 주장에서 볼 때 현능주의의 핵심은 정치 지도자가 재능과 덕목을 갖추어야 한다는 점과 함께 이러한 지도자를 선발할 수 있는 기준과 제도의 설계까지 포함한다는 것을 알 수 있다. 벨의 논의에 따르면 전통시대의 과거제가 바로 이러한 기준에 따른 관료선발제도였고, 평균 이상의 지적 능력을 갖춘 관리자들을 선발하는데 시험만큼 공정하고 효율적인 제도가 없다는 것이다. 벨은 중국의 현능주의 전통이 오늘날까지도 지속되고 있으며 과거제 역시 다양한 형태로 지속되었다고 본다. 오늘날 중국의 간부임용제도가 "전통시대의 제도와 비슷하게 하위직에서부터 시험과 실적 고과를 통해 관리를 승진시키는 제도"이며, 1990년대 이후 중국에서 개발된 정교하고도 포괄적인 인재 양성 및 등용 제도가 경제발전의 발판이 되었다는 것이다. 이러한 제도가 대부분 전통제도에서 기원하고 있으며 현능주의 제도의 많은 결함에도 불구하고, 규모나 경제발전 단계가 비슷한 민주주의 국가에 비해 좋은 성과가 나타났다고 평가한다.

그러나 벨이 지적한 '민주주의의 한계'가 곧바로 '현능정치'의 우월성을 증명해주는 것은 아니다. 그런데도 중국에서는 벨의 현능주의 논의를 선택적으로 가져와 중국 정치제도의 우월성을 주장하는 논거로 사용한다. 벨의 의도는 1인 1표 선거 제도의 한계를 지적하면서 선거민주주의에 대한 맹신을 비판하는 한편 중국정치체제에 대한 편견이나 비난을 거두고 중국을 제대로 이해하자는 데에 있음에도 불구하고, 중국학계의 일부 학자들은 선거민주제도의 단점을 부각해 중국 체제의 장점을 합리화하는 방식으로 이용한다. 이에 따라 벨은 서구에서 공산당의 나팔수라는 극단적 평가마저 받고 있지만, 어찌 되었든 이 책은 중국 고유의 정치모델을 모색하고자 하는 중국학계에 이론화 모색의 계기를 제공하고 있다.

현능자를 필요로 하는 체제

여기서는 그의 주장에 대해 두 가지 측면에서 비판해보고자 한다. 우선 벨은 선거 제도가 갖는 한계에 집중하며, 민주주의를 선거 제도로 환원하여 좁게 해석한다.[4] 그러면서 "어떠한 능력을 갖춘 자를, 어떻게 선출할 것인가"의 문제를 가지고 합법성의 문제를 대체하려 한다. 벨은 우선 아시아 바로미터 조사를 인용하며, "자기네 정치체제에 가장

4 벨이 지적하는 민주주의 체제의 4가지 문제점은 다수의 전횡, 소수의 전횡, 투표집단의 전횡, 경쟁적 개인주의자의 전횡이다.

큰 신뢰도를 보여준 것은 중국인"이라고 주장한다. 또한 "동아시아 사회의 정치의식 조사에서는 민주적 절차 자체의 정당성에 대한 믿음보다 그로부터 얻는 좋은 효과를 더 중시한다"라는 조사 결과를 근거로, 정책 성과나 결과가 좋으면 정치권력의 합법성 문제를 대체할 수 있다고 본다. 중국의 보통사람들은 정부가 인민을 위해 복무한다면 그것이 민주주의라고 생각한다는 것이다.

그러나 이러한 관점은 사후적인 '결과'로 '과정'을 정당화하는 것이며, 이는 정확히 말한다면 '합법성'이 아니라 '인민의 지지' 문제이다. '정권에 대한 높은 지지'와 '정치적 합법성'은 별개의 문제다. 합법성이란 인민주권의 위임방식, 즉 통치자가 주권자의 권력을 위임받는 과정에서 획득해야 하는 '정당성'을 의미하고, 통치의 결과 나타난 실적은 '효율성'의 문제에 해당한다. 이른바 실적으로 체제를 정당화하는 것은 사후적으로 정당성을 합리화하는 것일 뿐, 업적의 효율성을 가지고 정치적 합법성의 문제를 대체할 수는 없다.

또한 당이 곧 국가인 중국 체제에서, 정부에 대한 신뢰가 높은 것은 어찌 보면 당연한 일이다. 대체할 수 있는 집권세력이 없는데, 정부를 믿고 따르지 않는다면 다른 어떤 대안이 있겠는가. 게다가 민감한 분야에 대한 엄격한 정보 통제로 인해 정부의 행정 능력에 대한 종합적인 평가 역시 애초부터 불가능하다.

게다가 '우수한 지도자를 뽑을 수 있는 체제'와 '우수한 체제'란 완전히 별개의 문제이다. 벨은 민주정치와 현능정치 간 '체제'의 차이를 설명하지 않고 단지 능력 있고 덕목을 갖춘 지도자를 선출하는 방식인 현능주의 제도를 가져다가 중국 체제의 장점으로 설명한다. 현능주의를 정치체제의 수준으로 끌어올려 논의하기 위해서는 현능주의 체제에서의 권력구조나 통치조직 및 운영원리 등에 대한 종합적 분석이 있어야 한다. 왜냐하면 용인(用人)제도로서 선현임능의 원리는 바로 특정한 권력구조와 통치원리를 가진 체제의 특성에서 비롯된 것이기 때문이다. 그러나 벨은 현능주의 체제에 대한 분석 없이 현능주의 '제도'를 가지고 민주주의 '체제'를 비판하고, 다시 민주주의 '제도'를 가져와 현능주의 '체제'의 대안적 구성물로 삼는다.

벨은 오늘날 중국 체제에서 전통적인 '과거제'를 계승하고 발전시켰다고 주장하지만, 과거제를 기반으로 한 전통적인 관료체제가 오늘날 중국의 행정체제로 어떻게 변화되고 계승되는지에 대한 분석은 없다. 중국 관료제는 하나의 '제도'를 초월하여 하나의 완정한 '체계'의 구성과 관련된다. 즉 중국의 관료체계는 일원적 중앙권력을 바탕으로 하여 문화(가치 및 행동 양식), 인사관리제도, 그리고 이를 유지하는 통일된 이념이 하나로 통합된 시스템으로, 과거제나 현능주의 선발 원리는 이와 같은 특징을 지닌 관료체계와 분리해서 볼 수 없다. 현능주의가 하나의 정치적 원리, 혹은 '체제' 수준으로 논의되려면 중국 관료체계의 통치구조와 원리 속에서 논의되어야 하는데, 벨은 이러한 문제를 다루지는 않고 단지 능력과 덕성을 갖춘 지도자 선출 방식인 현능주의 원리를 가지고, 통치구조에 대한 분석 없이 현능주의 체제의 수준으로 확장하여 논의하고 있다.

현능주의는 중국통치체제의 산물이다. 즉 우수한 현능자를 선발하기 때문에 중국 체제가 유지되는 것이 아니라, 중국통치체제의 특성으로 인해 현능주의적 선발방식이 지속되는 것이다. 요컨대 현능자를 필요로 하는 체제인 것이다. 따라서 물어야 할 것은 왜 오늘날의 중국 체제에서도 여전히 현능주의가 필요하고 강조되는가 하는 점이다.

유가 질서와 사회주의 질서의 상통: 조직 규율과 도덕 규범

중국공산당 중앙의 관점에서 볼 때 가장 중요한 정치적 과제는 각급 당정관료에 대한 통제와 관리이다. 과거 중국에서 관료를 구속하는 규율이 '도덕을 근본으로'하고 '인정(仁政)을 표본으로'하는 도덕 원칙(道德治吏)이었다면, 현재는 민주집중제 원리에 따라 상급에 복종하는 '종엄치당(從嚴治黨)', 즉 엄격한 당 관리의 규율로 나타나고 있다. 민주집중제는 마르크스주의 정당 특유의 조직원칙이자, '민'이 다양한 의견을 표출할 때 이를 처리하는 대처방식이다. 하급의 절대복종을 철칙으로 삼는 민주집중제 원리는 유가에서 말하는 충성 규율과 유사하다.

전(前)근대 국가와 근대 국가의 성격은 완전히 다르지만, 일정한 공동체에서 집단생활을 조직하고 유지하며 확장하는 '정치'의 개념을 놓고 볼 때, 현대중국의 당-국가체제와 고대중국의 황제체제 사이에는 기능적 상호체가 많이 존재한다. 특히 다른 그 무엇의 가치보다 '안정'을 중시하는 사회에서 유가적 질서와 사회주의적 질서는 안정 유지를 위한 '조직 규율'과 이를 내면화하는 '도덕 규범'으로 서로 상통하고 있다.

관료부패 문제를 체제 구조의 개혁이 아니라 반부패운동이나 도덕적 규율의 강조로 해결하고자 한다면 한계가 있을 수밖에 없다. 그런데도 주요 엘리트에 대해 현능주의를 강조할 수밖에 없는 이유는 현대 중국에서도 여전히 일원화된 권력, 즉 일당체제(일원 집정체제)를 채택하고 있기 때문이다. 또한 현능주의를 이상적인 정치원리로 생각하는 중국인의 관념을 반영하고 있다. 바로 왕도(王道)를 실천하는 '지도자'와 통합의 원리를 구현한 '제도', 그리고 안정과 질서를 유지하는 '이념'이 하나로 통합된 '대일통(大一統)'의 정치이다.[5] 거대하면서도 민족적으로 다양한 중국에서 중앙집권적 통합을 하는 이유 중의 하나는 바로 '대일통'이라고 불리는 전통적 관념 때문이다. 이러한 관념의 지속으로 인해 정치와 경제 모두 일원적 시스템을 추구하는 사회주의 체제에서도 중앙권력의 강화로 연결되었다.[6] 이밖에도 국가를 '대가정(大家庭)'이라는 가(家)의 연속선 상에서 인식하는 국가관념[7]과 하나의 거대한 공동체를 떠받치는 공유제의 경제적 기초 역시 오늘날 중국식 사회주의 체제를 구성하는 중요한 요인이라 하겠다.

일원적 집정체제에서는 오로지 하나의 집정권력만 존재하기 때문에 하나의 단일한 인사시스템을 통해 가장 능력 있고 모범이 될 만한 인재를 선발하는 것은 당연한 일이다. 오늘날 중국에서는 여전히 우수

5 뤄샤오보는 천자, 유학, 대일통 세 가지가 상호 밑바탕이 되면서 형성해온 일원주의가 전 사회의 정치적 컨센서스가 되었고, 근대 이후에도 지속되어 왔다고 본다. 뤄샤오보 지음, 이정남·유은하·정주영 옮김, 『중국의 민주주의: 민주 관념의 생성과 변천』 (서울: 아연출판부, 2019).

6 모리 가즈코, 『현대 중국정치: 글로벌 강대국의 초상』 (서울: 한울아카데미, 2013), pp. 205~206.

7 许记霖, 『家国天下: 现代中国的个人, 国家与世界认同』 (上海: 上海人民出版社, 2017).

한 지적, 사회적, 도덕적 특성을 갖춘 정치 지도자를 뽑아 등용하는 현능주의 원리가 필요하고 중요하다. 현능주의가 필요한 이유는 "오로지 현능주의만이 유능한 지도자를 뽑을 수 있기 때문"이 아니라, 무능한 지도자를 뽑아도 크게 문제가 되지 않는 시스템을 갖추지 못했기 때문이다. 일당집정체제이기 때문에 당 권력이 바뀌지 않으며, 정책 실패를 초래해도 이를 대체할 수 있는 집정세력이 없다.

결국 일원적 집정체제에서는 엘리트 동질화를 위해 단일한 이념을 공유하고 독점적 조직체계 안에서 간부를 선발할 수밖에 없는데, 이러한 점에서 현능주의 방식은 일당집정체제를 유지하는 중국시스템에 최적화된 제도라 할 수 있다. 중국 체제의 구성 요인 및 구조적 특징에 대한 분석 없이, 현능한 지도자를 선출하는 방식이 선거민주보다 더 유능한 지도자를 뽑을 수 있다고 주장하며 대안적 현능주의 체제를 말하는 것은 적절한 비교를 통한 유의미한 분석 결과라고 하기 어렵다.

시진핑 집권 이후 통치엘리트 선발·관리의 변화

개혁개방 이전 중국에는 간부들에 대한 퇴직제도가 없는 종신제가 유지되었기 때문에, 개혁 초기 주요 지도부의 나이는 모두 고령이었고, 새로운 정책을 추진할 젊고 유능한 인재들이 부족했다. 이에 대한 대응으로 덩샤오핑과 천윈 등 당시 최고 지도자들은 이른바 '간부 4화(干部四化)'[8]를 강조하며 세대교체를 위한 다양한 제도를 모색한다. 1982년에

8 간부의 혁명화, 연소화, 지식화, 전문화를 말한다.

개정된 「당장」에서 종신제 폐지를 명문화하였고, 「82헌법」에서는 중앙군사위 구성원을 제외한 모든 헌법상의 주요 지도자의 임기를 한 차례만 더 할 수 있는 연임으로 제한하였다.

중국의 주요 엘리트들은 위계적인 간부체계에서 단계적인 승진 과정을 거쳐 최고지도부로 선발된다. 이러한 후계체제는 '차기 지도자 선출'이라는 단기적인 승계와 '후계자 집단 양성'이라는 보다 장기적인 측면 두 가지로 나눠볼 수 있다. 중국공산당은 1992년 14차 당대회 이후 차기 지도자 선출에 있어서 연령과 임기에 대한 제한을 관례화하고, 차기 지도자 선출과 동시에 차차기 후보자를 미리 지정하는 이른바 '격대지정(隔代指定)'을 통해 권력 교체의 예측성을 높여왔다. 이와 더불어 1980년대에 시작된 제3제대(梯隊) 건설,[9] 그리고 그 과정에서 형성된 제도적 기제와 조정을 통하여 중국의 장기적인 후계자 양성 체계가 형성되었다. 안치영의 연구에 따르면, 17차 당대회와 18차 당대회에서 선출된 정치국 상무위원 14명 중 12명이 모두 1985년까지 제3제대 선발 과정에서 선발된 성부급(省部級) 후계 간부의 명단에 포함된 인물이었다. 이러한 조직적이고 제도적인 후계자 집단 선발 양성을 통해, 각 직급에서 다양한 연령 구성을 가진 인사 변동이 이루어질 수 있게 된 것이다.[10] 중국의 지도자 육성이 장기적인 후계자 집단 양성 과정을 통해 이루어진다는 사실을 알 수 있다.

---

9 제3제대(梯隊)는 차차기 지도자 예비후보를 의미한다. 제1제대는 당시 최고 지도자, 제2제대는 실무를 담당하는 인사들, 제3제대는 그 다음 세대로, 주로 50세 및 40세 전후의 간부들을 지칭한다.

10 안치영, 「개혁 이후 중국의 승계제도와 후계자 양성체계의 형성과 변화」 『현대중국연구』 2022년 24권 2호.

장쩌민과 후진타오 집권 시기에 이러한 승계제도와 후계체제가 더욱 규범화되었지만, 시진핑 집권 이후 많은 부분이 변화되었다. 2017년 19차 당대회에서 차기 최고 지도자 후보자가 정치국 상무위원에 선출되지 않아 기존의 관례가 깨졌고, 2018년 13차 전인대에서 개헌을 통해 국가(부)주석 연임제한이 폐지되었다. 또한 19차 당대회에서는 정치국원을 추천하기 위한 민주추천회가 폐지되고, 중앙 지도자들에 의한 면담을 통한 추천 방식으로 바뀌었다. 후진타오 집권 시기 '민주'라는 요소를 수용하여 투표 방식으로 간부를 발탁했지만, 여러 가지 문제점이 나타났기 때문이다. 2002년부터 2012년까지 진행되었던 민주추천제로 인해 첫째, 공산당의 영도가 약화되었고, 둘째, 투표나 여론조사 등의 절차가 번거롭고 비용이 많이 들었으며, 셋째, '점수로만 사람을 뽑고', '표로만 사람을 뽑는' 현상이 뚜렷해져서 정말로 능력있는 간부가 선발되지 못한 문제점이 있었다.[11] 이러한 문제점을 바로잡기 위해 19차 당대회에서는 면담방식으로 바꾼 것이다.

중국공산당은 2013년 6월에 있었던 「전국조직공작회의」에서부터 '간부선발의 경쟁 방식'을 더 이상 제기하지 않았고, 나아가 2013년 11월에 있었던 18기 3중전회에서는 인재 등용의 기본적인 방향을 세 가지로 제시하였다. 첫째, 당이 간부를 관리하는 당관간부(黨管幹部)의 원칙을 견지하고, 둘째, 효율과 간편함을 추구하며(有效管用, 簡便易行), 셋째, 간부 선발에서 단순한 시험이나 간단한 투표가 차지하는 비중을 줄이겠다는 것이다. 이러한 방향은 결국 2014년 1월 14일에 개정된 「당

11 장융러, 「능력주의 정치와 민주 정당성」, 『성균차이나브리프』, 2014년 2권 3호.

정 영도간부 선발·임용 공작 조례」에 반영되었다.

이 조례는 다시 19차 당대회 이후인 2019년에 개정되었다. 2019년에 개정된 「당정 영도간부 선발·임용 공작 조례」에서 제시한 간부선발의 기준은 당의 전면 영도에 따를 것과 정치적 기준을 최우선으로 삼고 있으며, 과학적 인재선발방식을 중시하고, 청렴한 당의 원칙을 준수해야 한다고 강조했다.[12] 특히 개정된 「조례」에서는 공개 선발 임용 원칙에서 기존 조례에 명시했던 "민주, 공개, 경쟁, 우수한 자 선발 원칙"이 삭제되었다. 또한 당 위원회나 조직 인사 부분의 분석과 연구 판단에 대한 장(分析研判和動議)이 새롭게 신설되고, 공개 선발이나 경쟁을 그 과정의 한 요소로 포함했다. 이는 간부선발과 인사 과정이 아래로부터의 민주에서 당 위원회와 조직 부분의 역할을 강화하는 방식으로 변화되었다는 것을 의미한다. 이는 당과 당 중앙, 그리고 핵심으로의 권력 집중이라는 시진핑 시기의 집권화가 인사 과정에 적용된 것이라고 할 수 있다.[13]

19차 당대회 이후 중국공산당은 간부로서의 덕목과 품성, 조직 규율을 지속해서 강조해왔다. 19차 당대회 보고에서 "당관간부 원칙을 견지하고, 재능과 덕행을 겸비하되 '덕행'을 우선시하며, 지역 및 출신과 관계없이 현능한 인재를 임용(任人唯賢)하고, 공정하고 정직한(公道正派) 간부를 선발하며, '좋은 간부 기준'을 현장에서 실천해야 한다"고 강조하였다. 2021년 5월 22일 당 중앙이 발표한 「중국공산당 조직공작조례」

12 「中共中央印发《党政领导干部选拔任用工作条例》」『新华社』 2019/03/17.

13 안치영, 「개혁 이후 중국의 승계제도와 후계자 양성체계의 형성과 변화」『현대중국연구』 2022년 24권 2호.

에서도 관련 사항을 규정하고 있다.

시진핑의 현능주의 모델?

간부의 덕행과 현능에 대한 강조에도 불구하고, 시진핑을 핵심으로 하는 '신시대'는 벨이 예측하거나 제안한 모델과는 완전히 다른 방향으로 가고 있다. 벨은 개혁 30년 시기에 대한 관찰을 통해 "바닥은 민주주의, 중간은 실험 공간, 꼭대기는 현능주의"라는 중국의 특징을 "수직형 민주적 현능주의(Vertical Democratic Meritocracy)"로 개념화하지만, 최근 상층에서 권력집중 현상이 강해지면서 중간층에서의 실험 공간은 축소되었고 바닥에서의 선거민주는 더 이상 강조되지 않고 있다. 벨은 중국의 집단영도체제, 임기제, 정년제의 도입으로 '나쁜 황제' 문제에 대한 대책을 마련했고, 이러한 현능주의 정치체제 안에서 부패를 억제하는 일이 가능하다고 보았지만, 최근 중국은 다른 방향으로 가고 있다. 부패를 포함하여 중국이 직면한 문제들을 해결하기 위해 다시 당중앙의 권위를 강화하는 권력집중의 방향으로 가고 있는 것이다.

벨은 "시진핑 주석이 두 차례 정치국 상무위 임기를 넘어 주석직을 지키려고 할 가능성이 극히 희박하다고 생각하지만, 만약 그런 일이 일어난다면 '나쁜 황제' 문제가 해결되었다는 내 주장을 재고하겠다"라고 밝히고 있다. 반면 후쿠야마는 중국 정치체제에서는 "인민의 열정을 이용해서 개인적 추종자들을 규합해 마오쩌둥 이후 시대를 특징짓는 합의 체제를 통째로 뒤엎는 카리스마형 지도자가 나올 수 있다"라고 보았다.[14] 2022년 20차 당대회에서 시진핑 3연임이 확정되고 권력승계에 관한 기존의 당내 규범이 깨진 상황에서 볼 때, 벨의 전망은 틀렸고 후쿠야마의 예측이 맞았다.

벨의 예측이 맞지 않았던 이유는 중국이 벨이 분석했던 현능주의 체제와는 다른 방향으로 가기 때문이 아니라, 그가 현능주의 체제 자체에 내장된 특징을 보지 못했기 때문이다. 현재 중국에서는 자국 고유의 문화 부흥과 함께 현능주의 전통을 강조하고 있다. 벨의 예상은 빗나갔고 중국이 가고자 하는 방향은 더 이상 벨이 개념화한 '수직형 민주적 현능주의'도 아니다. 그러나 중국은 '현능'이라는 전통 사상과 '과거제'를 현대 제도에 접목해 자신의 고유한 정치모델로 체계화하고 있다.

현능주의 원리는 인치(人治)가 작동되는 체제에서 강조된다. 당이 독점하고 있는 영도와 집정권력에 대한 배분이나 승계 및 권한 등에 대해 법의 형식으로 제도화하지 않는 이상, 조직 규율이나 이데올로기, 대중동원 등의 수단을 활용하여 각급 수장을 통제하며 대동(大同)의 이상 정치를 강조할 수밖에 없다. 그리고 이러한 이상적 정치를 실현할 수 있는 '현능자'가 최고 지도자가 되어야 한다. 좀 더 정확히 말한다면, 현능정치를 상징하는 최고 지도자는 현능자로 포장되어야 한다. 그것이 현실에서는 실현 불가능한 유토피아라도 말이다.

중국은 국가 운영에서는 '법치(의법치국)'의 방향으로 나아가면서, 당

14 다이엘 벨 저, 김기협 역, 『차이나 모델: 중국의 정치 지도자들은 왜 유능한가』(서울: 서해문집, 2017), p. 261(주 31).

의 권력을 대리 실현하는 각급 최고 수장과 간부들에게는 현능이라는 '덕치'의 모범을 강조한다. 권력선출과 권력견제의 문제를 법이라는 예측 가능한 규칙의 형식으로 해결하지 않은 체제에서는, 카리스마적 권위나 조직 규율 및 현능 이데올로기 등의 방식으로 체제를 정당화할 수밖에 없다. 중국 사회의 맥락에서 '법치'는 통치 및 국가운영과 관련되고, 이상적 정치는 현능자, 즉 '덕치'에 의해 실현된다. 그것이 중국에서 말하는 '왕도'이며, '인민을 위한' 정치이다.

그러나 중국이 생각하는 이상적인 정치의 방향이 현명하고 어진 사람을 통해 실현해나가는 모델이라는 점에서, 벨이 말하는 '차이나 모델'은 '중국이라는 세계'에서만 적용될 수 있는, (유럽적) 보편화는 될 수 없는 모델이라 하겠다. 전통 시기 동아시아에서 보편적 원리였던 유교는 이제 공산당 통치를 지원하는 하나의 특수화된 담론과 국가윤리의 도구로 사용되고 있다.

정치적 충성으로 변질되는 현능주의

현능자는 능력과 덕성을 모두 갖춘 사람을 말하는데, 여기서 덕성이란 무엇일까? 한 사람의 인격과 품성, 사회에 대한 책임의식, 도덕적 의식 수준 및 공적 의지 등을 어떻게 판단할 수 있을까? 선거를 통해 지도자를 선출하는 민주주의 체제에서도 능력과 함께 도덕의식을 갖춘 지도자가 절실히 필요하지만, 민주적 선거를 통해 이를 판단하기는 매우 어렵다. 지도자의 공적 마인드나 도덕의식을 판단하는 기준은 결국 해당 사회공동체 구성원의 의식 수준과 사회적 감수성에 따라 다를 수 밖에 없을 것이다.

최근 중국의 간부선발제도에서 '덕성'을 판단하는 잣대의 중요한 변화는 '정치적 기준'이 강화되었다는 점이다. 19차 당대회의 「당장」에는 당원이 지켜야 하는 의무조항에 "당의 정치기율과 정치규율을 우선으로 한다", "당원발전은 반드시 정치적 기준을 우선으로 해야 한다"는 내용이 추가되었다. 물론 시대에 따라 능력과 덕성의 기준이 바뀌어왔다. 시진핑 집권 이후, 특히 19차 당대회 이후에는 당에 충성하는 정치윤리가 가장 중요한 덕목으로 강조되고 있다. 당에 대한 충성을 강조하는 명분은 "당의 초심을 잃지 않고 인민을 위해 봉사하며 인민에게 가까이 가기 위해서"라고 합리화하고 있다. '인민을 받드는 것'은 '인민을 영도하는 당을 받드는 것'이고, 이는 당의 조직원칙에 따라 수행되며 이러한 당의 조직원칙은 민주집중제 원리에 따른 것이라고 설명한다.

19차 당대회에서 당원에 대한 정치적 기준을 강조한 이후, 2019년 4월 21일 중공중앙판공청에서는 「당정간부 심사평가에 관한 조례」를 발표한다. 간부심사평가는 "당의 전면 영도를 견지·강화하고, 당 중앙의 정책결정을 관철하기 위한 중요한 조치"라고 하면서, 신시대 당의 건설과 당의 조직노선에 맞춰 간부를 심사 평가할 수 있는 기본적인 원칙을 마련했다는데 그 의미를 두고 있다. 특히 「간부심사평가조례」에서는 간부평가에서 '정치적 기준'을 매우 강조한다. 정치적 기준의 구체적인 내용은 당 중앙의 정책결정과 시진핑의 중요 지시에 충성하면서 잘 실천하고 있는 지이고, 또한 간부 개인의 정치 입장, 정치 방향, 정치원칙,

정치적 길을 시진핑을 핵심으로 하는 당 중앙과 얼마나 높은 일체감을 유지하고 있는지다.[15]

또한 2020년 10월 24일 중앙조직부에서는 「간부심사평가조례」에 근거하여 간부 업적을 평가하는 좀 더 구체적인 「'고품질발전' 추진 업적 심사에 관한 통지」를 발표한다. 즉 각 지방의 당정간부들이 '신발전이념'과 '고품질발전'이라는 당 중앙의 새로운 목표 달성을 위해 얼마나 노력하고 정책을 추진해왔는지, 그 업적을 심사하는 기준을 제시한 것이다. 그런데 이 업적 심사의 내용에서 무엇보다 강조하고 있는 점은 '신발전이념'과 '고품질발전'이라는 당 중앙의 전략을 얼마나 잘 관철시켰는지 뿐 아니라, 그동안 시진핑이 제기하고 강조해왔던 '4개 의식', '4개 자신', 그리고 '두 개의 수호'를 얼마나 잘 실천했는지를 평가 기준으로 제시했다는 것이다.[16] '두 개의 수호'란 "시진핑의 당 중앙의 핵심, 전 당의 핵심지위"를 수호하고, "당 중앙의 권위와 집중통일영도"를 수호한다는 것이다. 이렇게 간부의 업적을 평가하는 기준에 정치적인 성격이 강화되면서, 당정 간부들로서는 이러한 정치적 구호를 반복하여 강조하는 것 외에는 시진핑에 대한 충성을 달리 표시할 방법이 없게 되었다.

20차 당대회에서 중앙위원으로 선출된 과정과 결과를 보면 이를 명확하게 알 수 있다. 중앙위원의 선출 과정은 당대회가 개최되기 약 2년 전부터 시작되었고, 이를 위해 시진핑을 조장으로 하는 「간부시찰영도소조」가 조직되었다. 시진핑은 20기 중앙위원이 갖춰야 할 필수 조건

15 「中共中央办公厅印发《党政领导干部考核工作条例》」『新华社』 2019/04/21.

16 「中组部印发《关于改进推动高质量发展的政绩考核的通知》」『新华网』 2020/11/05.

으로 자신에 대한 높은 충성도를 제시했다. 특히 중앙조직부에 "누가 중앙위원이 될 수 있는지는 순서대로 하거나 관례에 따라서는 안 되며, 무엇보다 정치적인 기준에 도달해야 한다"고 강조했다. 과거 장쩌민과 후진타오 시기에 중앙위원을 뽑을 때는 지방에서의 관직 서열에 따라 성위 서기나 성장이 차기 중앙위원으로 선출되는 경우가 많았지만, 20기에는 정치적으로 충성하지 않으면 중앙위원이 될 수 없다는 점을 강조한 것이다.[17] 이렇듯 변화된 간부평가 기준, 즉 '두 개의 수호'를 실천하는지가 중앙위원을 선발하는 중요한 기준이 된 것이다.

20차 당대회에서 수정된 「당장」의 '총강' 부분에서는 당 건설 실현을 위한 기본 요구사항에 당의 조직노선에 관한 내용을 추가하였다. "충성스럽고 청렴하며 높은 자질을 갖춘 간부를 양성하고, 애국하고 봉사하는 각 분야의 인재를 모으는 데 주력하며, 덕과 능력을 겸비하되 덕을 우선으로 하고, 현명한 인재를 발탁"하여, 강력한 당 조직을 강화해야 한다는 것이다.[18] '충성', '애국', '덕', '현능자' 등의 단어들이 눈에 띈다.

20대에서 정치국 상무위원과 정치국원으로 발탁된 사람들 대부분

17 시진핑은 시찰 요원에게 중앙위원 후보 대상자에 대한 민간이나 부하직원의 고발이 있었는지와 함께, 금융이나 부동산 등 개인 재산도 조사하라고 요구했다. 중공 20대에 선출된 정치국 상무위원이나 정치국원 모두 시진핑이 신임하느냐 혹은 시진핑에게 충성하느냐의 여부가 기준이 되었고, 정치국 상무위원 7명이 모두 시진핑의 사람들로 채워지게 되었다. '충성'이 '정치안보'와 간부 능력을 평가하는 중요한 지표가 되었다고 볼 수 있다. 程曉農, 「中共二十大中央委員如何組成?」 https://www.rfa.org/mandarin/pinglun/chengxiaonong/cxn-10282022121015.html

18 『中国共产党章程』(20차 당대회, 2022년 10월 22일 통과) https://www.12371.cn/special/zggcdzc/zggcdzcqw/

이 그동안 다양한 표현과 방식으로 자신들의 충성을 표시해온 사람들이다. 톈진(天津)시 당 서기 리훙중(李鴻忠)의 유명한 명언 “충성이 절대적이지 않으면, 절대적으로 불충이다”이란 말이 대표적이다.[19] 그는 20차 당대회에서 정치국원이 되었다. 리창(李強)은 상하이시 12차 당대회에서 “가장 강력한 행동은 총서기가 부여한 영광스러운 사명을 떠맡는 것이고, 가장 생생한 구현은 총서기가 제시한 중요한 이념을 실천하는 것이다. 가장 깊은 깨달음은 총서기가 지도하는 과학적 방법을 잘 쓰는 것이다. 가장 강렬한 자각은 총서기의 간곡한 가르침을 따르는 것이다”라고 말했다.[20] 차이치(蔡奇)는 베이징시 13차 당대회에서 “시진핑은 비범하고 뛰어난 재능과 전략을 갖고 있고, 그의 방향 안내가 있으면 무한한 자신감이 있어 가는 곳마다 승리한다”라고 말했다.[21] 리창과 차이치 모두 20대 정치국 상무위원이 되었다.

이처럼 19차 당대회 이후 당에 대한 충성을 강조하는 명분은 ‘인민을 받드는 것’이지만, 현실에서는 이러한 이상적 목표와 달리 조직 원리에 따라 상하관계에 복종하고 충성하는 것이 바로 간부가 갖춰야 하는 중요한 ‘덕목’이 된다. 충성을 나타내는 정치(사상)에 대한 엄밀한 점검(政治把關)과 정치적 자질이 첫 번째이다. 첫 관문을 통과하지 못하면 다른 관문은 논할 수도 없게 된다(首關不過, 餘關莫論).[22] 이 첫 번째 관

19 「李鸿忠: 忠诚不绝对就是绝对不忠诚」『中国新闻网』 2016/10/22.

20 「上海市第十二次党代会开幕! 李強: 弘扬伟大建党精神, 践行人民城市理念」『上观新闻』 2022/06/27.

21 「在习近平新时代中国特色社会主义思想指引下奋力谱写全面建设社会主义现代化国家的北京篇章」『北京日报』 2022/07/04.

22 「讲政治选贤能促担当」『中国组织人事报』 2020/01/17.

문인 자신의 충성심을 증명하기 위해서는 참신하고 창의적인 표현법으로 계속해서 당 중앙과 그 정점에 있는 시진핑에게 충성 맹세를 해야 한다. 현재 중국은 공산당의 정치적, 조직적 논리가 '현능'이란 이름으로 빠르게 채워지고 있다. 현능주의는 언제든지 정치적 충성으로 변질될 수 있다.

3부
'중국식 민주'와 사회거버넌스

10장

인민민주독재 원칙과 '중국식 민주'

중국은 소수의 엘리트에 의해 통치되는 체제이지만, '민주'의 원칙 역시 사회주의 체제의 핵심적 특징이다. 20세기 중국에서 민주의 문제는 역사적 관건이 되는 시기마다 중요한 쟁점으로 등장했다. 1919년 5.4운동 당시 '민주'는 '덕선생(德先生)'[덕은 'democracy'에서 'de'의 음역]이라고 하여 '과학'과 함께 '신문화운동'의 중요한 정신이었다. 중국공산당은 자신의 혁명을 '신민주주의' 혁명이라 칭했고, 건국 이후 헌법에서는 중국 체제를 '인민민주독재(人民民主專政)'라고 명시하였으며, 1957년 쌍백운동(雙百運動) 당시 대학생들은 '민주'를 요구했다. 문화대혁명 시기에도 '대민주(大民主)'가 있었고, 1989년 천안문 광장에서도 대학생과 시민들은 '민주'를 요구했으며, 개혁개방 이후에는 '사회주의 민주'를 강조해왔다. 2018년 헌법 개정 당시 명시된 '사회주의핵심가치관'에도 '민주'

가 포함되어 있으며, 최근에는 '전 과정 인민민주'를 강조하고 있다.

중국의 지난 백 년의 역사에서 끊임없이 강조해온 '민주'는 어떠한 의미일까? 중국공산당은 어떻게 해석할까? 일당체제 사회에서, 과연 '민주'는 어떤 의미로 받아들여지고, 또한 어떻게 실현되는 것일까?

인민민주독재의 논리

중국의 「헌법」 제1조에서는 중국을 "노동계급이 영도하고 노농연맹을 기초로 하는 인민민주독재의 사회주의 국가"로 규정하고 있다. 여기서 '인민민주독재'란 중국공산당과 중국이 광대한 인민의 근본 이익을 대표하고, 적대 세력에게는 '독재(專政)'의 방법을 사용하면서 인민민주 정권을 유지한다는 뜻이다.

중국공산당의 '민주관'의 핵심 내용은 '인민주권'과 '민주집중제'이다. 여기서 '인민주권'이란 '인민민주독재'를 말한다. 중국에서 인민주권의 개념은 서구의 '주권재민'의 관념과 마찬가지로 국가의 정치권력이 인민에게 속한다고 보지만, 이와 동시에 인민은 적에 대해 독재권을 갖는다. 즉 중국의 '인민주권' 관념은 뚜렷한 '계급성'을 띠고 있으며, 이에 따라 인민의 적이나 반혁명분자는 정권에 참여하거나 정치상 자유를 누릴 권리가 없다.[1] 마오쩌둥은 "인민 내부의 '민주'라는 측면과 반동파에 대한 '독재' 측면을 서로 결합하면, 이것이 바로 인민민주독재이다"라

1 뤄샤오보 지음, 이정남, 유은하, 정주영 옮김, 『중국의 민주주의: 민주 관념의 생성과 변천』(서울: 아연출판부, 2019) pp. 577~578.

고 말한 바 있다.[2] 즉, 인민 사이에서는 민주적 방식을 사용하지만, 인민의 적에게는 '독재'의 방식으로 모든 발언권과 정치적 권리를 박탈한다는 것이다.

중국에서 '인민'은 정치적 개념으로, 전체 '국민'을 지칭하는 것이 아니라 주로 무산계급을 가리키고, 인민의 상대적 개념인 '적'은 자산계급을 말한다. 그러나 중국에서 '인민'의 범주와 '인민민주독재'의 내용은 고정된 것이 아니라, 중국혁명의 역사와 사회주의 건설의 과정에서 끊임없이 변해왔다. 같은 혁명 시기였다 하더라도, 중앙소비에트 시기에 '인민'은 노동자, 농민, 군인 등 일체의 무산계급, 그리고 '적'은 지주, 부농, 자본가 등 일체의 유산자 계급을 가리키는 것이었다. 그러나 옌안 시기에 오면 항일 통일전선의 필요성이 제기되어 '인민'의 외연이 크게 확대되었으며, 매국노와 반동파만이 '적'으로 인식되었다.

또한 마오쩌둥은 건국 초기 '인민민주독재' 표현을 계속해서 사용하고, '무산계급독재'는 사용하지 않거나 적게 사용했다. 마오쩌둥이 강조하고 싶었던 것은 레닌이 제기한 '혁명계급의 독재'라는 명제를 넘어서서, 혁명성을 가진 '전체'로서의 중국 '인민'이었다. 당시 산업노동자가 극히 드물었던 상황에서 '인민민주독재'라는 표현이 중국의 현실과 논

2 「论人民民主专政: 纪念中国共产党二十八周年」(1949年 6月30日). 마오쩌둥은 이 연설에서 다음과 같이 말한다. "인민이 무엇인가? 중국에서, 현 단계에서는 노동자계급, 농민계급, 도시 소자산계급과 민족자산계급이다... 인민 내부에 대해서는 민주제도를 실행하여 인민에게 언론, 집회, 결사 등의 자유권을 부여한다. 선거권은 인민에게만 주어지며, 반동파에게는 부여되지 않는다. 이 두 부분, 인민 내부에 대한 민주 부분과 반동파에 대한 독재 부분이 서로 결합한 것이 곧 인민민주독재이다."

리에 더욱 부합해 보이기도 했다. 그러다가 1956년 4월 「십대관계론」 연설 중 '무산계급독재'라는 표현을 사용하기 시작했고, 이후 '무산계급 문화대혁명'이 전개되었다. 문화대혁명이 끝난 뒤 재정비한 82년 「헌법」 서문에서는 다시 '인민민주독재'의 표현을 되살렸다.[3]

중국에서 '인민'은 혁명과 항일전쟁, 그리고 건국 이후 내부 혁명의 과정에서 끊임없이 무언가에 '맞서' 구성되고 정치화되어왔다. 또한 중국공산당은 '인민'을 조직하여 혁명을 이끈 '전위대(前衛隊)'이다. 이러한 당의 역할을 강조하며, '민주'에 대한 입장 역시 '계급적 민주관'을 갖고 있다. 즉 '사회주의 민주'의 선결 조건은 공산당 영도에 복종하고 당의 요구에 따르는 것으로, 계급적이고 기율이 있는 민주관이라는 것이다. 이러한 민주관에 따라 '인민'은 배타적 선진성과 정확성을 가지고 있고 국가 공권력을 직접적으로 행사할 수 있지만, 또한 인민의 대표를 통해 자신의 권리를 행사하게 할 수 있다고 본다. 즉 국가권력은 양도할 수 있다는 것이다. 여기서 말하는 인민의 대표란 무산계급의 선봉대인 공산당과 각급 인민대표대회의 위원(대표)을 말한다.[4]

인민민주독재에서 '독재'는 중국어로는 '전정(專政)'이며, 이는 우리가 생각하는 '독재'와는 다르다. '군사독재'의 역사를 겪은 한국 사회에서 독재는 주로 쿠데타 등 불법적 형식으로 정권을 잡고 전횡적 권력을 행사하는 개인적 독재를 의미하지만, 중국에서 인민민주독재는 인민에

3 뤄샤오보 지음, 이정남, 유은하, 정주영 옮김, 『중국의 민주주의: 민주 관념의 생성과 변천』 (서울: 아연출판부, 2019) pp. 612~635.

4 뤄샤오보 지음, 이정남, 유은하, 정주영 옮김, 『중국의 민주주의: 민주 관념의 생성과 변천』 (서울: 아연출판부, 2019) p. 577.

의한 민주정권을 유지하기 위해 인민의 적에게 행사하는 정치적 압제를 의미한다. 헌법에도 '인민민주독재'라고 규정되어 있는, 엄연히 '합법적' 개념이다. 인민민주독재는 중국공산당 민주관의 이론적 성과물이고, 또한 민주이론에 대한 경전(經典)과 같은 표현이라 볼 수 있다.[5]

이러한 인민민주독재관은 '내부의 적'을 겨냥한 것일 뿐 아니라 '외부의 적'에 대한 것도 포함하고 있다. 즉 중국의 역사 속에서 민주, 즉 '인민의 주인됨'이란 지배권력으로부터의 억압에서 벗어나 인민이 역사의 주체로 거듭나는 것을 의미할 뿐 아니라 외부의 적, 즉 외세로부터의 주인됨을 포함한다. 중국 역사에서 민주란 인민의 자주권을 의미하며 이는 곧 외세에 대한 국가의 자주권을 의미하기도 한다. 여기서 국가란 인민의 권리를 실현시켜주는 대리인이며, 중국공산당은 인민의 주인됨을 실현시켜줄 수 있는 대리인임을 자임해왔다. 중국의 혁명은 '관료주의'와 '봉건주의' 뿐 아니라 '제국주의'와의 투쟁 속에서도 형성되어 온 것이다. 이렇게 외세에 맞서 투쟁하는 과정에서 당의 영도와 결합된 정치적 주체, 즉 근대적인 새로운 '인민'이 탄생했다. 중국에서 인민은 그 탄생부터 '사회주의의 주체'인 동시에 '애국의 주체'였던 것이다.

이러한 측면에서 최근 중국에서 다시 강조되고 있는 '인민민주'란 외부세력으로부터의 자주성을 확보한 '인민'이란 의미를 지니며, 여기서 인민은 개인이 아니라 동일한 목표를 가진 '집단으로서의 인민'을 의미한다. 대외적인 자주권과 내부적 단결을 독려하는 '인민민주' 개념의 확

5 뤄샤오보 지음, 이정남, 유은하, 정주영 옮김, 『중국의 민주주의: 민주 관념의 생성과 변천』 (서울: 아연출판부, 2019) p. 628.

립으로 사회주의민주정치의 정당성을 확보하려는 것임을 알 수 있다.

그러나 중국 내부정치의 논리에서 보면 당의 정당성은 인민으로부터 비롯되었고 인민의 이름으로만 존재할 수 있기에, 인민은 인민에게서 벗어난 당에 대해 언제든 조반(造反)할 수 있게 된다. 이는 중국이 당-인민 결합의 방식으로 사회변혁을 추동하는 체제이고, 그 자체에 이중적 원리가 내재하여 있기 때문이다. 즉 당이 인민으로부터 벗어나면(脫離) 그 정당성이 약화되고, 반대로 인민대중(조직)에게 많은 권한을 부여하면 당의 영도 지위가 도전받을 수 있게 된다. 또한 인민이 당을 벗어나면 정치적 행동의 정당성이 줄어들고, 다시 당과 밀착하면 자주적이고 독립적인 활동 공간이 감소하게 된다.

이러한 분리되기 어려운 이중적 속성으로 인해, 외부에서는 중국의 인민민주가 당 독재를 유지하고 정적(政敵)을 숙청하기 위한 동원 수단에 불과하다고 평가하지만, 중국 내부의 정치역사에서 인민은 언제나 예측 불가능한 힘을 보여주었다. 공산당은 사회주의 혁명과 과업을 완수하기 위해 부단히 '인민'을 동원·조직화해온 반면, 동원된 인민은 '민주'의 원리로 '사회주의'를 꿈꾸고 이를 완성하고자 했다. 이러한 관점에서 볼 때 중국에서 '민주'는 사회주의 체제를 유지하는 중요한 '제도' 원리인 동시에, 더욱 평등한 사회라는 사회주의적 목표를 실현하기 위한 '운동'의 동력이기도 하다. '민주'는 현실 사회주의의 문제를 개선하는 중요한 방법이자, '더 나은 사회주의'로 나아가기 위한 수단이자 목표이다.

그러나 이러한 '계급적 민주관' 하에서 지배계급, 피지배계급, 프롤

레타리아(무산계급), 자산계급, 인민, 적 등의 추상적이면서도 정치적 의미가 담긴 개념들에 대해서는 대개 중국공산당 엘리트에 의해 정의가 내려지고 해석되어 왔기 때문에, 민주와 독재(전정)의 대상과 범위에서는 늘 불확실성이 존재한다. 주지하듯, 적에 대한 독재를 이유로 다른 의견을 가진 사람들에 대해 자의적으로 '반혁명'이나 '반사회주의'의 죄목을 씌워온 역사가 늘 있었다. 중국공산당의 관점에서 볼 때 공산당의 영도를 옹호하고 중앙의 결정을 지지하는 것만이 애국의 표현이며, 당의 영도를 반대하거나 중앙의 명령을 거역하는 것은 반혁명의 상징이 되고 '인민의 적'으로 공격받고 비판과 독재의 대상이 된다.[6] 민주에 대한 인민의 자유로운 논의와 자발적인 참여가 결여된 인민민주독재는 허상일 수밖에 없다.

중국 제도와 통치원리로서의 '중국식 민주'

그런데도 '민주'는 사회주의 체제의 핵심 개념 중 하나이며, '통치'의 기본 원리로서도 매우 중요하다. 여기서는 중국공산당의 민주관이 반영된 '통치원리'로서의 중국의 민주에 대해 살펴보자.

우선 최근의 당대회 문건에서 '정치체제개혁'이란 말의 빈도수를 살펴보면, 19차 당대회 보고에서는 장 제목에서 '정치체제개혁'이 사라졌고 본문 전체에 단 1차례만 언급되었다. 이는 13차 당대회 이후 가장

6 陳如音, 「中共的黨國體制: 論黨對政治運作的領導」『展望與探索』 2003年 第1卷 第4期.

낮은 빈도수였다. 중국의 정치제도와 관련하여 '개혁'이란 말을 대체한 것은 '견지(堅持)'와 '완비(完善)'였다. 중국특색사회주의제도를 '견지'하면서 이를 더욱 완전하게 하고 발전시켜나간다는 것이다. 이러한 변화는 중국의 정치제도를 더 이상 '개혁'의 대상으로 보지 않고, 중국제도를 지키면서 완성해가는 것이 향후의 과제라는 공산당의 인식을 반영하고 있다.

이러한 경향은 이미 2008년 세계금융위기 때부터 나타나기 시작했다. 세계자본주의 체제가 흔들리고 이로 인해 서구 민주주의가 위기를 맞는 것을 목격한 중국공산당은 중국이 가야 할 길을 모색하기 위해 '지켜야(堅持) 할 것'과 '하지 말아야(不搞) 할 것'을 차례대로 정리해나가기 시작한다. 우선 2009년 6월 중앙선전부에서는 『여섯 가지의 "왜": 몇 가지 중대 문제에 대한 대답』을 출판하고, 건국 60주년을 축하하는 선전교육활동과 함께 이 내용을 학습하라는 통지를 내린다. 이 책에서는 중국이 왜 마르크스주의의 이념적 지도 지위를 지켜야 하는지, 왜 중국특색사회주의만이 중국을 발전시킬 수 있는지, 왜 인민대표대회를 견지하고 '삼권분립'을 하지 말아야 하는지, 왜 서구의 '다당제'가 아닌 공산당 영도를 견지해야 하는지 등 6가지 사항에 대해 정리한다.[7]

이듬해 2010년 10월 17기 5중전회를 앞두고 당 이론지 『구시(求是)』에 발표된 「중국특색사회주의민주정치의 제도적 우월성과 기본 특징」에서는 중국 제도의 우월성에 대해 강조한다.[8] 이 글에서는 중국의 '사회

7 「《六个"为什么": 对几个重大问题的回答》发行」『新华社』 2009/06/02.

8 秋石, 「中国特色社会主义民主政治的制度优势与基本特徵」『求是』 2010/09/16.

주의민주정치'와 '서구 민주주의' 간의 차이점을 인민민주주의와 자본민주주의, 인민대표대회와 삼권분립, 공산당 영도 하의 다당합작제와 다당제, 협상민주와 선거민주가 결합된 중국 민주와 서구의 대의선거민주제라는 몇 가지 특징으로 비교하며 중국 사회주의민주정치가 지닌 우월성을 강조하였다. 이러한 기조의 연장 선에서 2011년 3월 10일 개최된 전인대 상무위원회에서 우방궈(吳邦國) 위원장은 "다당제, 지도 사상의 다원화, 삼권분립 및 양원제, 연방제, 사유화" 등 이른바 "중국이 하지 않을 다섯 가지 사항(五不搞)"으로 정리했다.

특히 중국공산당은 자신의 사회주의민주가 서구의 민주주의와는 뚜렷하게 구분된다는 것을 강조하면서, 중국정치체제와 제도의 특징을 묘사하는 언술이 반드시 서구와는 다른 중국의 언어와 문법, 방식으로 구성되어야 한다는 점을 강조했다. 2013년 11월에 개최된 중국공산당 18기 3중전회에서는 이러한 방침을 공식화했다. '중국적 근대화'의 완성은 반드시 중국특색사회주의 '길'로 완성되어야 하고, 중국특색사회주의의 '이론'으로 체계화되어야 하며, 중국특색사회주의의 경험과 이론에서 중국특색사회주의의 '제도'가 창출되어야 한다고 강조한 것이다.[9]

이러한 중국 제도에 대한 모색 과정을 거쳐 18기 3중전회의 「결정」에서는 "당의 영도, 인민의 주인됨, 의법치국의 유기적 통일"을 견지하여 '사회주의 법치국가'를 건립한다는 정치목표를 제기하였다. 이 3자 간

9 이것이 이른바 '노선자신(道路自信), 이론자신(理論自信), 제도자신(制度自信)'의 세 가지 자신감(三個自信)이고, 이후 문화 자신감을 추가하여 네 가지 자신감이라고 체계화한다. 「中共中央关于全面深化改革若干重大问题的决定」『新华社』 2013/11/15.

의 관계에 대해 중국은 "공산당 영도는 인민의 주인됨과 의법치국의 근본적인 보장이고, 인민의 주인됨은 사회주의민주정치의 본질적 요구이며, 의법치국은 당이 인민을 영도하여 국가를 통치하는 기본 방략"이라고 설명한다.

"3자 간의 유기적 통일"은 두 부분으로 나눠볼 수 있는데, 하나는 인민의 주인됨은 사회주의민주정치의 본질이지만 인민은 당의 영도를 받아야 한다는 것이고, 다른 하나는 당은 법에 따라 국가를 통치하면서 동시에 인민의 주인된 권리를 보장해야 한다는 것이다. 전자는 사회주의민주정치의 본질인 인민 주체와 함께 당이 인민을 영도한다는 '정치'의 원리를 담고 있고, 후자는 당이 국가를 통치하는 방식과 인민의 권리보장을 규정한 '법치'의 원리를 담고 있다.

헌정체제에서 정치적 정당성(legitimacy)과 법적 합법성(legality)의 문제는 '헌법'이라는 최고 규범에 따라 정해진다. 권력을 헌법의 틀 안에 넣고 구속하며, 절차적 합법성으로 정치적 정당성을 확보한다. 그러나 사회주의체제에서 정치적 정당성은 당과 인민의 관계에서 비롯된 것이고, 법은 정치에 복무하는 도구일 뿐이다. 이러한 논리에 따르면 법은 당이 인민을 영도하고 국가를 통치하는 하나의 수단일 뿐이지, 인민의 주인됨을 보장하는 최종적 권위는 아니다. 중국 사회주의체제에서 '민주'는 법에서 보장하는 원리와 정치적으로 보장하는 원리가 서로 다르게 작동한다. '법적'으로는 국가의 모든 권력이 인민에 속한다고 되어 있지만, '정치적'으로 인민은 당의 영도에 따라야 한다.

시진핑 시대 민주 인식의 변화와 '전 과정 인민민주'

19차 당대회 보고에서는 예전 당대회와 비교하면 '투쟁', '혁명', '이데올로기'라는 단어의 빈도수가 증가했고, '인민'이라는 말이 203번 사용되어 역대 보고서 중 최고를 기록했다. 시진핑 집권 이후 '인민'이라는 말과 더불어 '인민민주'라는 개념도 점차 중국 민주의 주요 특징으로 자리 잡았다. 또한 '전 과정 인민민주'라는 새로운 표현도 등장했다. 이는 시진핑이 2019년 11월 2일 상하이 장닝(長寧)구 훙차오(洪橋)에 있는 한 사구를 방문했을 때, 지역 주민과 교류하면서 한 말이다. 시진핑은 2021년 10월 13일 개최된 「중앙인대공작회의」에서 '민주'의 가치를 긍정하고 민주 평가의 기준을 제시하며 이렇게 말한다.[10]

> "민주는 전 인류의 공통된 가치이고, 중국공산당과 중국 인민이 시종일관 견지하는 중요한 이념이다."
>
> "만약 인민이 투표 때만 깨어났다가 투표 후에 휴면기(休面期)로 들어간다면, 오직 선거 때만 번지르르한 구호에 귀를 기울이고, 선거 후에는 발언권이 없게 된다. 표를 끌 때만 주목을 받고 선거 후에는 소외되는 민주는 진정한 민주가 아니다. 우리나라는 전 과정 민주와 성과 민주, 절차 민주와 실질적 민주, 직접 민주와 간접 민주, 인민민주와 국가의지가 서로 통일된 전방위적이고

10 「习近平: 在中央人大工作会议上的讲话」(2021年10月13日), 『求是』 2022/02/28.

전체를 포괄하는 민주를 실현했고, 가장 광범위하고 가장 진실되며 가장 유용하게 쓰이는 사회주의민주다."

시진핑의 이러한 발언은 형식화된 선거민주의 문제를 비판하고 있다. 또한 중국의 사회주의민주는 '전 과정'에 걸쳐 '인민'의 '실질적'이고 '직접적'인 민주까지 포괄하는 가장 진실하고 유용한 것이라고 주장한다. 이러한 주장의 이면에는 서구의 민주가 '선거' 중심의, 협소하고 가짜가 판치며 형식적인 민주라는 비판이 깔려있다.

이러한 시진핑의 발언은 2021년 12월 4일 국무원신문판공실에서 발간한 「중국의 민주 백서」(이하 「백서」)에 실렸다. 「백서」는 미국의 주도로 개최된 「민주주의 정상회의」 바로 직전에 발표함으로써, 서구의 중국에 대한 담론 공세에 적극적으로 맞대응하는 성격을 분명히 드러냈다. 중국에 대한 압박 공세에 가치 동맹을 적극적으로 활용하고자 하는 바이든 정부는 세계 110여 개국이 참가하는 민주주의 회의를 기획했고, 여기에는 대표적인 권위주의 국가인 중국과 러시아가 배제되었다.[11] 중국은 「백서」 발표 다음 날인 12월 5일 「미국의 민주」에 대해 비판하는 글도 발표했다.[12] 이 글에서는 어떠한 국가도 이론적으로나 실천적으로 민주의 기준을 독점할 수 없다고 밝히면서, 미국의 현행 민주제도의 결함과 단점에 대해 잘 정리하고 있다.

「백서」의 내용을 살펴보면 미국의 이데올로기적 공세에 적극적으로

---

11 미국 바이든 행정부가 화상으로 개최한 '민주주의 정상회의'가 2021년 12월 9~10일 이틀간 열렸다. 두 번째 회의는 2023년 3월 29일(현지시각) 개최되었고, 참여국이 120여 개국으로 확대됐다.

12 「美国民主情况」『新华社』 2021/12/05.

대응하기 위한 것으로 보이지만, 실질적으로는 중국이 만들어가고 있는 제도와 더불어 중국이 지향하는 민주에 대한 새로운 서술들이 강조되고 있다. 앞에서 말한 '전 과정 인민민주'라는 새로운 표현법이 바로 그것이다. 사실 중국 정부가 민주에 관한 백서를 발표한 것이 이번이 처음은 아니다. 중국공산당은 정치체제개혁을 추진하면서 이미 2005년에 「중국의 민주정치건설」이라는 백서를 발표한 바 있다. 당시 학계에서는 "민주는 좋은 것(民主是個好東西)"이라는 화두로 촉발된 민주 담론에 대한 논의가 뜨거웠다.[13]

2005년 「중국의 민주정치건설」 백서와 2021년의 「중국의 민주」 백서의 내용을 비교해봄으로써, 중국공산당의 민주에 대한 인식과 중국 제도의 내용이 어떻게 달라졌는지 살펴보자.

13 闫健, 『民主是个好东西: 俞可平访谈录』(北京: 社会科学文献, 2006). 중국학계에서의 민주 관련 논의를 정리한 책으로는 다음을 참고할 것. 이희옥, 장윤미 편집, 『중국의 민주주의는 어떻게 가능한가: 중국의 논의』(서울: 성균관대학교출판부, 2013).

〈표 10-1〉 중국의 민주 백서 비교: 2005년과 2021년

	2005년 「중국의 민주정치건설」	2021년 「중국의 민주」	주요 변화
구성	서론, 10장, 결론으로 구성	서론, 5장(각 장의 내용을 하부절로 정리함), 결론으로 구성	기존의 나열식 서술에서 체계적 서술로 바뀜.
당의 역할	1. 국정에 부합하는 선택 2. 중국공산당이 인민의 주인됨을 영도한다.	1. 중국공산당이 인민을 영도하여 전 과정 인민민주를 실현한다.	– '국정에 부합하는 선택'이라는 단독 서술이 삭제됨. – 공산당의 역할이 기존에 "인민의 주인됨을 영도한다"는 것에서 "인민을 영도하여 전 과정 인민민주를 실현한다"는 것으로 보다 구체적으로 서술됨.
민주 제도	3. 인민대표대회제도 4. 중국공산당이 영도하는 다당합작과 정치협상제도 5. 민족구역자치제도 6. 도농 기층민주	1. 과학적이고 효율적인 제도 배치를 갖추었다. 1) 인민민주독재의 국체(國體)를 실행한다. 2) 인민대표대회제도의 정체(政體)를 실행한다. 3) 중국공산당 영도의 다당합작과 정치협상제도를 견지하고 완전하게 한다. 4) 가장 광범위한 애국통일전선을 공고히 하고 발전시킨다. 5) 민족구역자치제도를 견지하고 완전하게 한다. 6) 기층군중자치제도를 견지하고 완전하게 한다.	– 2장에서 중국의 민주제도를 정리하고, 중국 민주제도의 성격(국체와 정체)을 분명하게 서술함. – 기존에 "도농 기층민주"가 "기층군중자치제도"로 바뀜. – 각 제도 앞에 기존에 없었던 "견지하고 완전하게 한다(坚持和完善)"는 서술을 추가함. – 2장 4절에서 "가장 광범위한 애국통일전선을 공고히 하고 발전시킨다"라는 내용을 절에서 단독 서술함.

민주 내용	7. 인권의 존중과 보장 8. 중국공산당의 민주 집정 9. 정부 민주 10. 사법 민주	4. 광범위하고 진실하며 유용한 민주이다. 1) 인민이 광범위한 권리를 누린다. 2) 인민민주참여를 지속해서 확대한다. 3) 국가거버넌스의 높은 효율성 4) 사회의 조화와 안정 5) 권력 운용에서의 효과적인 제약과 감독	– 중국 민주의 주요 내용을 4장에서 정리함. – 기존에 당과 정부와 사법기관의 각각의 민주적 역할을 강조하는 분리된 서술에서, '광범위하고 진실되며 유용한 민주'라는 장에서 통합적으로 서술함.
민주 실천		3. 구체적이고 현실적인 민주실천을 갖추었다. 1) 민주선거 2) 민주협상 3) 민주정책결정 4) 민주관리 5) 민주감독	– 구체적이고 현실적인 민주실천의 내용으로 3장에서 별도로 정리함.
중국 민주 의미		5. 인류 정치문명의 형태를 풍부하게 하였다. 1) 인류의 민주사업발전을 위해 새로운 경로를 탐색했다. 2) 국정에 부합하는 민주발전의 길을 간다. 3) 국제관계의 민주화를 추진한다. 4) 문명교류의 상호참조를 강화한다.	– 추가된 5장에서는 중국 민주의 형태를 역사적, 세계적 맥락에서 규정함으로써, 중국민주가 인류 정치문명의 형태를 풍부하게 했다고 의미를 부여함.

우선 두 백서의 서론 부분을 보면, 2005년에는 '민주'를 인류 정치문명의 성과이자 보편적 요구라고 서술했지만, 2021년에는 '민주'를 인류의 공통된 '가치'이자 '이념'으로 규정하였다. 특히 창당 백 주년을 맞이하며 공산당의 시점에서 바라본 시대 인식을 반영하여 민주를 새롭

게 서술하고 있다. 즉 지난 백 년간 "중국공산당은 '인민민주'의 기치를 들고, 인민 행복과 중화민족의 부흥을 도모하며 인민의 주인됨을 실현하기 위해 끊임없이 분투해 왔다"는 것이다. 더 이상 '중국특색사회주의 민주'라는 용어를 사용하지 않고, 중국의 민주를 '인민민주'라고 구체적으로 규정하였고, 나아가 '전 과정 인민민주'라는 새로운 개념도 제시하였다. '전 과정 인민민주'란 전체가 연결되고 전체를 포괄하는 가장 광범위하고 진실하며 가장 유용한 사회주의민주라는 것이다.

또한 각국의 민주는 자국의 역사적·문화적 전통에 뿌리를 두고 있으며, 각국이 추구하는 민주의 길과 민주의 형태는 다르다고 강조한다. 어떤 한 사회가 과연 민주적인지의 여부를 판단하는 기준으로, 인민이 해결되길 바라는 문제를 해결할 수 있어야 한다는 실용적인 실천들을 제시하고 있으며, 중국의 민주가 인류의 정치문명 발전에 이바지함을 강조하고 있다.

요컨대 2021년 백서의 서론 부분에서는 민주를 더 이상 하나의 성과나 요구가 아니라 중국이 추구하는 분명한 가치나 이념으로 규정하면서, '국정에 맞게 탐색'한다거나 '중국특색'적인 것을 강조하지 않고, 중국이 지향하는 '인민민주' 역시 하나의 보편적인 성격을 띤 민주의 형태임을 강조하고 있다.

다음으로 본문의 내용을 살펴보면, 첫째, 가장 두드러진 변화는 당이 인민을 영도한다는 점을 분명하게 하면서 이를 중국 민주의 특징으로 분명하게 서술하고 있다는 점이다. 즉 "중국공산당이 인민을 영도하여 전 과정 인민민주를 실현한다"는 것이다. 2005년에도 2장에 "중국공산당이 인민의 주인됨을 영도한다"는 서술이 있었지만, 중국 민주가 지향하는 목표에 대해서는 상당히 모호하게 서술해왔다. 2021년에는 "국정에 부합하는 선택"이란 단독 서술을 삭제하였는데, 이는 기존에 중국 국정에 맞는 민주를 모색한다는 입장에서 중국 민주의 성격과 제도를 하나의 보편적인 형태로 서술하는 방향으로 바뀌었다는 것을 알 수 있다. 특히 새롭게 제시한 '전 과정 인민민주'를 발전시키기 위해서는 무엇보다 공산당의 영도가 근본적인 전제가 되어야 함을 강조하고 있다.

둘째, 중국의 민주제도의 성격에 대해 더욱 체계적으로 서술하고 있다. 2021년 백서의 2장 1, 2절에서는 중국의 국체가 '인민민주독재'이고 정체는 '인민대표대회제도'라는 점을 서술하고 있는데, 이는 중국 민주제도의 법적 성격을 보다 확고하게 명시하는 의미가 있다. 중국 민주를 구성하는 각 제도 앞에 기존에 없었던 "견지하고 완전하게 한다"는 서술을 추가하였는데, 이는 이미 중국 제도를 확립하였고 향후 더욱 완전한 방향으로 보완해 나가겠다는 의지를 반영한 것이다.

아울러 기존에 '도농 기층민주'는 '기층군중자치제도'로 바꾸고 이를 중국 제도의 주요한 내용으로 서술하고 있다. '군중'이라는 정치적 주체를 명시하면서 기층에서의 '자치'를 강조하고 있는데, 이는 최근 기층 사회에서 공동체 구성원 모두가 국가안보와 사회안정에 책임을 지고 스스로 관리하는 '미시 거버넌스' 강화의 기조를 반영한 것으로 보인다. 또한 2장 4절에서 "가장 광범위한 애국통일전선을 공고히 하고 발전시킨다"라는 내용을 단독 서술하였는데, 이는 통일전선의 대상인 민주당파나 지식인, 기업인, 민족·종교 인사뿐 아니라 홍콩과 대만에 대한 단결과 화합을 강조한 것이다. 홍콩과 대만을 포괄한 전체 중국이라는 인식 속에서 이들 지역을 중국 제도라는 하나의 틀 속으로 통합시키고 있다.

셋째, 2021년 백서에서는 당과 정부와 사법기관 각각의 민주적 역할을 강조하는 기존의 분리된 서술에서, '광범위하고 진실하며 유용한 민주'라는 이름으로 중국 민주의 내용을 통합적으로 서술하고 있다. 여기에는 인민의 광범위한 권리와 민주 참여의 확대뿐 아니라 국가 거버넌스의 효율과 사회안정, 권력에 대한 효과적인 감독을 강조하고 있다. 2005년에 단독으로 서술했던 '공산당의 민주 집정'의 내용은 더는 강조하지 않고 있는데, 당은 정부나 사회, 권력감독 관련 제반 제도를 총괄하는 상위 개념으로 상정하고 있다.

넷째, 무엇보다 2021년 백서에서 두드러지는 부분은 중국 민주의 의미를 역사적, 세계적 맥락에서 규정한다는 점이다. 즉 중국민주가 인류 정치문명의 형태를 풍부하게 했다는 것이다. 기존에는 중국 민주를 인민의 주인됨을 실현하는 하나의 모색 과정으로 서술했다면, 2021년 백서에서는 중국이 확립한 민주의 길과 민주의 형태가 다양한 정치문명의 하나임을 밝히면서, 중국 민주에 대한 담론권을 확보하고 세계적 차원에서 보편성을 획득하고자 했다. 이를 통해 국제관계의 민주화나 문명교류의 상호참조 등 평등한 국제관계를 강조하고 있다.

이처럼 2005년 백서와 비교했을 때 2021년 백서에서의 민주에 대한 인식 변화는 급변한 국제정세와 달라진 중국의 위상과 함께, 명백히 서구와는 대조되는 이른바 '중국 제도'와 '중국 이론' 및 '중국의 길'을 반영하고 있다. 2022년 10월에 개최된 20차 당대회 「보고」에서도 전 과정 인민민주의 내용을 하나의 장으로 단독으로 수록하며 공식화하였고, 관련 제도보장 강화와 협상민주와 기층민주, 그리고 애국통일전선의 공고화를 '전 과정 인민민주'의 내용으로 포함했다.[14]

또한 '전 과정 인민민주'의 제기와 함께 '민생' 해결과 '공동부유'를 강조하고 있다. 시진핑은 '전 과정 인민민주'는 장식용이 아니라 인민의 요구를 해결하는 데 사용돼야 한다고 강조한다. 한 국가가 민주적인지 아닌지는 "인민이 선거 과정에서 구두로 어떤 약속을 받았는지보다, 선거 후 이 약속들이 얼마나 실현됐는지를 보아야 한다"는 것이다. 인민을 주인이 되게 하려면 "구체적으로, 현실적으로 인민들의 아름다운 생활에 대한 요구를 실현하는 일을 구현해야 한다"는 것이다. 이는 신시대 들어 달라진 '주요 모순'에 대한 규정을 반영한 것이다. 19차 당대회에서는 중국의 주요 모순을 기존의 "물질문화에 대한 인민의 요구와 낙후된 생산력 사이의 괴리"에서 "갈수록 늘어나는 아름다운 생활에 대한 인민의 요구와 불평형하고 불충분한 발전의 차이"로 규정한 바 있다.

중국공산당은 선거라는 형식보다는 민생문제의 해결을 중국 인민민주의 주요 내용으로 설명하며, 서구 민주주의와의 차별성을 꾀하고 있다. 이러한 내용은 국무원신문판공실이 2021년 9월 28일에 발표한 「중국의 전면 소강」 백서에도 반영되어 있다. 이 백서에서는 전 인민의 자유롭고 전면적인 공동발전을 추진하고, 인민경제·사회·정치적 권리

14 「高举中国特色社会主义伟大旗帜, 为全面建设社会主义现代化国家而团结奋斗: 在中国共产党第二十次全国代表大会上的报告」(2022年10月16日), 『新华社』 2022/10/25.

의 보장과 취약계층에 대한 보호를 강화하며, 중국식 민주로 인민이 진정으로 해결하려는 문제를 해결할 수 있다고 강조하고 있다.

이처럼 중국공산당의 민주에 대한 인식은 주요 시기마다 달라져 왔다. 물론 일당제 국가에서 정권을 장악하기 위한 '혁명' 시기의 민주관과 국가를 통치하는 '집권' 시기의 민주관이 그 내용과 실현 방식에서 다를 수밖에 없는 것은 일면 당연하다고 볼 수 있다. 특히 현재 미국의 중국 때리기 공세와 압박이 갈수록 강해지고 구체화하는 국면에서, 중국공산당의 새로 쓴 민주관은 이데올로기적 차원의 대응적 성격을 강하게 띠고 있다. 중국 때리기가 가속화될수록 중국은 독자적인 자체 제도의 차별성을 더욱 강조하고 선전할 것이다.

그런데 '민주'를 하나의 이데올로기적 담론의 전략으로 사용한다는 점을 고려하더라도, 인민민주의 내용은 하나의 교리나 경전처럼 당위적이고 장황한 설명으로 채워지고 있다. 그만큼 민주의 실질적 내용은 더욱 빈약해졌다. 민주 담론을 당이 전유하면서 사회 영역에서의 민주에 대한 다양한 논쟁의 공간도 사라지게 되었고, 공산당의 민주 구상은 민간에서의 민주 논의와 더욱 멀어지고 있다.

인민 없는 '인민지상주의'

중국공산당이 다시 새롭게 제시하고 해석한 '인민민주'의 논리로, 과연 민주의 문제를 해결할 수 있는가? 민주의 문제는 하나의 제도로서 통치 차원에서 규정되기도 하지만, 기본적으로 현대정치의 요체이다. 일당체제라 하더라도 인민의 요구에 끊임없이 반응하고 인민의 권리를 보장해야 하며, '민주'의 원리를 사회 혁신의 정치적 동력으로 삼아야 한다. 이 장의 서두에서 언급했듯이 중국에서 '민주' 논쟁은 지난 백 년간 멈춘 적이 없다. 중국 현대사에서 인민들의 적극적인 참여로 이루어진 각종 정치운동 안에는 민주의 원리가 내재되어 있고, 이것이 바로 사회주의 정치의 핵심이다.

중국의 혁명과 사회주의 건설의 경험을 통해 형성된 '인민민주'는 '당과 인민의 관계'와 떼어놓고 볼 수 없다. 일당제 중국에서 사회 진보를 추동하는 '당과 인민의 결합모델'이란 상호의존적이면서도 서로를 규율하는 끊임없는 긴장관계로 구성된다. 즉 어느 한쪽이 존재하지 않으면 다른 한쪽의 정체성도 사라져버리는 '관계적' 구도 속에 놓여있는데, 중국 체제에서 '인민'이란 당정 관료를 감독하고 비판하는 주체이면서 동시에 일당체제 유지를 합리화하는 담론 주체이기도 하다. 인민이 가진 이러한 '이중성'으로 인해 중국체제의 논리에서 당은 인민 편에 서야 한다는 요구와 압박에서 결코 자유로울 수 없다. 당이 인민들의 요구를 일부 수용하고 정책에 반영할 수밖에 없는 것은, 법에 명시된 규정 때문이 아니라 공산당 스스로 인민을 위한 당이 되어야 한다는 역사적 명분과 도덕적 요청 때문이다. 만약 당이 인민을 떠나고 인민을 위한 정책을 펴지 못한다면, 인민의 주인됨을 보장하는 당 영도 역시 사라지게 된다. 왜냐하면 당이 인민의 편에 서고 인민의 관점에 섰을 때에만 당 영도가 정당화되고, 또한 이렇게 되어야 당의 영도가 인민의 주인됨을 보장할 수 있기 때문이다.

이렇듯 당을 떠난 인민도, 인민을 떠난 당도 의미가 없으며 양자 중 어느 한쪽이라도 빠지면 인민민주 자체가 성립되지 않는다. 만약 이러한 인민민주 원리가 현실정치에서 잘 작동되지 않고 당의 독단적인 권력이 인민을 압박한다면, 인민이 언제든지 당의 독재를 비판하고 이에 저항할 수 있다는 근거 역시 인민민주 원리 안에 내포되어있다. 이는 인민민주 원리 자체에 당이 민심을 떠나면 언제든 뒤집어엎을 수 있다는, 즉 인민 편에 서지 않는 당 영도를 내파(內破)할 수 있는 민주적 원리를 포함한다.

그러나 이러한 원리는 현실정치에서는 많은 난점을 제기하게 된다. 예컨대 '인민의 적'에 대한 '독재'의 함의까지 포함하고 있는 중국의 '인민민주독재' 개념에서 볼 수 있듯이, 인민민주의 논리에서는 언제나 '적'이라는 존재를 상정하고 있다. 제국주의 세력이나 전제군주에 맞서 싸우는 혁명과 투쟁의 시기에 인민민주는 인민이 당과 하나로 결합되어 투쟁하는 힘이 되고 그 과정에서 주인으로서의 주체적 자각이 일어났다. 그러나 평화의 시기 외부적으로 싸워야 하는 '인민의 적'이 없다면 어떻게 할 것인가? 인민 내부에 적이 있다면 그들은 누구이며, 누가 그들을 인민의 적으로 규정하는가? 또한 인민의 요구가 당의 영도에서 벗어난다면 어떻게 할 것인가?

중국공산당은 이러한 본질적인 물음에 대해 회피해왔으며, 사회주의 '정치'의 원리인 인민민주를 단지 '통치'의 차원으로 제한해왔다. 중국특색사회주의제도로 형식화된 민주나 통치수단으로 활용되는 공산당의 민주관과는 달리, '역사적 경험으로서의 인민민주'는 지난 백년간 사회주의 사회의 변혁과 진보를 추동하는 동력이자 힘이었다. 하나의 보편적인 원리로서 인민민주의 가능성을 보여준 대표적인 사건은 1989년 천안문 광장에서의 민주운동이었다. 그러나 1990년대 이후 '중국의 부상'과 함께 '인민민주'는 점차 개혁과 국가발전을 위한 수단으로 복무하면서 '민족 정당' 공산당의 통치 이데올로기로 전락했고, 이에 따라 인민민주가 갖는 보편적인 가치도 상실해버렸다.

또한 중국공산당의 인민민주 논리에서 설정된 '인민'이라는 주체의 문제도 있다. 시진핑은 2019년 19기 4중전회에서 "국가통치에서 인민의 주체적 지위를 제도 개선을 통해 보장하고, (당이) 군중에서 멀어지는 위험을 방지하기 위해 노력한다"라고 강조하며, '인민의 주체적 지위'를 거론한 바 있다. 그러나 여기서 말하는 인민 주체의 지위는 '국가통치'의 영역으로만 제한되어 있다. 즉 중국에서 인민은 '정치적으로' 당의 영도를 받게 되어 있으며, 공산당의 관점에서 서술되는 '인민민주'란 '제도와 통치 원리'로서의 민주의 틀 안에 있다. 중국공산당은 '인민지상(人民至上)'을 견지해야 한다고 강조하면서, "당의 이론은 인민으로부터 나왔고 인민을 위해 인민에게 행복을 주는 이론"이라고 강조한다. 또한 "반드시 인민의 입장에 굳건히 서서 인민의 염원을 파악하고 인민의 창조를 존중하며 인민의 지혜에 집중하자"고 강조한다. 그러나 이러한 인민지상의 메시지는 인민을 최고 가치와 최고 위치에 두어야 한다는 것이지, 인민 스스로가 주인의 권리를 규정하고 행사한다는 의미는 아니다. 다시 말해서 이러한 메시지를 실천하는 주체는 인민이 아니라 중국공산당 간부와 당원이다.

왕샤오밍(王曉明)의 지적대로 중국혁명의 에너지가 다 소진되고 난 뒤 중국과 같은 사회에서 광의의 사회주의를 추구하는 혁명 계급을 형성하여 사회주의식 문화의 장기적인 생명력을 키우는 일은 대단히 힘든 일인지도 모른다.[15] 1989년 천안문 광장에서 폭발했던 인민들의 민주 요구는 중국의 경제성장과 국가발전의 신화에 묻혀 잊힌 듯 보였다. 그러나 2018년 제이식(Jasic) 노동자들의 노조 설립 시도와 이에 대한 대학생들의 지원과 연대 활동은 불꽃처럼 타올랐다. 중국 당국에서 이들의 활동을 불법화하고 주류매체에서 지워버려도, 이러한 불꽃들은 다양한 방식으로 계속 이어지고 있다.[16]

중국공산당의 지난 백 년은 중국 인민들이 경험해온 백 년이기도 하며, 수많은 인민에게 '인민민주'란 단순히 정치적 구호나 선전이 아니라 직접 투신하여 온몸으로 겪었던 역사이기도 하다. 그러나 시진핑 시기 들어 사회 활동가와 민초들에 대한 압박이 거세지면서, 진정한 인민민주의 요구와 실현은 요원해보인다. 1989년 천안문 사건 당시 중국 지도부는 '화평연변(和平演變)'이라는 두려움과 강박에 사로잡혔었다. 이러한 지도부의 인식은 천안문 광장의 민중을 압살하는 참혹한 결과를 가져온 원인 중의 하나이다. 현재 중국 당내에는 점차 바이러스처럼 침투하는 '색깔 혁명'을 철저히 막아내야 한다는, 또 다른 '화평연변'의 두려

15 王晓明, 「中国革命的文化难题」 2021년도 한국중국현대문학학회 춘계학술대회. "문화로 돌아보는 중국공산당 백 년". 2021년 5월 22일.

16 박민희, 『중국 딜레마: 위대함과 위태로움 사이에서, 시진핑 시대 열전』 (서울: 한겨레출판사, 2021).

움에 사로잡혀 있다.[17] 2019년 당 매체 『구시(求是)』에서는 2013년 1월에 했던 시진핑의 연설을 발표하기도 했다. "소련이 왜 망했는가? 소련이 망한 중요한 원인은 이데올로기의 투쟁이 격렬하여 소련의 역사, 소련 공산당의 역사를 부정하고 레닌과 스탈린을 부정하고 역사의 허무주의를 조장했기 때문이며, 사상이 교란되었기 때문이다."[18]

서구와는 다르게 중국에 맞는 중국의 길과 제도를 만들어야 한다는 방향은 합리적이다. 그러나 자신의 길을 만들어가는 과정에서 인민 대중의 요구를 반영하고 역사적 잘못을 성찰하며 사회의 다양한 민주 논의를 수용해야 하지만, 시진핑 집권 이후 중국은 이러한 공간을 완전히 압살해버렸다. 중국공산당은 「중앙인대공작회의」가 당 영도의 인민민주를 보장하는 중요한 제도 형식이라고 주장하지만, 이는 인민민주에 대한 '당의 영도'를 실현하는 제도적 형식이지, '인민민주'를 실현하는 제도 형식은 아니다. 또한 지금 강조되는 '전 과정 인민민주'는 '전 과정'을 포괄한다고 하지만 예전보다 내용이 더욱 공허해졌고, 통치의 언어로만 남게 되었다.

---

17 2010~2011년 '아랍의 봄'과 구소련 연방 국가들의 '색깔 혁명'이 일어났을 당시, 시진핑은 오바마 당시 미 대통령과 조 바이든 부통령과의 비공개 대담에서 중국이 '색깔 혁명'의 대상이라고 발언하면서, 이는 '민주'라는 이름의 민중 동란으로 그 원인을 서방 탓으로 돌렸다고 알려졌다. "In Turbulent Times, Xi Builds a Security Fortress for China, and Himself", *The New York Times*, 2022/08/06.

18 习近平, 「关于坚持和发展中国特色社会主义的几个问题」『求是』 2019年 7月.

11장

어떠한 사회를 건설할 것인가?: 군중노선과 인민전쟁론

19차 당대회 문건에서 '인민'이란 말은 203번 나왔지만, '공민(公民)'이란 말은 단 한 차례만 언급되었다. 지난 개혁개방 시기 동안 '공민' 주체와 '공민권', '공민사회' 등이 중국학계에서 뜨거운 논의 주제였음을 상기해본다면, 극적인 변화라 하지 않을 수 없다. 개혁개방 이후 변화된 중국사회의 특징을 설명하는 중국 학계의 가장 대표적인 이론은 '시민사회론(Theory of Civil Society)'이었다. 'Civil Society' 개념을 어떻게 번역할 것인가를 둘러싸고, '시민사회', '공민사회', '민간사회' 등 개념에 관한 다양한 논의가 있었다. 중국에서 '시민'이란 개념은 개별 시민의 정치적 권리를 포함하지 않고 단순히 도시에서 거주하는 주민을 의미하기 때문에, '시민사회'는 중국의 사회현실을 반영한 적절한 번역어는 아니다. '공민' 개념은 중국 헌법에서 명시적으로 법적 권리를 보장하고 있으므로, 중국학계에서는 대개 'Civil Society' 개념을 '공민사회'로 번역하여 사용하고 있다.

개혁개방 시기 사적 재산권과 사회 조직권을 특징으로 하는 서구식 시민사회의 성격은 아니지만, 법적 권리를 담보한 공민 주체를 단위로 한 공민사회운동은 나름 순기능을 하며 발전해왔다. 특히 대도시를 중심으로 지식인 주도의 신(新)공민운동이 전개되며, 농민공, 여성 등 중국의 사회적 약자들의 이익을 대변하고 미디어의 관심을 받기도 했다. 중국 정부가 한때 이러한 운동을 긍정적으로 평가한 것은, 이들의 활동이 정부가 해야 하지만 하지 못하는 약자 보호의 역할을 하면서도 약자들의 저항을 순화시키는 기능이 있다고 보았기 때문이다.

그러나 2013년 1월 「남방주말(南方周末)」 신년 사설에 "중국의 꿈(中國夢)은 헌정의 꿈(憲政夢)"이라는 글이 게재되는 사건이 발생한다. '헌정몽'이란 권리의식을 가진 정치적, 법적 주체 '공민'을 기반으로 하여 헌법에 기초하여 통치되는 사회를 목표로 한다. 이는 당의 권위에 직접적으로 도전하는 것이다. 이 사건으로 신문 편집장과 관련 기자는 제재를 받았고, 이후 '공민사회'라는 말이 정치적 용어로 이념화되면서 중국 선전기관에서 금지어로 지정한다.

2013년 4월 당 중앙은 '9호 문건'인 「현 단계 이데올로기 영역 상황에 관한 통보」를 하달하면서, "서구 헌정민주의 선양, 보편적 가치, 공민사회, 신자유주의, 서구 언론자유관, 역사허무주의(중국 혁명역사와 당의 역사 부정), 개혁개방에 대한 의문" 등 7가지 문제에 주의하라고 지시하였다.[1] 이에 따라 개혁 시기 중국 사회건설의 바람직한 모델로 제기됐던 공민사회는 현실정치에서 이데올로기화된 용어로 그 의미가 바뀌게 된다. 중국공산당은 일선의 교육현장에서 이 용어를 쓰지 못하게 하였다. 시진핑 집권 이후 공민사회에 대한 이론적 논의나 주장은 점점 설 자리를 잃게 되었고, 2015년 이후에는 관방학자들이 주도하는 '인민사회' 논의로 완전히 바뀌게 되고 공식적으로 '군중노선'에 대한 정치적 강조가 점차 선명해진다.

'당의 초심'과 군중노선의 복원

현재 중국공산당이 지향하는 사회건설의 모델은 '인민사회'이다. 여기서 '인민'은 당의 영도 하에 공동체를 위해 매진하는 이상화된 주체로, 사회주의 실현이라는 목적을 가지고 조직된 집단적 주체를 의미한다. 이렇게 '집단화된 인민'을 주체로 한 인민사회 건설의 구체적인 방법으로는 인민 조직화를 통한 참여의 유도, 인민 결사의 주체성 확립, 그리고 군중노선의 강화 등이 있다. 현재 신시대에서 '당의 전면적 영도'를 강조함에 따라 과거 혁명 시기 공산당의 혁명노선이자 군중동원의

1 이 문건에서는 '서구의 반중국 세력'과 '대륙의 이견(異見)분자'들이 중공 이데올로기 영역에 부단히 도전하고 침투한다고 지적하면서, 매체, 인터넷, 민간 집회에서 대량으로 전파되는 잘못된 반동 사조에 대해 이데올로기의 진지(陣地) 관리를 강화해야 한다고 요구하였다. 이 문건의 주요 내용은 〈New York Times〉 2013년 8월 19일자에 소개되었고, 전문은 『明镜月刊』 2013년 9월호에 게재되었다.

방법이었던 '군중노선(mass line)'이 다시 부각되고 있다.

최근 중국공산당이 강조하고 있는 "당의 초심으로 돌아가자"라는 메시지 속에는 당이 인민군중으로부터 분리되면 안 된다는 군중노선의 정신이 담겨있다. 18차 당대회 「보고」에서는 "당의 선진성과 순결성 유지를 위해 전 당이 인민을 위한 실용과 청렴성을 골자로 하는 당의 군중노선교육실천활동을 심도 있게 전개하고, 인민군중이 강하게 호소하는 문제들을 해결하기 위해 노력하고 새로운 정세에서 대중사업의 능력을 높여야 한다"고 강조한 바 있다. 그렇다면 신시대 들어 강조되는 군중노선은 어떠한 특징이 있는가? 기존의 군중노선과는 내용이나 성격면에서 어떠한 차이가 있는가?

첫째, 개혁개방 시기 주로 간부의 영도방법에 머물러있던 군중노선은 신시대 들어 통치 원칙이자 당이 추구하는 가치로 격상된다. 이는 새로운 국가목표와 전략을 발표하면서 강조하고 있는 중국 제도나 중국 통치의 방침과 관련된다. 2008년 세계금융위기 이후 기존의 세계체제가 불안정해지면서, 중국공산당은 서구식 제도로는 중국이 이루고자 하는 바를 이룰 수 없다는 점을 명확히 인식해왔다. '중국의 것'을 복원하고 정립한다는 기조에서 '군중노선'을 재해석해왔다. 2013년 12월 26일 마오쩌둥 탄생 120주년 기념 좌담회에서 시진핑은 "군중노선은 우리 당의 생명줄이자 근본적 업무노선"이라고 하면서, "모든 것을 군중을 위해, 모든 것을 군중에게 의지하고, 군중으로부터 나오고 군중 속으로 들어가 당의 정확한 주장을 군중의 자각적 행동으로 전화시키고, 군중노선을 국정(治國理政)의 모든 활동 속으로 관철시켜야 한다"고 강조했다.[2] 서구와는 다른 중국의 길을 강조하면서 시민사회에 기반을 둔 서구식 민주와 달리 군중노선이라는 당의 오래된 원칙에 따라 중국특색사회주의를 건설하고, 중국의 모든 국정 활동과 방식에 군중노선의 원칙을 관철시켜야 한다는 것이다.

둘째, 군중노선이 중화민족의 부흥을 위해 사회적 역량을 결집하고 중국몽을 실현하는 주요 '방법'으로 제기되면서, 인민군중의 의미가 민족과 중화민족의 의미와 연결되었다. '중화민족'이란 단어는 역대 당대회 보고서에서는 거의 등장하지 않다가 개혁 이후 조금씩 사용되어 왔고, 국가의 목표로 명시되며 본격적으로 사용된 것은 19차 당대회였다.[3] 기존에는 주로 '통일대업'이나 '일국양제'라는 용어와 조합해서 사용되었던 중화민족 개념이 19차 당대회에서는 공산당의 역사적 경험을 회고하며 집정 합법성을 확인하는 상황에서 사용되었다. 즉 창당 백 주년을 맞이하며 중화민족의 지난 백 년간의 '분투(奮鬥)' 과정을 바로 '중국의 꿈'을 모색하는 하나의 과정으로 재해석한 것이다. 이는 지난 백 년의 역사 과정으로 중국공산당의 집정지위를 합리화하는 것으로, '중화민족'이 기나긴 민족민주혁명 투쟁과 사회주의 건설 과정에서 형성된 것이라는 점을 강조한다. '중화민족'으로 국가역량을 결집하고, 사회동

2 习近平, 「在纪念毛泽东同志诞辰120周年座谈会上的讲话」『新华社』 2013/12/26.

3 중화민족이란 용어가 역대 당대회에서 사용된 빈도수를 보면, 1922년 2대에서 1번, 1935년 7대에서 1번이고, 1987년 13대 3번, 1997년 15대 12번, 2002년 16대 17번, 2007년 17대 15번, 2012년 18대 18번이며, 2017년 19대에서는 44번 등장한다. 王翔, 李慧勇, 「"中华民族"入宪: 民族共同体理念的文本轨迹和演化逻辑」『河南大学学报(社会科学版)』 2019年 第2期.

원을 통해 국가의 통일·안정·단결을 유지하며, 중화민족의 위대한 부흥을 실현하는 것을 근본 목표로 삼고 있다. 이 과정에서 군중노선은 모든 인민과 중화민족을 하나로 결집시키고, "힘을 모아 큰 일을 하게 하는(集中力量辦大事)" 구체적인 방법으로 제시되고 있다.

셋째, 군중노선은 개혁 시기 형성된 기득권을 타파하는 빠르고 효과적인 방법이기도 하고, 또한 당이 초심으로 돌아가 인민에게서 멀어지지 않도록 하는 '당의 엄격한 관리'의 효과적 수단으로 다시 등장하고 있다. 시진핑은 집권 초반인 2013년 6월부터 2014년 10월까지 당의 군중노선교육실천활동을 분기를 나누어 전개한 바 있다. 주제는 "인민을 위한, 실용적이고 청렴하며, 형식주의, 관료주의, 향락주의, 사치풍조의 문제 해결"에 중점을 두었다. 이는 당의 역사상 처음으로 군중노선을 주요 내용으로 하는 대규모 교육실천활동이었으며, 당원 간부의 군중 관념과 총체적 의식을 강화하는 효과를 거두었다.

공산당의 역사에서 관료주의 병폐와 관료 부패를 방지하기 위해 대중운동을 동원하는 방식은 익숙하게 써왔던 방법이다. 예컨대 1947년 해방구에서 토지개혁을 진행할 때 당 중앙은 광범위한 '정풍(整党)' 운동(당원의 재교육운동)을 벌이며, 기층 당 간부를 감독·조사·파면할 수 있는 포괄적 권력을 군중의 수중에 넘겨주었다.[4] 그러나 현재 중국 공산당이 당·국가 관료와 개혁 기득권에 대한 숙정(肅整)의 도구로 사

4 리리펑, 「모호한 주체: 근대중국의 군중 담론」 『개념과 소통』 2018년 제21호, pp. 119~120. 리리펑은 전제 군주의 권위가 와해된 뒤 그 주체적 지위의 계승자는 모호하고 식별하기 어렵다고 본다. 즉 근대중국 '군중' 담론에서 발견할 수 있는 것은 군중 개념에는 무질서함과 산만함이 함축되어 있어 조직과 동원이 필요한 모호하고 불명확한 주체의 형상이라는 것이다.

용하는 군중노선은 과거와는 달리 인민군중에게 기층 관료에 대한 직접적인 비판권과 발언권 및 조직권을 주지 않으며, 군중운동 역시 불허하고 있다. 과거 문화대혁명 시기의 정치운동 방식이 아니라 반부패 풍조를 "법에 의한 국가 통치"의 흐름 속에서 하나의 제도로 안착시키는 방향으로 이끌고 있다. 이는 군중노선이 사회주의 체제의 사회변혁을 위한 것이 아니라 체제 안정과 질서유지, 사회관리와 통제를 위한 유효한 수단으로 강조되고 있다는 점에서 매우 보수적인 성격을 띤다고 하겠다.

넷째, '인민지상(人民至上)'을 강조하면서 각 지역의 기층에서는 사회거버넌스와 관련하여 군중노선을 실천하기 위한 구체적인 방법을 모색하고 있다. 군중노선은 주로 기층의 당 사업과 연계되며 기존 군중단체의 역할을 강조하고, 이들 군중단체를 매개로 사회를 통합하려 한다. 즉 전국중화총공회(工會, 중국의 노동조합)나 부녀자연합회(婦聯), 공산주의청년단(共靑團) 등 기존 군중단체를 매개로 하여 당이 군중 조직력을 강화할 수 있는 효과적인 경로를 만든다는 것이다. 군중단체 조직의 정치성, 선진성, 군중성을 강화함으로써 기층 수준에서 인민대중과 당을 연계하는 매개 역할을 강화하고자 한다. 그러나 대중들의 자발적이고 실질적인 참여를 포함하여 이러한 방침이 제도화될 수 있을지는 아직 미지수다.

군중노선의 의미를 역사적으로 살펴보면, 혁명 시기에는 주로 간부의 대중동원 방법 및 업무태도와 관련하여 발전되어오다가 8차 당대회에서 처음으로 하나의 노선으로 확정되었다. 사회주의 건설 시기에는 산업 기반 건설 및 집단노동의 동원, 관료 부패를 견제하기 위한 대중운동의 수단으로 쓰였다. 개혁 이후에는 간부의 업무 방법으로 강조되어오다가, 집정당으로 당의 위상이 전환되면서부터 하나의 집정가치로 그 의미가 확대된다.

신시대에 접어들어 군중노선은 국정운영을 위한 집정가치로 승격되었을 뿐 아니라 '인민민주' 담론과 연결되어 중국식 정치모델의 중요한 특징으로 모색되고 있다. 군중노선에서 중국정치모델의 이론적 함의를 찾고자 하는 시도는 군중노선이 당의 취약한 사회적 토대를 뒷받침해줄 뿐 아니라 합법성의 결여라는 약점을 이론적으로 보완해줄 것이라는 기대감 때문이다. 또한 자유주의(개인주의)에 반대하는 실천적 근거가 되는 동시에 관료주의 풍조를 극복하는 유효한 수단이 되기도 한다. 그러나 오늘날 다시 강조되는 군중노선은 과거처럼 사회적 변혁을 위한 것이 아니라 안정과 질서 유지, 그리고 사회관리와 통제를 위한 유효한 거버넌스 수단으로 재조명되고 있다. 군중 스스로 주체가 된 사회운동 역시 허용되지 않고 있다.

'인민전쟁론'과 방역 정치

2019년 말부터 시작된 코로나19 팬데믹 상황은 중국 사회를 빠르게 변화시켜왔다. 전염병의 확산 속에서 당의 지휘능력과 당의 정신은 마치 '전쟁'과도 같은 상황을 극복해나갈 최고의 방법으로 강조되었다. 실제로 코로나19 초기 감염확산 통제에 실패한 이후 중국은 지역 봉쇄라는 강력한 '코로나 제로(清零)' 정책으로 감염자 수를 극적으로 감소시키는데 성공했다. 2020년 6월 기준으로 인구 100만 명당 코로나19 사망자를 보면 중국이 3.3명인 데 비해 미국은 2,600명이었다. 이러한 극명한 대비가 증명하듯, 중국은 초기의 코로나 위기를 잘 통제했다는 자신감을 갖고 있으며, 이를 우월한 중국 제도와 체제 덕분이라고 선전했다.[5]

코로나19가 발생하자마자 중국공산당은 이를 '방역전(防疫戰)', 즉 '전쟁'으로 명명했다. 방역이라는 전쟁에서 '승리'하기 위해 중국공산당은 국가 전체의 가용한 자원을 총동원했고, 비상 상황에 언제라도 대비할 수 있도록 모든 물자와 자원을 재배치했다. 전쟁과도 같은 방역의 과정에서 과거 공산당이 이끌었던 혁명의 경험과 기억을 환기하며 전 인민의 단결을 호소했다. 코로나19가 발생하기 전부터 이미 중국은 '미·중 무역전'을 치르고 있었고, 이러한 분위기에서 전염병이라는 두려운 위협이 현실 감각으로 다가오면서 중국 사회는 더욱 결사항전의 태세로 변해갔다. 중국공산당은 바이러스이든, 미국이든, 중국을 괴롭히는 '외부의 적'과의 일대 투쟁에서 반드시 승리해야 한다는 결의로 가득찼다.

변종 바이러스인 오미크론이 발생하기 전까지, 백만 명 이상 사망한 미국과 대비되며 인민의 생명과 노인층의 취약성을 고려하는 중국식 방역이 훨씬 우월해 보였다. 중국공산당은 이를 체제의 승리, 제도

5 国务院新闻办公室, 「〈抗击新冠肺炎疫情的中国行动〉(2020.6)」『新华社』 2020/06/07; 「我国制度优势在抗击疫情中的力量彰显」『人民日报』 2020/06/17; 「抗疫斗争彰显中国制度优势」『人民日报』 2020/09/17.

적 우월성이라 선전하였고, 중국의 자신감도 이에 따라 커졌다. 중국의 방역을 어떻게 해석하고 평가할지는 많은 이견이 있지만, 중국 내부에서는 혁명역사 속에서의 '인민전쟁'이라는 개념과 연결하여 중국의 방역 정치를 설명하고 있다. 즉 중국이 "무역전쟁과 방역전쟁에서 이길 수 있었던 것은 거국 동원의 총체전과 인민전쟁을 수행했기 때문"이라는 것이다.[6] "방역은 전쟁"이라는 관점에서 접근했기 때문에 '거국체제(擧國體制)'[7]가 발휘될 수 있었고, 이에 따라 거국적 동원의 총력전, 즉 '인민전쟁'이라는 개념 역시 함께 거론된 것이다.

왕후이(汪暉)는 '탈정치화의 정치'를 논하면서 '인민전쟁'의 개념을 제기한 바 있다. 그는 중국이 직면한 최대 위기를 '정당정치의 위기'로 보는데, 즉 정당정치가 '당-국가'에서 '국가-당'으로 변질되었다는 것이다. 정당이 국가화됨에 따라 정당은 자신의 대표성과 정치성을 상실하게 되었으며, 결국 대중사회와 완전히 단절되고 말았다는 것이다. 왕후이는 '정당의 국가화'로 인해 '탈정치화된 정치'를 '재정치화'를 통해 새로운 정치의 길을 열어야 한다고 주장하면서, 새로운 정치를 여는 자원으

6 셰마오쑹, 「거국체제 방역의 정치학」, 백영서 엮음, 『팬데믹 이후 중국의 길을 묻다: 대안적 문명과 거버넌스』(서울: 책과함께, 2021).

7 '거국체제'란 말 그대로 '국가 전체의 모든 역량을 움직인다(擧全國之力)'는 의미로, 국가 목표를 달성하기 위해 다양한 물적·인적 자원을 총동원하고 체계적으로 배치·운용하는 체제를 말한다. '거국체제'라는 말이 처음으로 중국 공산당 문건에 등장한 것은 2016년 4월에 발표된 「13·5 규획 강요」였다. 이후 2021년 3월 「14·5 규획 강요」에서 '국가의 전략적 과학기술 역량'을 강화하자고 하면서, "과학기술 강국의 행동요강을 제정하고 사회주의시장경제 조건하에서의 '신형 거국체제'를 완비하자"라고 보다 구체적으로 제기한다.

로 과거 혁명 당시의 '인민전쟁'과 '군중노선'의 역사를 재평가한다.[8] 즉, '인민전쟁'을 '대표성의 단절'이나, '정당정치 위기', '탈정치화 현상' 등을 재정치화할 수 있고 새로운 정치주체를 형성할 자원으로 불러내며 사상적, 이론적, 실천적으로 검토한다.

최근의 글에서 왕후이는 중국의 혁명과정에서 등장했던 인민전쟁의 이론과 실천이 오늘날의 중국에 어떠한 시사점을 주는지 논의하면서, 전 인민 방역 과정에서 나타날 수 있는 새로운 정치주체의 가능성을 탐색하였다.[9] 왕후이가 말하는 '인민전쟁'은 순수한 군사개념이 아니라 '정치적' 개념이자 새로운 정치주체를 창조하는 과정으로, 레닌주의 창당 이론과는 다른, 군사투쟁과 일상생활, 문화창조가 결합한 유기적인 조직 방식을 말한다. 이러한 인민전쟁의 이론과 실천은 중국 혁명의 독창적인 발명품일 뿐 아니라 중국 혁명의 독특함을 보여준다는 것이다. 인민전쟁의 과정에서 형성되는 새로운 정치주체란 "당과 군대, 인민군중들 간의 새로운 관계"에 기반한 주체이다. 즉 "인민전쟁 과정에서 이루어진 정당과 군대 사이의 결합(黨軍), 정당과 혁명정부 사이의 결합(黨政), 토지혁명을 통해 이루어낸 농민 대중과 정당 사이의 결합(黨群)은 인민전쟁이 역사 속의 그 어떤 정당과도 확연히 구별되는 새로운 유형의 정당을 창출했고, 그 어떤 프롤레타리아 계급과도 확연히 구분되는, 농민을 주요 구성원으로 하는 새로운 계급 주체를 창출했다"는

8 왕후이 지음, 성근제, 김진공, 이현정 옮김, 『탈정치 시대의 정치』 (서울: 돌베개, 2014).

9 汪晖, 罗岗, 梁展, 李放春, 张翔, 「20世纪中国革命与作为政治过程的人民战争」『杭州师范大学学报(社会科学版)』 2021年 第3期.

것이다.[10]

여기서 왕후이가 말하는 '새로운 유형의 정당'이란 정당의 성격을 초월하는 '슈퍼 정당(超级政党)'적 특징을 가진 정당으로, 대중운동의 특징을 가지면서도 동시에 국가기구와 정권운동에 대한 직접적 영도와 직접 개입을 갖추고 있다는 것을 의미한다. 그리고 '군중노선'은 인민전쟁의 기본적 전략으로, 당의 정책인 동시에 당을 재구성하는 형식으로, 일종의 정치적 과정으로 본다.[11] 이렇게 당과 대중운동 사이에 밀접한 연관을 가진 독특한 정치 형식은 20세기 인민전쟁의 과정에서 생겨났다는 것이다. 왕후이의 관점에서 볼 때 인민전쟁 과정에서 형성되는 새로운 정치주체란 정당과 군대, 대중정치의 결합 속에서 가능한 것이고, 정당과 군중의 '일체화된 관계' 속에서만 가능한 것이다.

왕후이는 작금의 '탈정치화된 정치'를 '재정치화'하고 새로운 정치주체를 탄생시키기 위해, 과거 혁명 과정에서 형성되었던 '인민전쟁'을 하나의 정치적 과정으로 재해석하며, 오늘날 중국사회에 되살릴 수 있는 가능성을 검토한다. 왕후이의 '단기 20세기' 중국 혁명 경험에서 건져올린 정치 주체와 정치적 에너지에 대한 분석은 돋보인다. 하지만 이를 정치적 지형이 달라진 현시점에 적용해서 현실정치 해석에 사용하는 데는 무리가 있어 보인다. 중국 혁명 당시의 '인민전쟁'은 제국주의, 봉건세력, 관료세력 등 낡은 것과 싸우는 보편성을 갖추고 있지만, 현재 중

10 왕후이 지음, 성근제, 김진공, 이현정 옮김, 『탈정치 시대의 정치』 (서울: 돌베개, 2014). p. 236.

11 왕후이 지음, 성근제, 김진공, 이현정 옮김, 『탈정치 시대의 정치』 (서울: 돌베개, 2014). p. 238.

국공산당이 말하는 '인민전쟁'은 일국적 차원에서 강조되는 민족적, 애국적 성격을 강하게 띠고 있다.

또한 일당집정체제가 지속하려면 당이 관료화되는 것을 막아야 할 뿐 아니라 정당의 '자기 개혁'을 위한 정치적 공간을 지속해서 창출해야 한다. 이러한 측면에서 왕후이의 지적대로 문화운동과 이론투쟁은 매우 중요하다. 그러나 현재 중국공산당이 이른바 '자아혁명'을 위해 동원하고 있는 것은 '관리'의 범주로 전화한 반부패운동일 뿐, 사회적 논쟁과 이론투쟁은 완전히 금지하고 있으며, 기존 사회조직의 자발적 정치성도 억압하고 있다. 왕후이는 이러한 정치 현실에는 눈감으며, 중국 혁명을 신화화한다.

중국공산당이 강조하는 '당의 전면적 영도' 강화만으로는 당의 정치력을 회복할 수 없다. 어떻게 사회역량을 더 대규모로, 더 직접적으로 정치적 과정에 참여토록 할 것인가, 사회적 참여와 정당 사이의 실질적 연결고리를 어떻게 다시 건설할 것인가는 여전히 중국정치가 안고 있는 난제라 하겠다.

코로나19의 팬데믹 상황에서 '인민전쟁'은 확실히 중국 체제가 보유한 조직능력과 동원능력을 보여주는 중요한 개념이다. 그러나 '방역' 상황에서의 인민전쟁은 '혁명' 당시의 인민전쟁과는 다르다. 전염병과의 싸움에서 대다수 인민은 피동적 상황에 놓인다. '하나의 장기판' 위에서 인민이 할 수 있는 것은 방역수칙을 지키는 맡겨진 역할에 충실히 하는 것뿐이다. 초기에는 이러한 과정에서 서로가 연결되어 있다는 공동체 의식을 발견할 수 있었지만, 이러한 상황이 장기화하면 피로감이 늘어난다. 게다가 오미크론 발생 이후 중국 밖의 세계는 '위드 코로나(단계적 일상회복)' 상황으로 전환했지만, 2022년 말까지 중국은 제로 코로나 방역체계를 고수했다.

20차 당대회를 며칠 앞두고 베이징 대학가의 중심지인 쓰퉁(四通)교에는 그 삼엄한 감시망 속에서도 "코로나 검사와 봉쇄 말고 밥과 자유를 원한다, 노예가 아니라 공민이 되겠다"라는 현수막이 내걸렸다. 봉쇄된 정저우(鄭州)시 폭스콘 공장에서는 타지에서 온 노동자들이 공장을 탈출하여 걸어서 고향으로 돌아가기도 했다. 급기야 2022년 11월 중국의 주요 도시와 대학가에서는 아무것도 적지 않은 백지를 들고 항의하는 일명 '백지 시위'가 잇달아 발생하고, "공산당 타도, 시진핑 하야"라는 구호로 당국을 비판하는 정치적 구호가 등장하기도 했다.[12] 이후 '제로 코로나' 정책은 갑자기 해제되었다. 지난 3년 동안 "생명 제일"을 강조하던 방역정책은 곧바로 "모든 사람은 자신의 건강에 가장 먼저 책임을 져야 한다"는 구호로 바뀌었다.[13] 코로나를 통제하기 위해 총력을 벌였던 '인민전쟁'의 방역은 일순간 인민 각자의 책임과 생존 방역으로 바뀌었다. 인민 집단의 힘을 강조하던 '인민전쟁'은 개별 인민의 각개전투가 되었다.

---

12 홍명교, 「우루무치 화재 참사와 백지 시위」 『플랫폼C』 2022/12/02.

13 「新华时评: 抗疫, 每个人都是自己健康的第一责任人」 『新华社』 2022/11/26.

새로운 주체화의 과정, '인민' 만들기

신시대의 새로운 국가목표에 맞춰 중국공산당은 현재 군중노선을 기반으로 한 대중사회모델을 지향하고 있다. 표면적으로는 과거 사회주의 시기나 문화대혁명 시기로 되돌아가는 것처럼 보이지만, 앞에서 살펴보았듯이 신시대의 군중노선은 과거와는 매우 다른 특징을 띤다. 특히 두드러지는 특징은 바로 '인민'이라는 주체를 설정하는 데 있어서 인민과 중화민족, 국가로 이어지게 하는 새로운 '가국관(家國觀)'을 주입한다는 점이다. 즉 당과 인민의 혈육관계를 강조하면서, 인민의 의미가 가족과 민족의 연장선에서 강조되는, '민족으로서의 인민'으로 등장하고 있다.[14]

전통적 가국관에 기반하여 주체화되는 '인민'은 정서적 애착과 윤리적 책무가 결합한 주체이며, 이는 기존 사회주의 건설기에 형성하고자 했던 사회주의 인간형 '인민'과는 다른 것이다. 사회주의 건설 시기에는 공동체의 기본 단위로 전통적인 혈연적 가족도 아니고 서구의 개체(개인)도 아닌, 탈자아, 탈가정, 탈혈연을 기초로 한 '인민' 개념을 핵심으로 하는 공동체를 확립하고자 했었다.[15] 가족이나 지역 등 전통적 관계

---

14 조문영은 인류학 민족지(ethnography) 연구를 통해 개혁 시기 노동자 인민의 의식 속에 있는 자부심이 자기 비하와 공존함으로 보여주며, '민족'으로서의 인민과 '계급'으로서의 인민 사이에서 스스로를 '결함 있는' 인민으로 자리매김하는 과정을 보여준다. Mun Young Cho, *The Specter of "THE PEOPLE": Urban Poverty in Northeast China*, Cornell University Press, 2013.

15 应星, 『中国社会』(北京: 中国人民大学出版社, 2015), p. 46. 장영석 역, 『중국사회』(서울: 사회평론아카데미, 2017).

를 초월하여 사회주의라는 공동체적 목표 달성을 위해 자신을 희생하는 사회주의 주체이다.

그러나 현재 진행되는 중국공산당의 '인민 만들기'는 '가국정서(家國情懷)의 국가 이념화'의 흐름 속에서 형성되는 것이다. 개인의 운명과 국가 민족의 발전을 '중국몽'을 향해 함께 분투해나가는 운명공동체로 연결하고 있으며, 이는 특정한 가치를 지향하는 것이라기보다는 가국정서를 국가주권과 하나로 연결해 주조하는 윤리적 공동체의 특징을 갖는다. 이러한 가족적 정서 및 감정과 관계를 국가적 목표를 추진하는 운동의 동력으로 사용하는 일종의 '윤리적 민족주의(ethical nationalism)'는 특정 목적을 향해가는 이념 지향적 성격이 아니라 내 가족과 나의 민족을 묶어주는 일체감과 소속감, 그리고 내가 속한 공동체에 대한 책임감과 사명감 등 기본적이고 원초적 감정을 바탕으로 조장(助長)되는 민족주의이다. 이러한 원리에서 가정과 국가의 역할은 바로 구성원에게 안정과 유대감, 버팀목을 제공하는 것이며, 중국공산당은 이러한 감정과 정서에 기반을 둔 국가의 안정과 존속에 전략을 맞추고 있다.

그러나 중국공산당이 설계한 사회건설과 "인민의 주체적 지위" 안에는 '건설'을 위해 매진하는 인민 주체가 있을 뿐 정치–사회적 주체는 보이지 않는다. 즉 중국에서 주체로서 강조되는 인민은 자주적 결정권을 가진 주체, 상호작용을 통해 연합을 형성하는 주체가 아니라 당에 의해 설계된 사회를 건설하기 위해 매진하는 주체, 사상교육을 통해 배양되고 길러지는 주체, 당과의 윤리적 혈육관계를 통해 정박(碇泊)된 주체를 의미하며, 그러므로 거대한 윤리적 공동체 속에서 인민은 더욱 추상적 관념으로 남게 된다. 인민사회에 대한 재정의를 통해 기존 '공민사회론(시민사회론)'이 안고 있는 한계를 극복하는 방향이 아니라, 공민사회론이 제기했던 논의를 사회문제와 함께 덮어버리는 방식으로 인민이 소모되고 있다.

시진핑 집정 이후 지식인 담론 공간이 완전히 '체제화'되었고, 민간이 함께 지식을 생산하던 공간 역시 사라지고 말았다. 그렇지만 사회주의 본질에 대한 문제 제기, 그리고 중국은 어디로 가야 하는가에 대한 물음은 지난 백 년간 멈춘 적이 없었다. 당이 구상하는 '재조인민(再造人民)'이나 '사회건설'만으로는 절대 완성되지 않는 사회주의 체제의 주체 문제가 여전히 남아있다.

12장

‘사구(社區)’ 중심의 사회통제와 거버넌스 재편

‘당의 군중동원’과 ‘국가의 사회관리’

중국과 같이 거대한 규모를 지닌 국가에서 어떻게 안정적으로 사회를 관리할 것인가? 개혁 시기의 사회관리모델이 한계를 드러내자, 중국공산당은 새로운 사회관리의 자원을 다시 과거 당의 군중 기반 전통에서 가져왔다. 혁명과 건설 시기에 당의 총동원 방식을 통한 사회 조직화 역사가 있었고, 시장화 개혁 시기에도 행정기관이자 사회단체라는 이중 기능을 지닌 ‘군중단체’가 여전히 당과 사회를 매개하는 역할을 하고 있었다. 시진핑 집권 이후로는 당의 이러한 정치적 자산인 군중단체를 매개로 하여 인민과의 친밀성을 높이고 있는데, 이는 개혁 시기 당의 국가를 통한 사회관리 방식과는 확연히 달라진 특징이다. 신시대 들어서 기존의 국가기관을 통한 사회관리가 아니라 당의 영도 아래 정치적 동원의 성격이 강화됐다. '군중노선'의 지침과 '군중단체' 역할 강화를 통한 '당의 군중동원' 전통을 되살리는 동시에, 법적 규범화를 통한 '국가의 사회관리'라는 두 가지 부분으로 대응체계를 갖추고 있다.

우선 신시대의 사회거버넌스 개편은 새롭게 조정된 당정관계와 짝을 이룬다. 즉 당·국가 영도체계와 기구 개편 등 통치구조의 변화에 맞춰 사회관리체계도 조정한 것이다. 사회관리구조 측면에서 보자면, 2013년부터 '사회거버넌스'라는 이름으로 기층사회구조를 새롭게 재편해왔다. 재편된 사회거버넌스 구조의 중요한 특징은 기층 당 조직을 건설하고, 당 조직을 중심으로 사회를 건설하며 공동참여관리 형태인 다원공치(多元共治)의 기제를 만든다는 것이다.[1] 이는 기층의 다양한 주체가 함께 참여하여 자신이 속한 지역을 공동으로 관리한다는 것으로, 한마디로 '거버넌스 주체의 다원화'라 할 수 있다. 이러한 목적에서 재편된 사회거버넌스의 특징은 '국가와 사회(행정, 법제화)', 그리고 '당과 사회(정치, 동원)'의 관계 측면으로 나누어 살펴볼 수 있다.

우선 행정과 사회관리구조의 측면에서 사회거버넌스의 특징을 살펴보면, 기층 차원에서 중요한 거버넌스 업무는 주로 사회경제적 이슈

1 19기 4중전회 문건에서 밝히고 있는 새로운 사회거버넌스란 "당위가 영도하고 정부가 책임을 지며 민주적으로 협상하고 사회가 협력하며 대중이 참여하고 법치를 보장하고 과학기술로 지원"하는 방식이다. 郭声琨, 「坚持和完善共建共治共享的社会治理制度」, 『〈中共中央关于坚持和完善中国特色社会主义制度, 推进国家治理体系和治理能力现代化若干重大问题的决定〉辅导读本』(北京: 人民出版社, 2019).

와 관련된다. 이는 크게 민생 영역과 종합치안(안정유지), 그리고 도시 공공서비스 제공의 3대 영역으로 나눠볼 수 있다.[2] 그러나 이러한 업무를 집행하고 관리하기 위한 정부의 가용한 자원과 능력, 행정력에는 많은 한계가 있다. 따라서 개혁개방 이후 성장한 다양한 사회조직과의 협력을 통해 문제를 해결하고자 하는데, 특히 기층사회에서 사회조직의 협력이 필요한 부분은 공공서비스 제공 영역이다.

현재 도시 공공서비스는 주로 '정부 서비스구매(政府購買服務)' 방식으로 제공하는데, 정부의 공적 기능을 시장으로 이전하여 기업이나 비정부기구 등 각종 사회적 기업과 협력하는 형식이다. 정부 서비스구매 방식은 2천년대 초반 상하이와 같이 경제가 발달한 도시와 지역에서 실험적으로 시행해오다가 점차 전국적으로 확대되었다. 특히 18차 당대회에서 "행정과 사회의 분리(政社分開), 권한과 책임의 명시(權責明確), 법에 의한 자치(依法自治)의 현대사회조직체제 형성"을 제기한 이후, 행정과 사회의 협력이 훨씬 긴밀해졌고, 정부의 공공서비스 구매도 성급 차원까지 확대되어 아래에서 위로 추진되는 공익성 창업투자항목도 등장했다.

이렇게 정부와 사회의 기능이 분리되면서도 상호 긴밀한 협력이 필요해진 상황에서, 중국은 사회조직에 대한 평가체계를 개선하여 높은 평가를 받은 사회조직에 정부의 일부 직능을 우선적으로 이관하여 담

2 18차 당대회에서는 민생 영역으로 양로금(연금), 주택, 취업, 의료, 교육 5대 영역을 언급했지만, 실제로 중점을 두는 민생은 연금과 도농 빈곤인구의 생계보장 업무이다. 또한 지방과 기층정부에게 부여된 가장 중요한 거버넌스의 임무는 역시 '안정유지'의 문제이고, 이와 관련된 부서로는 공안, 성관[城管, 도시관리부], 당위 내 정법위 등이 있다.

당하게 하고 있다. 각급 정부는 사회조직의 '합법성'과 '기능' 및 '능력'에 대해 심사를 진행하고, 일정한 기준에 부합하는 사회조직을 선별하여 협력의 틀 안으로 흡수하였다. 사회조직의 기능적 합법성의 근거를 마련하고, 이러한 기초 위에서 관련 행정부서가 제도와 정보화 수단을 통해 사회조직에 대한 '맞춤형 감독(精准監管)'을 진행할 수 있도록 한다는 방침이다. 국가가 이러한 정교한 방식을 통해 자신의 권력의지를 사회조직의 운행모델과 행동 논리에 침투시킴으로써, 사회조직이 사회건설에 질서 있게 참여할 수 있도록 유도한다는 것이다.

이처럼 국가가 세밀한 제도설계를 통해 사회조직을 선별하고 일정한 사회적 역할과 기능을 부여하는 방식은 서구의 국가-사회관계 모델과는 다른 '선별적 흡수' 모델이라 할 수 있다.[3] 일정한 기준에 따라 '능력'을 갖춘 '합법'적인 사회조직을 판별해내어 경제사회 분야에서 국가와 사회관계의 협력 구조를 만들어나간다는 구상이다. 이 말은 해당 사회조직이 '능력'을 갖췄는지 아닌지를 판단하는 것은 전적으로 정부가 독점하며, '불법'적인 소지가 있는 사회조직은 아예 사회관리시스템 안으로 들어오지 못하도록 원천적으로 배제한다는 의미가 있다.

또한 기층 거버넌스를 위한 행정구역체계도 재편했다. 기층의 새로운 행정조직은 그물망처럼 촘촘한 구조적 특징을 갖는데, 이를 '격자망(網格化) 관리'라고 부른다. 도시 말단 행정단위인 가도(街道, 우리의 '동'에 해당) 아래 사구가 있는데, 여기서 '사구'란 일정한 규모의 세대(戸)를

3 陈天祥, 应优优, 「甄别性吸纳: 中国国家与社会关系的新常态」, 『中山大学学报』 2018年 第2期.

하나로 묶은 행정단위를 말한다. 이 사구를 다시 일정한 '격자(grid, 網格)'로 나누고 하나의 격자에서 수백 세대를 관리한다. 해당 격자마다 '격자원(網格員)'이라는 관리인을 배치하여 관할 구역에서 발생하는 각종 상황을 구(區) 정부에 설치된 '격자망화 관리센터'에 보고하게 하였다.[4] 사구에서는 치안유지나 범죄 및 분쟁의 예방뿐 아니라 노동력 관리, 취약계층에 대한 돌봄과 복지 제공, 기층사회의 조직화 등 여러 가지 사회적 기능을 하나로 통합하여 관리하고 있다.

이러한 '국가(정부)와 사회' 간의 '행정적' 차원에서의 사회관리제도 이외에, '당과 사회'라는 '정치적' 동원의 측면에서도 사회거버넌스의 재편이 진행되었다. 가장 눈에 띄는 점은 기층 당 조직 건설과 군중단체 역할의 강화를 통해 당과 인민 관계를 재조정하고 있다는 점이다. 기층사회에서의 당 조직 건설은 전방위적으로 이루어지고 있고, 특히 최근에는 민간기업과 사회조직에서의 당 조직 건설을 강조해왔다. 이는 중국공산당이 정부(기층), 시장(기업), 사회(사회조직) 각 영역의 발전과정에서 다양한 주체들 간의 이익관계를 선제적, 주동적으로 조정하여 정치통합과 사회안정을 달성하겠다는 목적에서 빠르게 추진되고 있다. 특히 사회조직에 대한 당 건설 정책은 기존의 단순한 조직 건설에서 벗어나, 당 조직 건설과 업무확대를 결합할 뿐 아니라 사회조직 내부에서 당 조직의 기능과 위상 및 조직 보장의 역할을 명확히 하는 단계로 변

4 관련 연구로는 다음을 참고할 것. 백승욱, 장영석, 조문영, 김판수, 「시진핑 시대 중국 사회건설과 사회관리」『현대중국연구』 2015년 제17집 1호; 박철현, 「개혁기 중국 사회관리와 스마트시티: 동북지역 노후공업도시 선양의 사례」『중국사회과학논총』 2020년 2권 2호.

화되었다.[5] 사회조직 안에 당 조직이 있다면 앞에서 서술했던 사회조직에 대한 '합법성' 평가에서는 볼 것도 없이 합격점을 받게 되는 것이다.

또한 기층 거버넌스 재편을 효과적으로 지원하고 운영하기 위해 당과 인민대중, 즉 당군(黨群)관계에서 군중단체(인민단체)의 기능과 역할을 강화했다. 전통적으로 당이 영도해왔던 군중단체를 통해 인민대중을 대상으로 한 '정치운동'을 전개하고, 이러한 과정에서 대중을 효과적으로 동원함으로써 안정적인 거버넌스 구조를 정착시킨다는 구상이다. 이에 따라 공회, 부련, 공청단 등 기존 군중단체 조직의 정치성, 선진성, 군중성을 강화하고, 기층 수준에서 당과 대중을 연계하는 이들 조직의 매개 역할을 강화하고 있다. 이 3개 단체는 중국의 노동자, 여성, 청년 집단을 대표하도록 배타적으로 조직된 군중단체로, 행정기관이자 사회단체라는 '이중 속성'을 뚜렷하게 갖고 있다. 한편으로는 당과 군중을 연계하고, 다른 한편으로는 군중이익을 대표하고 군중의 요구를 반영한다.

신시대 들어 이들 군중단체의 근본 임무가 중국공산당의 영도를 수용하고 이에 복종하며, 공산당의 사회통합과 정치동원이라는 국가목표에 복무하는 것이라는 점을 재확인함으로써, 다시 당과 대중을 매개하는 교량적 역할이 강화되었다. 예전에는 시장화 개혁에 맞춰 각 계층의 이익을 보호하는 방향으로 군중단체의 역할을 조정·강화해왔지만, 이제 군중단체의 공공직능역할과 당과의 교량 역할을 강화하면서 당

---

5 褚松燕, 「改革开放以来社会组织党建政策的演进及其逻辑」, 『探索』 2020年 第4期.

조직과의 유기적 결합을 다시 강조하고 있다. 시장화 개혁 시기 모호한 위치에 있었던 군중단체의 위상을 재조정하고, 기층사회에서 당과 인민대중을 연결하는 기능을 강화함에 따라, 당의 혁명 역사에서 형성된 '군중노선'도 새로운 방식으로 부활하고 있다.

신시대 이후 재편된 사회거버넌스의 특징을 '당과 인민군중의 관계'와 '국가와 사회조직 간의 관계' 두 가지 측면으로 나누어 정리하면 다음 〈표 12-1〉과 같다.

〈표 12-1〉 신시대 사회거버넌스의 재편

	당-인민군중	국가-사회조직
영역	정치	행정
목표	당의 영도력과 권위 강화 정치통합/사회안정	민생 문제 해결 종합 치안 도시 공공서비스 제공
합법성 자원	정치적 영도력과 군중조직동원	법제화
방법	- 사구, 기업, 사회단체에 당 조직 건설 - 군중자치 강조 - 군중단체의 군중동원 역할(정치성, 선진성, 군중성 강화) 및 사회거버넌스 기능(사회조직 포섭 및 매개) 강화	- 사구, '격자망(網格化)' 관리체계로 재편 - 다원적 거버넌스(多元共治) 구축 - 사회조직의 합법성, 기능, 능력 심사 - 사회조직에 대한 '맞춤형 감독(精准監管)' 진행
주요 특징 및 문제점	- 군중운동 없는 군중노선 - 대중 앞에서 공개적인 반성을 하는 거리 퍼포먼스 등장	- 민생 및 치안 문제의 지역 해결 원칙 - 기층 행정관료의 폭력적 대응 증가 - 사회단체에 대한 포섭과 배제의 이중 전략

위의 〈표 12-1〉의 내용을 종합하면, 신시대 사회거버넌스의 특징은 '당 조직 주도의 정치동원' 논리와 '국가-사회 간의 행정기능적 협력'

을 상호 결합한 방식이라 할 수 있다. 기층 각 영역에 당 조직을 건설함으로써, 당의 정치통합 역할로 국가-사회 간의 협력형 거버넌스를 이끌겠다는 것이다. 이 과정에서 기층 당 조직과 군중을 매개해주는 군중단체의 정치적 소통 및 교량 역할도 강화되고 있고, 군중단체를 매개로 하여 다양한 사회조직을 체제 내로 포섭하고 있다.

최근 재편된 중국의 기층 거버넌스는 한편으로는 당이 영도하면서 국가와 사회가 분업·협력하는 안정적인 거버넌스 구조가 형성되는 측면이 있고, 다른 한편으로는 군중단체의 매개적 역할을 강화하는 동시에 독립적인 사회조직을 철저히 배제하는 포섭과 배제의 이중 정치의 특성이 강하게 나타나고 있다. 군중단체는 당의 외곽조직으로 행정과 사회의 이중적 속성을 지니기 때문에 이러한 매개적 역할을 적극 담당하고 있고, 사회단체는 국가와는 구분되는 영역과 기능이 있어 정부의 부당한 행정명령에 항의할 수 있지만, 정치적으로는 당의 영도에 복속되는 구조이다.

신시대 기층 사구 통치구조의 변화

그렇다면 범위를 좁혀 19차 당대회 이후 재편된 기층사회에서의 거버넌스 구조의 특징을 좀 더 자세히 살펴보자.

국가 차원에서 '치리(거버넌스)'의 문제를 제기한 것은 2019년 10월에 개최된 중국공산당 19차 4중전회의 「결정」에서였다. 「결정」에서는 중국 자신이 서구의 국가들과는 다른 통치체제를 확립하겠다는 의사와 목표를 명확히 제시하였다. 그리고 국가 차원에서의 목표에 따라 기층에서의 거버넌스 구조도 변화되었다. 국가 통치구조를 완성하기 위해서는 결국 기층에서의 거버넌스가 제대로 작동되고 실현되어야 하기 때문이다. 중국적인 표현으로 거버넌스는 "기층에서 실현하고, 기층에 의존하여 정착시키는 것(落實在基層, 落實靠基層)"이다.

현재 중국에서의 기층은 '사구'를 말한다. 도시 지역에서 '사구 거버넌스'가 중시되기 시작한 것은 2천년대 이후이다. 당시 중국은 시장화 개혁으로 인해 기업의 소유형태가 다양해졌고, 계획경제 시기에 만들어졌던 국유기업 단위에서의 주민관리제도가 1990년대 말 국유기업 개혁을 거치며 효력을 잃으면서, 기층사회에서의 통치구조가 해체되는 상황에 놓여있었다. 이에 대한 대책으로 이전에 수백 가구 정도로 구성되었던 구(舊)거민위원회의 관할 구역을 더 큰 규모의 사구로 재편하면서, 그동안 공유제 기업·사업 단위에서 담당해왔던 주민관리와 주민서비스 기능을 사구로 통합·집중시켰다.

중국의 행정기구는 중앙을 정점으로 하여 성-시-현(縣)-향·진·가도(街道)라는 다층적 구조를 이루고 있다. 그리고 향·진·가도 아래에 설치된 것이 도시에서는 사구, 농촌에서는 촌(村)이다. 사구 및 촌에는 각각 '군중자치조직'인 거민위원회(居民委員會)와 촌민위원회(村民委員會)가 조직되어 있다. 사구의 규모는 지방마다 설치 기준도 다르고 실제 상황도 다양하지만, 대략 작은 규모는 1,000가구, 큰 규모는 4,000~5,000가구 정도에 이른다.

사구에서는 해당 지역의 주민을 관리하고 최저생활보장 등 복지 및 다양한 주민서비스를 제공할 뿐 아니라, 중국이 '사교(邪教)'로 간주하는 파룬궁(法輪功) 등을 단속해, 발생할 수 있는 소요 및 집단행동을 기층 차원에서 원천적으로 봉쇄하고 있다. 현 정부나 가도판사처(街道辦事處)는 이러한 다양한 기능을 담당할 전문적인 지식과 능력이 있는 인재를 선발하여 사구로 보낸다. 그 결과 원래 자치조직이었던 거민위원회는 사구 건설 추진을 거치며, 점차 현 정부나 가도판사처를 보조하는 행정기관과 같은 위상과 성격으로 변화되어왔다.

현재 중국공산당은 사구를 기본 단위로 하고 기층 당 조직이 주도하여 도시 공간을 재편하고 있다. 사실 '사회'는 하나의 건축물처럼 '건설'될 수 있는 것이 아님에도 불구하고, 혁명과 건설, 개혁 시기를 이끌어온 중국공산당의 시각에서 볼 때 '사회'는 늘 '건설'의 대상이었다. 여기에는 전통사회 붕괴 이후 거의 무조직의 상태였던 사회를 공산당이 '동원'하며 '조직'하고 '개조'했다는,[6] 당 자신의 역사적 경험과 주체적 시각이 깔려있다. 신시대의 사회건설 특징은 기층 당 조직을 중심으로 하여 다양한 주체들이 공동 참여·관리하는 다원공치(多元共治)의 사회를 건설하는 것이다. 2017년 19차 당대회에서는 「13·5규획」에서 제시한 '공건공향'에 '공치'를 추가하여 '공건공치공향(共建共治共享)'을 강조하면서 '다원공치'의 기제를 마련하기 위한 정책적 방향을 제시하였고, 이러한 방침은 이후 당의 여러 공식 문건을 통해 강조되었다. '함께 건설하고 함께 관리하며 함께 혜택을 누린다'는 이른바 '공건공치공향'이란 투

6 장영석, 「사회동원화 조직화」, 이희옥, 백승욱 편, 『중국공산당 100년의 변천: 혁명에서 '신시대'로』 (서울: 책과함께, 2021).

입부터 과정과 결과 모두 사회적 협력을 통해 진행한다는 의미로, 당을 중심으로 하여 모두가 함께하는 사회건설을 말한다.

이러한 사구 중심의 기층 사회건설은 코로나19 팬데믹 기간을 거치면서 그 단점이 보완되고, 인공지능과 안면인식 등 신기술을 활용한 기술 통제가 강화됐다. 중국 정부는 실제로 이러한 감시통제시스템을 '스마트 거버넌스(智慧治理)'라고 부른다. 이러한 스마트한 관리방식 이면에는 '감시 사회'가 있다. 코로나 상황에서 감시 수단으로 급부상한 기술은 '건강코드(健康碼, Health Code)' 앱이다. 각 지방 정부는 IT, 플랫폼 기업들과 협력하여 개인의 위치, 여행력, 핵산 검사결과, 기타 건강 데이터에 근거하여 모든 사용자의 개인 파일을 생성한다.[7] 건강코드의 색상은 녹색, 노란색, 빨간색으로 표시되며, 이는 건물이나 공공장소의 출입 가능 여부를 결정한다. 감염자와 접촉한 경우 건강코드가 자동으로 빨간색으로 바뀌어 통행이 금지되고 격리조치에 들어간다.[8]

또한 '청령동태(淸零動態)'라고 불리는 제로 코로나 정책 상황에서는 완벽한 격리조치도 중요하지만, 격리된 지역과 사람에게 필요한 물자를

---

7 박철현, 「코로나19와 중국 스마트시티: 격자망화 관리, 방역관리 플랫폼, 건강정보코드와 사회관리체제」『중국지식네트워크』 2020년 6월.

8 제로 코로나 정책 상황에서는 건강코드가 없다면 건물이나 식당뿐 아니라 공원조차 들어갈 수 없었다. 당시 여러 도시에서는 밀접 접촉의 정의를 감염자로부터 1㎞ 이내 구역으로 확대하여 감시망을 더 넓혔다. 항저우의 경우 2020년부터 주민들의 마스크 착용 여부를 점검하는 카메라를 도로에 설치했고, 항저우 위항구(餘杭區)에서는 가정용 전기를 감시하여 주민들의 자가격리 명령 준수 여부를 감시했다. 뤄양시에서는 자가 격리자의 대문에 센서를 부착하여, 문이 열리면 바로 지역 공무원에게 통지되도록 했다. "Living by the Code: In China, Covid-Era Controls May Outlast the Virus", *The New York Times*, 2022/01/30.

제대로 공급하는 것이 중요하다. 그래야 제로 코로나 정책을 지속해서 관리해나갈 수 있다. 그러나 봉쇄 과정에서 물자 공급이 원활하게 이루어지지 않으면서, 비상 상황에서 사구 거버넌스의 결함이 드러나게 되었다. 이에 2020년 8월 26일 주택건설부 등 여러 부처가 공동으로 「도시주거 사구 건설 단점보완 행동전개에 관한 의견」(이하 「의견」)을 발표했고, 사구의 단점을 보완하는 하나의 기준으로 「통합거주 사구 건설 기준(시행)」도 함께 제시했다.[9]

여기에서 "통합사구(完整社區, integrated community)"라는 새로운 개념이 제시됐다. 통합사구는 원래 2012년 푸젠성 지방에서 시작되었는데, 코로나 팬데믹 기간에 「의견」을 통해 국가 수준으로 격상되었다. 사실 통합사구라는 개념 이전에도 "스마트 사구", "미래 사구" 등 향후 건설해나갈 사구에 대한 다양한 명칭이 있었지만, 국가의 공식 문건이 발표된 이후부터는 통합사구로 공식화되었다.

코로나 팬데믹 상황에서 장기간의 격리조치가 이어지면서 지역 커뮤니티인 사구가 가정과 외부세계를 이어주는 중요한 매개 공간으로 부상했고, 최소한의 외출만 허용된 상황에서 사구는 주민들에게 주거 공간뿐 아니라 방역, 위생관리, 물자 공급, 정보전달의 기능을 담당하는 중요한 장소가 되었다.[10] '통합사구'란 주거뿐 아니라 서비스, 치안, 위생, 교육, 교통, 오락, 문화공원 등 모든 하드웨어와 소프트웨어를 포

9 「住房和城乡建设部等部门关于开展城市居住社区建设补短板行动的意见」(建科规〔2020〕7号), http://www.gov.cn/zhengce/zhengceku/2020-09/05/content_5540862.htm

10 李郇, 「建设完整社区」 『城市规划学刊』 2022/01/17.

괄하며 완전한 체계를 갖춘 커뮤니티를 말한다. 필요한 물자 공급뿐 아니라 사구 내 공동의식 및 이웃관계 형성, 공공이익과 사구 정신 창출, 그리고 소속감 형성도 포함한다.[11] 시장화 개혁으로 인해 기존 공동체가 해체되고 인간관계가 원자화되면서, 사구 공간을 중심으로 물자 공급뿐 아니라 지역 사회에 대한 소속감도 높이고자 하는 기획이라 할 수 있다.

또한 국가거버넌스 현대화를 달성하기 위한 관건이 결국 사회 기층에 있다고 보면서, 2021년 4월 28일 당 중앙이 국무원과 함께 「기층 거버넌스체계와 거버넌스능력 현대화 건설 강화에 관한 의견」(이하 의견)을 발표하였다. 「의견」에서는 향진(鄕鎮) 및 가도판사처 기층 정부의 속지(屬地) 책임과 이에 상응하는 직권을 강화하고 다양한 주체가 참여하는 사회동원호응체계를 구축할 것을 제안했다. 기층의 응급관리조직체계를 완비하고, 향진(가도)의 응급 대책을 세분화하며, 위험 진단, 경보, 대응 등의 업무를 잘 처리하고 총지휘를 담당하는 응급관리팀을 만든다는 것이다.[12] 이 또한 코로나19 위기를 거치며 보완하고 강화된 기층 거버넌스라 할 수 있다.

2022년 들어서는 통합사구 건설에 대한 보다 구체적인 계획을 발표

---

11 「完整社区"亮"在哪里」『经济日报』 2022/11/08.

12 「中共中央国务院关于加强基层治理体系和治理能力现代化建设的意见」 (2021年4月28日), 『新华社』 2021/07/11. 「의견」에서는 "누구나 참여하고, 모두가 책임지고, 모두가 공유하는 기층 거버넌스공동체를 만들자"라는 총체적 요구를 두고 기층 당 조직의 영도 역할, 기층정부의 주도적 역할, 기층 군중성 자치조직의 기초적 역할과 사회적 역량의 적극적 역할을 어떻게 충실히 할 것인지에 대한 체계적인 배치가 이뤄졌다고 설명한다.

한다. 10월 9일에는 주택건설부와 민정부가 공동으로 「통합사구건설 시범사업 전개에 관한 통지」를 발표했다.[13] 「통지」에서는 각 사구에서 지역 주민에게 각종 서비스를 제공하고, 살기 좋은 생활환경을 조성하며, 사구거버넌스의 디지털화 수준을 높이고, 사구협상기제를 건립하여 구성원 내부의 원활한 의사소통플랫폼을 구축한다고 밝혔다. 특히 유치원, 탁아소, 노인서비스센터, 사구보건서비스센터 등의 종합서비스시설뿐 아니라 일상생활에 필요한 편의점, 야채가게, 식당, 우체국, 이발소, 세탁소, 약국, 수리점, 가사서비스센터 등 모든 서비스시설을 사구에서 제공하는 원스톱서비스로 제공한다는 방침이다. 초·중등학교, 요양원, 사구 병원 등을 15분 생활권으로 연결하여 주민에게 보다 완전한 공공서비스를 제공한다는 것이다. 「통지」에 따르면 해당 지역의 모든 도시(구)에서 3~5개의 사구를 선정하여 통합사구 건설 시범으로 지정하고, 2023년부터 6개월마다 시범사업의 현황과 통합사구 사례들을 관련부서에 보고해야 한다.

통합사구 구상은 사회거버넌스 조직의 문제를 넘어서서, 사구 주민들이 주체로 참여하여 해당 사구의 정신과 문화를 창출해나가는 이상적인 공동체 건설을 지향한다. 통합사구의 기능 측면에서 볼 때 계획경제시대의 단위체제와 흡사하며, 일각에서는 이러한 추세를 '단위로의 회귀'로 보기도 한다. 게다가 과거 식량과 생필품의 수요·공급을 해결하기 위해 만든 "공소합작사(供銷合作社, 공급판매협동조합)"나 국영식당

13 「住房和城乡建设部办公厅民政部办公厅关于开展完整社区建设试点工作的通知」(建办科〔2022〕48号), http://www.gov.cn/zhengce/zhengceku/2022-11/01/content_5723231.htm

이 등장하면서 예전 '단위'의 특징이 더욱 두드러지고 있다. 기존 단위 체제가 직장 단위와 공적 소유제를 기반으로 하여 각종 물자와 서비스를 공급하고 정치학습과 사회적 기능을 통합한 형태였다면, 통합사구는 주거지역에 기반을 두어 당 조직을 중심으로 기층 사회구조를 재편한 것이다. 단위체제와 통합사구의 구조와 제도, 구성원 등은 전혀 다르지만, 통합사구가 맡고 있는 기능이 점차 '단위화'되는 특징을 보인다고 할 수 있다.

통합사구는 당이 기층사회까지 침투하여 전체 사회를 조직하는, 한마디로 '당 주도의 사회 조직화'라 할 수 있다. 통합사구는 일상생활에 필요한 재화 공급뿐 아니라 각 사구의 지역문화와 정신을 발굴하고 이를 공유하게 함으로써 일정한 소속감을 느끼도록 설계되었다. 각 개인이 사구에 소속되어 정체성을 갖게 함으로써 전체 사회가 안정되고 전 국가가 일치단결할 수 있는 그야말로 "사회주의 대가정"의 꿈을 향해 나아가고 있다. 이는 "고품질발전"이라는 새로운 목표와 "불평형·불충분한 발전"이라는 주요 모순을 해결하며 실천하려는 구체적인 사회구조 개편으로 볼 수 있다.

이는 양면적 가능성을 모두 안고 있다. 전염병 확산과 같은 비상상황에서는 지역 공동체에서 힘을 모아 사람과 물자의 이동을 통제하고 필요한 물자를 신속하게 지원할 수 있다. 그러나 마찬가지 원리로 전쟁과 같은 상황에서 언제든지 신속하게 물자와 사람을 동원하고 필요한 곳에 이를 투입하고 배치할 수 있는 구조다. 요컨대 중국의 사회거버넌스는 전쟁이 발생한다면 인력 통제와 물자 공급을 통해 장기전에 대비하고 언제든 동원 가능한 구조로 바뀔 수 있다. 그것이 자치와 동원의 결합, 사회안정과 국가안보의 결합이라는 이름으로 진행되고 있다.

또한 기층거버넌스 현대화에 관한 「의견」에서 기층정부의 속지 책임을 강조하면서, 행정 집행권을 향진정부 및 가도판사처로 위임했다.[14] 이제 향진정부와 가도판사처는 행정집행, 공무협상, 응급관리, 평안건설(사회통제), 조직동원 등의 권한을 갖게 되었다. 기층정부에 막대한 행정 처분권과 집행권을 부여함으로써 문제의 소지가 되는 일은 싹부터 막아낸다는 방침이다. 기층에서의 문제는 기층에서 해결한다는 것인데, 여기에는 정치적 이견이 있는 인물을 방지하고, 폭력 연루 및 종족 세력 등을 처리하며, 불법 및 사이비 종교 관련자들을 관리, 교육하는 내용도 포함돼 있다. 기층정부가 막강한 행정 집행권을 행사하는 과정에서 해당 주민과의 충돌이 발생할 가능성을 안고 있다.

사구 통치의 원리: 자치, 법치, 덕치

시진핑 집권 이후 사회거버넌스의 또 다른 특징은 사구 건설을 포함한 치안유지 강화를 위해 "자치, 법치, 덕치"의 통합 통치를 주창하고 있다는 점이다. 19차 4중전회의 「결정」에서는 사회거버넌스와 관련하여 "당 조직이 영도하고 자치, 법치, 덕치가 결합한 도농 기층치리체계"를

14 전인대 상무위원회는 2021년 1월 개정된 〈행정처벌법〉을 통과시킨 바 있다. 이 법의 추가된 조항 24조에서는, "성, 자치구, 직할시는 현지 실정에 따라 기층관리가 절실히 필요한 현급 인민정부 부서의 행정처벌권을 향진 인민정부와 가도판사처에 위임하고 이를 정기적으로 평가한다"고 규정하고 있다. 이 법은 7월 15일부터 시행되었다.

발전시킨다고 강조한 바 있다.[15] 국가 차원에서 '법에 의한 통치'를 강조하는 한편, 사회 차원에서는 법 이외에 '자치'나 '덕치'를 강조하는 점이 흥미롭다.

우선, '자치'는 대중자치조직이나 주민의 주체적인 참가를 최대한 '동원'하는 사구 통치의 기조를 의미한다. '자발적 참여'와 '동원'은 상반된 것처럼 보이지만, 중국의 역사적 맥락에서 보면 당의 군중조직화 과정(동원)을 통해 당의 뜻을 인민들의 자발적 참여(운동)로 전화시킨다는 의미가 담겨있다. 19차 4중전회의 「결정」에는 신시대 '펑챠오 경험'을 견지하고 발전시킨다는 내용이 있다. 1963년 중국 전역에서 '사회주의교육운동'이 전개되던 시절, 펑챠오구(楓橋区)는 최초로 사회주의교육공작대를 조직해 대중 계급투쟁을 벌이며 마오쩌둥의 칭찬을 받은 바 있다. 펑챠오 지역의 경험은 1990년대 치안유지(維穩)의 모범 사례로 거론되기도 했다. 펑챠오 경험은 기층사회의 통치에서 당의 정치적 우위를 충분히 발휘하면서, 기층조직과 대중의 적극성을 동원하여 현지에서 발생하는 각종 문제를 사전에 예방하고 주체적으로 해결하며 사회치안을 촉진한 모범사례로 거론되고 있다. 펑챠오에선 지금 "모순은 위로 보내지 말고, 평안을 유지하여 일을 일으키지 않으며, 서비스

---

15 이보다 앞서 중앙에서는 향촌치리와 관련하여 「지도의견」을 발표하는데, 여기에서 자치와 법치, 덕치를 유기적으로 결합한 향촌치리체계 건립을 강조하고 있다. 「中共中央办公厅, 国务院办公厅印发"关于加强和改进乡村治理的指导意见"」『新华社』 2019-06-23. 도시와 농촌을 포괄한 기층치리에 대해 2021년 4월 28일 발표한 「中共中央国务院关于加强基层治理体系和治理能力现代化建设的意见」에서도 자치와 법치, 덕치가 서로 결합한 기층치리체계를 향후 5년 안에 건립한다는 목표를 제시하였다.

에 부족함이 없게 하자(矛盾不上交, 平安不出事, 服務不缺位)"는 표어를 내걸었다. '자치'는 바로 사회문제가 발생하기 이전에 자체적으로 해결한 사례인 '펑챠오 경험'을 모델로 삼아 사회의 안정적 통치를 지향한다는 것이다.

그다음으로 '법치'는 각종 사회규범을 말한다. 토지 수용 및 철거, 거주지의 환경미화나 주차관리 등 기층사회에서 발생하는 크고 작은 다양한 문제를 가능한 법과 규칙에 근거해 해결할 수 있도록 필요한 법률·규범체계를 수립하고 사람들의 준법의식을 높인다는 것이다. 이를 위해 시진핑 집권 이후 "주민공약(居民公約)" 보급을 위한 움직임이 있었다. 2014년 10월 18차 4중전회의 「결정」에서는 법치사회건설과 관련하여 "사회치리에서 시민공약, 향규민약(鄕規民約), 업계규약(行業規章), 단체장정 등 사회규범의 기능을 적극적으로 발휘한다"라는 방침이 명기됐다.[16] 그리고 2018년 12월에는 민정부와 중앙조직부, 부련 등 7개 당정조직과 군중단체가 연합하여 「촌규민약과 주민공약 업무에 관한 지도의견」을 발표했다. 2020년까지 전국의 모든 촌과 사구에서 사람들의 일상적 행위를 규범화하고 '애당애국'을 철저히 하며, '사회주의핵심가치관'을 실천하고 권리와 의무를 수행하며, 공공 사무에 대한 적극성을 이끌어내는 실용적인 촌규민약과 주민공약을 제정한다고 확정하였다. 주민공약에 따라 금지해야 할 내용으로는 사치와 허례뿐 아니라 의존적이고 게으른 행동, 그리고 도박 및 마약 등 매우 상세하고 구체적이

16 「中共中央关于全面推进依法治国若干重大问题的决定」(2014년 10월 23일 18기 4중전회 통과), 『新华社』 2014/10/28.

다.[17] 이러한 주민 공약을 중심으로 한 '법치'의 목적은 다양한 금지사항과 금기를 통해 주민들이 서로 감시하고 위반자에게 상응하는 징계 조처를 내림으로써, 문제가 될 소지를 사구 차원에서 해결하고 억제하려는 데에 있다.

마지막으로 '덕치'의 목적은 사회, 가정, 주민 개개인의 도덕의식을 함양함으로써 기층사회의 분쟁을 예방하고 사회안정과 공중질서, 미풍양속을 확보하는 데 있다. 사회주의핵심가치를 실현하기 위해 사회도덕을 확고히 세우고 사회, 학교, 가정에 의한 덕육(德育) 네트워크의 구축이 강조되고 있다. 시진핑은 줄곧 법치와 덕치는 분리할 수 없다고 강조해왔다. 2016년 12월 9일 제37차 정치국 집단학습을 주재하면서, "법은 성문의 도덕이고, 도덕은 내면의 법"이라고 하면서 '법치(의법치국)'와 '덕치(의덕치국)'의 결합을 강조한 바 있다.[18]

그런데 사구 차원에서 덕치는 주민에게 '바른 것'(도덕)을 보급하는 것, 즉 문제 발생을 미리 방지하기 위한 심리적 시책으로 전개되고 있고, 이에 따라 사구에서의 사회심리서비스 보급도 함께 제창되고 있다. '사회심리서비스'라는 개념은 '심리건강서비스'라는 개념과 동시에 사용되다가, 2016년 이후에는 사회거버넌스의 범주 안에서 사용되며, 그 개념과 목적을 분명하게 규정했다.[19] 사회심리서비스체계 건설이 사회통

17 「民政部, 中央组织部, 中央政法委, 中央文明办, 司法部, 农业农村部, 全国妇联关于做好村规民约和居民公约工作的指导意见」『民政专题』 2018/12/26.

18 「习近平在中共中央政治局第三十七次集体学习时强调, "坚持依法治国和以德治国相结合, 推进国家治理体系和治理能力现代化"」『新华社』 2016/12/10.

19 2016년 중앙정법위원회와 중앙사회치안종합치리위원회에서 발표한 「종합치리센터 역할의 충분한 발휘와 사회심리서비스 소통 및 위기 개입 업무 강화에 관

치 강화의 중요한 수단임을 알 수 있다. 2018년 11월에는 국가위생건강위원회, 중앙정법위원회, 중앙선전부, 교육부, 공안부, 민정부, 사법부, 재정부, 국가신방국, 중국장애인연합회가 공동으로 「전국사회심리서비스체계 건설시행공작방안에 관한 통지」(이하 「통지」)를 발표하였다.[20] 「통지」에서는 각 시행 지구에 당·정 책임자를 조장으로 한 「사회심리서비스체계건설공작영도소조」를 설치해 3년이라는 시범 기간 55개 시범 지역에서 활동을 전개하고, 2021년 말까지 사회심리서비스체계를 구축하도록 요구하고 있다. 장기적으로는 이러한 기초 위에서 '건강중국', '평안중국', '행복중국'을 공동 건설하는 사회심리서비스체계로 전환한다는 것이다. 여기서 '평안(平安)중국'이란 각종 사회 사건을 방지하고 사회거버넌스를 강화하여 사회안정을 유지한다는 의미이다. 즉 사회적 차원에서의 심리체계를 건설하려는 '사회심리서비스체계'는 인민의 편안한 일상(安居樂業)과 사회 조화 및 안정, 그리고 국가의 장기적이고 안정적인 거버넌스에 중요한 전략임을 알 수 있다.[21]

또한 「통지」에는 심리상담 데이터를 통합하여 사회심리서비스 전자

한 의견」에서는 사회통치 수단으로서의 사회심리서비스의 역할을 명확히 강조하고 있다. 2017년 19차 당대회 「보고」에서는 "사회심리서비스체계 건설을 강화하여, 자존과 자신감 있고 이성적이며 평화롭고 적극적인 사회심리상태를 육성하자"라고 제기하며, 사회심리서비스를 "사회거버넌스 강화와 혁신"의 범주에 포함했다. 池丽萍, 辛自强, 「社会心理服务体系建设的应然与实然: 基于全国12个试点地区的评估」『心理科学』 2020年 第2期.

20 「关于印发全国社会心理服务体系建设试点工作方案的通知」(国卫疾控发〔2018〕44号), 2018/12/04. http://www.nhc.gov.cn/jkj/s5888/201812/f305fa5ec9794621882b8bebf1090ad9.shtml

21 闫洪丰, 李康震, 王倩, 周芮, 「社会心理服务体系的价值内涵与实践路径」『心理与健康』 2020年 第6期.

파일(檔案: 개인기록)을 작성하고, 이를 바탕으로 지역의 사회심리상황을 분석하고 위험을 평가·예측하는 시스템을 구축함으로써, 심리에 문제가 있는 고위험자나 집단을 사전에 파악하여 돌발사건이 발생하기 전에 발견하여 관리한다고 되어있다. 특히 "부랑자, 공안에 의한 감찰대상자, 수형자, 교정자, 출소자, 약물 중독자 등의 심리상태를 개선하여 성격적으로 편향된 사람들, 행동에 이상을 초래하고 있는 사람들에 대한 심리 치료를 제대로 하기 위해서, 정법위원회 및 위생, 민정, 공안 등의 각 부문이 제휴한다"라고 되어있다. 개인의 심리적 건강의 문제를 '옳고 그름'이라는 '도덕'적 관점에서 파악하고, 공공치안과 관련된 부서가 적극적으로 개입함으로써, 심리의 문제를 사회거버넌스와 정신문명 건설의 차원에서 연결하여 다루고 있음을 알 수 있다.

급속한 경제성장의 부작용으로 각종 현대적 질병이나 살인 사건 등이 발생하면서 중국에서도 심리상담서비스의 수요가 급증한 것은 사실이다. 그러나 중국공산당은 사회안정을 실현하는 수단으로써 '도덕의식의 함양'을 내세우는 한편, 이에 적합하지 않은 사람들의 정신생활이나 심리 측면에 대해서도 정밀하고 촘촘한 사회통치를 시행하려 한다. 이것이 미풍양속이라는 전통적인 '덕치'로 포장되고 있으며, 사람의 마음이나 도덕의 영역까지 '규범'적 틀로 구속하려는 '통치의 도덕화' 특징이 나타나고 있다.

13장
국가 현대화의 꿈을 향하여

중국은 세계를 선도하는 '사회주의현대화강국'을 지향하고 있다. '강국'이란 새로운 표현이 제시된 배경에는 이미 전면적인 소강사회 실현을 선언함에 따라 중국공산당의 존재 이유를 제시하는 또 다른 목표가 필요했기 때문이다. 개혁개방을 추진하는 동안 목표를 초과하는 성장을 달성함으로써 공산당 통치의 정당성을 확보할 수 있었지만, 이제는 높은 성장률을 유지하기는 불가능한 상황이다. 이제 '강국'이라는 목표를 내세움으로써 성장률의 추세적 하락이라는 문제에 대응하려 한다. 이미 중국은 세계 제2의 경제대국이 되었고 또한 개발도상국의 맹주로서의 위상도 높아졌기 때문에, 이러한 성과를 토대로 한 자신감도 '강국몽'을 제시한 중요한 배경이라 할 수 있다.

이러한 국가목표의 변화로 인해 중국은 개혁개방 시기와는 다른

'국가 정체성(National Identity)'을 보인다. 앞서 언급한 바와 같이, 19차 당대회 이후부터 중국공산당의 '전면적 영도'를 관철하는 방향으로 국가 통치시스템 자체가 변화되어왔다. 또한 자신의 독자적 발전모델이 중국의 실정에 부합하는 모델이라는데 머무는 것이 아니라, 세계 인류의 발전에도 이바지할 수 있다는 점을 강조하고 있다. 중국공산당은 '중국식 현대화'라는 보다 구체적인 표현으로 기존 '중국모델'의 개념을 더욱 확장하고 진화시켰다. '중국모델'이란 2008년 세계금융위기 전후에 논의되었던 중국식 발전모델로, 주로 경제발전의 지속가능성과 제3국으로의 이식 가능성을 긍정하는 개념이다.[1] 학계에서는 하나의 담론 차원에서 논의되어왔지만, 시진핑 집권 이후 중국공산당 내부에서는 하나의 실체적인 것으로 인식되어왔다.[2] 시진핑이 집권 초기 "중화민족의 위대한 부흥이 중국의 꿈"이라고 설파함에 따라, 중국모델은 이른바 '중국의 길에 대한 자신감'으로 변형되어 중국의 꿈을 실현하고 사회주의현대화를 달성할 수 있는 중요한 방법으로 인식되었다.

미국의 중국 압박과 견제의 배경에는 '사회주의현대화강국', '중국모델', '중국의 길' 등과 같은 중국공산당의 독자적인 비전과 담론 제시가

1 관련 논쟁의 쟁점과 내용은 다음을 참고할 것. 전성흥, 『중국모델론: 개혁과 발전의 비교 역사적 탐구』(서울: 부키, 2008); 장윤미, 「중국모델에 관한 담론 연구」『현대중국연구』 2011년 13권 1호.

2 江金权, 「中国模式研究: 中国经济发展道路解析」(北京: 人民出版社, 2007). 이 책의 필자인 장진취안은 중국의 경제발전 과정을 중국모델의 실체로 해석한다. 그는 오랫동안 중앙정책연구실에서 일해 오다가 2020년 10월 왕후닝에 이어 중앙정책연구실 주임을 맡았다. 19기 5중전회 때 처음으로 언론에 모습을 드러냈고, 2021년 11월 12일 중공중앙 기자회견에서 "두 개의 확립"의 의미에 대해 설명하였다.

있었다. 중국이 종합적인 국력을 바탕으로 하여 자국뿐 아니라 국제적인 영향력 측면에서도 세계를 선도하고자 하는 메시지를 분명하게 제시했기 때문이다. 중국으로서는 독자적인 공간을 넓혀가기 위해서라도 자신이 추구하는 모델이 미국과는 다르다는 것을 선언하면서, 동시에 중국모델이 인류의 공동발전을 위한 하나의 방안이라는, 이 두 가지 메시지를 동시에 담아낼 필요가 있었다. 그것이 바로 2022년 20차 당대회 「보고」에서 '중국식 현대화'라는 개념으로 공식화되었고, 중국식 현대화가 "전 인류의 현대화를 실현하는 과정에서 새로운 선택을 제공할 것"이라고 밝히고 있다.[3] 자본주의가 해결하지 못한 경제적 불평등과 사회적 불균형의 문제를 중국의 방법으로 추진하고, 나아가 이러한 "중국의 지혜와 방안, 역량이 인류의 평화와 발전을 위해 더욱 커다란 공헌을 하겠다"라는 포부를 선포한 것이다.

'강국'을 목표로 '추격'하는 중국의 자신감과 '패권'을 유지하기 위해 쫓기는 미국의 '불안'이 상호 과도한 작용을 일으키며, 미·중 갈등은 이제 돌이킬 수 없는 국면으로 접어들게 되었다. 중국공산당은 미국과의 장기적 경쟁에 대비하여 통치권력 구조를 바꿔왔으며, 중국식 현대화를 위한 전략도 이러한 장기적 시간표에 맞춰 세우고 있다. 중국공산당은 건국 이후 '현대화'의 목표를 실현하기 위한 구체적인 계획을 끊임없이 세우고 조정해왔다. 기존에는 '현대화'나 '사회주의 현대화'라는 표현을 써왔지만, 20차 당대회에서는 '중국식 현대화'라는 표현을 썼다. 다

3 习近平, 「高举中国特色社会主义伟大旗帜为全面建设社会主义现代化国家而团结奋斗: 在中国共产党第二十次全国代表大会上的报告」 (2022年10月16日), 『新华社』 2022/10/25.

분히 미국의 견제와 압박에 적극적으로 대응하기 위한 선택이다. 즉 '중국식 현대화'는 현대중국을 건설하기 위한 장기적인 국가 비전을 넘어, 서구 중심의 기존 세계질서와 현대화 방식에 대한 명백한 도전을 제기한 하나의 중국 담론이자 전략이다.

중국의 현대화 추진 전략의 변천

중국공산당 19차 당대회 「보고」에서는 "19대부터 20대까지는 '두 개의 100년' 분투 목표가 역사적으로 교차하는 시기"라고 하면서 "우리는 전면적 소강사회를 이루어 첫 번째 백 년이라는 분투 목표를 달성하고, 그 여세를 몰아 전면적인 사회주의현대화국가 건설의 새로운 길(新征程)을 열어 두 번째 100년의 분투 목표를 향해 나아가야 한다"고 발표했다. 그러면서 전면적인 사회주의현대화국가 건설을 두 단계로 나누어 진행할 것이라고 했다. 즉 창당 100주년이 되기 전인 2020년까지 전면적 소강사회를 이루고, 2035년까지 사회주의현대화를 기본적으로 실현하며, 다시 15년의 시간을 들여 21세기 중엽까지는 전면적인 사회주의현대화강국을 완성한다는 것이다. 19차 당대회가 개최되기 이전에는 두 번째 백 년인 건국 백 주년까지 사회주의현대화국가를 건설한다고 했지만, 19차 「보고」에서는 이 목표의 달성 시기를 2035년으로 앞당기고, 건국 100주년이 되는 2049년 무렵까지 사회주의현대화 '강국'을 건설한다는 새로운 목표를 제시한 것이다.

사회주의현대화국가 건설에 역량을 집중하는 것은 중국 헌법에서 규정하고 있는 국가의 근본적 임무로, 중국공산당은 이러한 과업을 실현하기 위해 서로 다른 역사적 시기와 발전단계마다 이에 상응하는 발전전략을 제시해왔다. 개혁 이후 제시된 "3단계(三步走) 전략"과 "두 개의 백 년", 그리고 19차 당대회에서 발표한 '2단계'의 "사회주의현대화국가 기본 실현 및 강국 달성" 목표가 바로 그것이다.

중국공산당은 건국 이후 지난 70여 년 동안 국가현대화 건설의 길을 모색해왔다. 구체적인 계획으로 현대화 목표를 제시한 것은 1963년 「중앙공작회의」에서였다. 이 회의에서는 국민경제발전을 두 단계로 나누어 우선적으로 독립적이고 비교적 완전한 공업체계와 국민경제체계를 건설하고, 이후 두 번째 단계에서는 농업, 공업, 국방 및 과학기술의 현대화를 전면적으로 실현한다고 제기했다. 이후 1964년 제3차 전인대 제1차 회의에서는 공식적으로 "4대 현대화" 실현 문제를 제기하였다. "길지 않은 시간 안에 중국을 현대농업과 현대공업, 현대국방, 현대과학기술을 갖춘 사회주의강국으로 건설한다"는 것이었다. 1975년 제4차 전인대 제1차 회의에서는 이를 재확인하고 향후의 진행 시간표를 명확히 하였다. 첫 단계는 1980년 이전까지이고, 두 번째 단계는 20세기까지 농업, 공업, 국방과 과학기술의 전면적인 현대화를 실현하여 중국의 국민경제를 세계 선두로 이끈다는 것이다. 이러한 단계적 목표 제시는 개혁개방 이후 현대화 실현을 위한 계획을 수립할 때도 이어진다.

1979년 12월 6일 덩샤오핑은 일본 총리를 만나 대화하면서, 중국이 이루려는 현대화는 '중국식 현대화'이자 '소강의 집(小康之家)' 방식의 현대화라고 규정하며, 처음으로 '소강'이라는 목표를 제시한다.[4] 1982년 12차 당대회에서는 공식적으로 '소강' 목표를 언급하며 20세기 말까지 두 단계로 나누어 소강 수준에 도달한다는 목표를 제정하였다. 1987년 13차 당대회에서는 국민경제 발전의 '3단계' 전략을 명확히 하여, 20세기 말까지 GDP를 1980년에 비해 두 배로 늘리고 21세기 중엽까지는 1인당 GDP를 중진국 수준까지 끌어올려, 현대화를 기본적으로 실현할 것이라고 제시했다.

1992년 14차 당대회에서는 창당 백 주년(2021년)까지 각 분야에서 더욱 성숙하고 정형화된 제도를 형성하고, 이러한 기초 위에서 건국 백 주년(2049년)이 될 때까지 기본적으로 사회주의현대화를 실현할 것이라며, '두 개의 백 년'이라는 목표를 초보적으로 제시했다. 1997년 15차 당대회에서는 창당 백 주년까지 국민경제를 더욱 발전시키고 각종 제도를 개선하며, 건국 백 주년까지는 현대화를 기본적으로 실현하고, 부강한 민주 문명의 사회주의 국가를 건설한다고 제안했다.

2002년 16차 당대회에서는 더욱 구체적으로 첫 번째 백 년의 목표를 설계하였다. 21세기 첫 20년 동안 역량을 집중하여 더욱 높은 수준의 소강 사회를 건설할 것을 제안하며, 경제, 사회주의 민주, 교육과 기술, 문화와 의료, 지속 가능한 발전과 관련된 구체적인 목표를 제시하였다. 그중 GDP를 2020년까지 2000년에 비해 4배로 증가시킨다는 계획을 세웠다. 이후 "전면적 소강사회 완성(全面建成小康社會)"은 중점적

4 「从"小康"到"全面小康": 邓小平小康社会理论形成和发展述论」『中央文献研究室』 2014/07/14.

으로 '분투'해서 달성해야 할 목표가 된다. 2007년 17차 당대회에서는 1인당 GDP를 2020년까지 2000년에 비해 4배로 증가시킨다고 하면서, 처음으로 1인당 GDP를 정량적 지표에 포함시켰고, 사회주의현대화국가의 의미에 '조화(和谐)'라는 글자를 추가하였다. 2012년 18차 당대회에서는 처음으로 국민 1인당 소득 목표를 포함했고, 발전의 형평성과 조화성, 지속가능성을 강화하면서 국내 총생산과 도시 및 농촌 주민의 1인당 소득을 2010년의 2배로 늘려 창당 백 주년까지 전면적 소강사회를 완성하고, 건국 백 주년까지 부강·민주·문명·화해의 사회주의현대화국가를 완성한다고 제시했다.

이러한 과정을 거쳐 2017년 19차 당대회에서는 중국 특색사회주의가 '신시대'로 진입했고, 이를 중국 발전의 새로운 역사적 방향이라고 제시했다. 2020년까지는 전면적인 소강사회 완성의 시기이고, 두 번째 백년 목표를 두 단계로 나누어, 2020년부터 2035년까지 사회주의현대화를 기본적으로 실현하고, 2035년부터 21세기 중반까지 부강·민주·문명·조화롭고 아름다운 사회주의현대화강국을 완성할 것을 제안한 것이다. 기본적으로 현대화 목표 달성 시기를 15년 앞당겼을 뿐 아니라 '아름다움'이라는 글자를 추가하여, 생태 문명을 고려한 인간과 자연 공생의 현대화 추진을 강조했다.

〈표 13-1〉 중국 현대화 목표의 변천

시기	전략목표
중앙공작회의(1963) 전인대 3기 1차 회의(1964) 전인대 4기 1차 회의(1975)	'4대 현대화'의 '2단계(两步走)': 첫 번째 단계인 1980년 이전까지 독립적이고 비교적 완전한 공업체계와 국민경제 시스템을 건설하여 대체로 세계 선진 수준에 근접하게 함. 두 번째 단계는 20세기까지 중국의 공업이 세계 선두에 서게 하고, 농업, 공업, 국방 및 과학기술의 현대화를 전면적으로 실현함.
12차 당대회(1982)	'2단계(两步走)': 전국 농공업의 연간 총생산액을 4배 증가시킴. 첫 번째 10년인 1990년까지 기반을 다지고 역량을 축적해 여건을 조성하고, 두 번째 10년인 2000년까지 새로운 경제진흥 시기로 진입함.
13차 당대회(1987)	'3단계(三步走)'를 공식 제기함: 첫 번째 단계인 1990년까지 GDP를 1980년에 비해 2배로 늘리고, 인민의 먹고사는 문제(温飽)를 해결함. 두 번째 단계는 20세기 말까지 GDP를 다시 2배로 늘리고, 인민 생활이 소강(小康) 수준까지 도달하게 함. 세 번째 단계는 21세기 중반까지 1인당 GDP를 중진국 수준에 도달하게 하여 인민 생활을 비교적 부유하게 하고, 현대화를 기본적으로 실현함.
14차 당대회(1992)	90년대에 새로운 경제체제를 초보적으로 건립하고, 소강 수준의 2단계 발전 목표를 실현함. 창당 100주년까지 더욱 성숙하고 정형화된 제도를 완성함. 이러한 기초 위에서 다음 세기 중엽 건국 100주년까지 3단계 발전 목표를 달성하고 사회주의현대화를 기본적으로 실현함.
15차 당대회(1997)	'두 개의 100년': 2010년까지 GDP를 2000년에 비해 2배로 늘림. 다시 10년의 노력을 거쳐 창당 백 주년까지 국민경제를 발전시키고 각종 제도를 완벽하게 함. 21세기 중엽 건국 백 주년까지 기본적으로 현대화를 실현하여 부강한 민주 문명의 사회주의 국가를 건설함.
16차 당대회(2002)	21세기 첫 20년 동안 십수억 국민에게 혜택을 주는 더욱 높은 수준의 전면적 소강사회를 건설함. (경제발전, 민주, 과학교육, 문화번영, 사회조화, 풍족한 인민 생활)
17차 당대회(2007)	구조를 개선하고 효율을 높이며, 낭비를 줄이고 환경을 보호하면서, 1인당 GDP를 2020년까지 2000년에 비해 4배로 증가시킴.
18차 당대회(2012)	발전의 형평성·조화성·지속가능성을 높인 토대 위에서, 국내 총생산과 도시·농촌 주민의 1인당 소득을 창당 백 주년까지 2010년에 비해 2배로 증가시키고 전면적 소강사회를 완성함. 건국 백 주년까지 부강·민주·문명·화해의 사회주의현대화국가를 완성함.
19차 당대회(2017)	지금부터 2020년까지는 전면적 소강사회 건설의 성공을 좌우하는 시기임. 2020년부터 21세기 중엽까지 '두 단계'로 나누어, 첫 번째 단계인 2020년부터 2035년까지 전면적 소강사회 완성의 기초 위에서 사회주의현대화를 기본적으로 실현함. 두 번째 단계인 2035년부터 21세기 중엽까지 현대화를 기본적으로 실현한 기초 위에서, 부강·민주·문명의 조화롭고 아름다운 사회주의현대화강국을 완성함.

국가현대화를 위한 중국공산당의 목표 제시와 변천 과정을 보면, 처음에는 비교적 완전하고 선진적인 공업체계를 구축하는 것을 시작으로 해서, 개혁 이후에는 주로 경제적 지표를 목표치로 제시하면서도 이를 '소강'이라는 중국의 개념으로 설명하고 발전시켜왔다는 것을 알 수 있다. 또한 경제산업화뿐 아니라 각 영역의 발전을 위한 기초 제도의 확립을 강조하였고, 사회주의현대화국가의 내용도 부강과 민주, 문명, 화해, 아름다움 등으로 점차 풍부하게 확대해왔다. 무엇보다 사회주의현대화국가 건설은 중국 국가의 근본적 임무로, 이것은 건국 이후 지속적으로 추진해온 일관된 목표였다.

신시대 '중국식 현대화'와 '공동부유'

창당 백 주년을 맞이하는 해인 2021년 제19기 6중전회에서는 지난 백 년간 중국공산당이 투쟁하며 거둬온 성과와 경험을 「역사결의」의 형식으로 평가·정리하였다. 이 보고에서 시진핑은 '중국식 현대화의 길(中國式現代化道路)'을 강조하면서, 두 번째 백 년을 향해 나아가는 '중국특색사회주의신시대'를 전면적인 사회주의현대화강국을 완성해나가는 시대, 전체 인민의 공동부유를 실현하는 시대, 중화민족의 위대한 중흥이라는 중국의 꿈을 실현하는 시대, 나아가 중국의 길이 인류를 위해 공헌하는 시대로 규정한다. 앞서 2021년 7월 6일에 개최되었던 「중국공산당과 세계정당지도자회의」에서 시진핑은 "중국공산당은 중국 인민들을 단결시키고 이끌어 중국식 현대화를 심도있게 추진하고, 인류가 현대화 길을 모색하는 데 새로운 이바지를 할 것"이라고 밝혔다.

'중국식 현대화'라는 표현은 덩샤오핑이 처음 사용한 것이지만, '첫 번째 백 년' 목표를 완성한 뒤 다시 '두 번째 백 년' 목표로 나아가는 시점에서 새롭게 강조되고 있다. 또한 이 개념의 내용과 의미에 대해 본격적인 체계화 작업도 진행되어왔다. 2022년 2월 28일~3월 4일 자 〈인민일보〉에서는 「강국의 길로 분투·전진하자: 총서기가 중국식 현대화를 이렇게 이끈다」라는 제목으로 관련 보도를 연속 게재하면서, 시진핑이 했던 연설을 종합하며 중국식 현대화의 내용을 정리하고 있다.[5]

중국공산당이 제시한 '중국식 현대화'는 인류 역사상 유례없이 거대 규모의 인구를 포괄하고, 특정 지역이나 계층이 아닌 전체 인민 모두가 잘 살게 하는 공동부유의 현대화이며, 물질생활뿐 아니라 정신생활도 포괄하고, 인간과 자연이 조화롭게 공생하며, 폭력적 식민 수탈이 아닌 세계 각국이 함께 평화발전의 길을 가는 현대화라고 설명한다. '중국식 현대화'를 추진하는 조건과 목표, 내용, 방식 측면에서 모두 기존 현대화와는 다르다는 점을 강조하고 있다. 20차 당대회 「보고」에서 개괄하고 있는 '중국식 현대화'의 특징은 "당의 영도, 중국특색사회주의, 질적 발전, 인민민주, 정신세계, 공동부유, 인간과 자연의 공생, 인류 문명의 새로운 형태"라고 밝히고 있다.

이 가운데 중국식 현대화를 가능하게 하는 구체적인 방법으로 '공동부유'를 강조하고 있다. 사회주의 국가인 중국에서 '공동부유'는 마오

5 「"奋进强国路·总书记这样引领中国式现代化"系列报道」『共产党员网』 2022/03/02. 중국식 현대화는 거대한 인구 규모, 공동부유, 물질문명과 정신문명의 조화, 인간과 자연의 공생, 평화발전의 길을 가는 현대화라고 설명한다.

쩌둥을 필두로 역대 지도자들 모두 언급하고 강조해왔던 개념이다. 또한 개혁개방 이후 1992년 개최된 14차 당대회 「당장」에 수록된 바 있다.[6] 그러나 이는 사회주의의 장기적 목표가 궁극적으로 공동부유의 달성에 있음을 강조한 것이지, 실질적인 방침이나 구체적인 정책으로 제시된 것은 아니었다. 공동부유는 결코 부정된 적이 없는 중국 사회주의의 오래된 숙원이었지만, 현실 상황을 고려하여 계속 미뤄두며 고속성장의 현실에서 잊혀져 왔다. 그러나 시진핑 집권 이후 공동부유는 점차 중국이 해결해야 할 당면 과제로 부각되었다.

중국이 '선부론(先富論)'의 프레임을 넘어서 '공동부유'를 당면한 과제로 삼는 방향으로 나아가야 한다는 주장은 2015년 10월 공산당 18기 5중전회에서 처음으로 공식 제기되었다. 시진핑은 중국이 '사회주의 초급단계'를 초월하는 일을 할 수는 없다 하더라도, "현재의 조건에 근거해서 할 수 있는 일에 힘을 다해야 하며 작은 승리를 큰 승리로 만들어가면서 전체 인민의 공동부유라는 목표를 향해 전진해야 한다"고 제기했다.[7] 5년 뒤인 2020년 19차 5중전회에서 발표한 「14차 5개년 계획 및 2035 장기목표의 강요」에서는 "인민들의 생활이 더 아름답고 좋아지

6 덩샤오핑은 1985년 10월 미국 기업인 대표단과 만난 자리에서 "일부 사람을 먼저 부유하게 하고 대부분 지역을 이끌어 공동부유를 달성하겠다"라고 말한다. 1992년 초 남방 시찰에서 "사회주의의 길을 가는 것은 점차 공동부유를 실현하는 것이다. 공동부유의 구상은 일부 지역을 조건부로 먼저 발전시키고, 일부 지역의 발전이 늦어지면 먼저 발전한 지역이 나중에 발전한 지역을 이끌어 결국 공동부유를 달성하는 것이다"라고 강조한다. 이런 배경에서 '공동부유'는 1992년 10월 열린 중국공산당 14차 당대회에서 당장에 수록되었다. 邓小平, 「让一部分人先富起来」『邓小平文选: 3卷』(北京: 中共中央党校出版社, 1993)

7 习近平, 「关于《中共中央关于制定国民经济和社会发展第十三个五年规划的建议》的说明」, 『求是』 2015年 第22期.

며(美好), 사람의 전면적 발전과 전체 인민의 공동부유가 더 분명하고 실질적 진전을 이룬다"라며 사회주의현대화국가의 주요 목표 중 하나로 공동부유를 제시하였다.

시진핑은 빈곤 문제가 해결되고 전면적 소강사회가 완성됨에 따라, 이제는 공동부유를 내실있게 추진할 수 있는 역사적 단계에 와 있다고 판단하고 있다. 2021년 8월 17일 개최된 중앙재경위원회 10차 회의에서 시진핑은 "공동부유는 사회주의의 본질적 요구이며, 중국식 현대화의 중요한 특징"이라고 말했다.[8] 이 회의에서는 중국 발전단계에 새로운 변화, 즉 현재 '두 번째 백 년'의 목표를 향해 나아가는 새로운 발전단계에 들어섰기 때문에, "전체 인민의 공동부유 촉진을 인민을 위한 행복 도모의 주력점으로 삼고 이를 토대로 당의 장기적 집정의 기초를 다져야 한다"고 강조한다. 시진핑은 집권 이후 "공동부유 실현은 경제문제 만이 아니라 당의 집정지위와 관련된 중대한 정치문제"임을 여러 차례 밝혀왔다.[9] 공동부유는 사회주의의 본질적 특징이기 때문에, 공동부유가 없으면 사회주의도 없으며, 그렇게 되면 당의 집정지위 근거도 사라지게 된다는 것이다. 또한 단계별로 공동부유를 추진해야 하지만, 이것이 획일적인 평균주의를 의미하는 것은 아니라고 하면서, 공동부유의 촉진을 위한 행동강령을 제정하고 공동부유를 평가할 자체 지표와 평가방법을 제시해야 한다고 강조한다.

이 회의에서는 공동부유의 촉진을 위해 다음과 같은 4가지 원칙을

---

8 习近平,「扎实推动共同富裕」『求是』 2021/10/15.

9 「实现共同富裕是关系党的执政基础的重大政治问题」『光明日报』 2021/01/28.

제기한다.

첫째, 공동부유는 개인의 '분투'와 능력, 근면함에서 나오는 것으로, 근로와 혁신으로 부를 창출할 수 있도록 공평한 발전환경을 제공한다는 것이다. 이는 단순히 재분배를 통해 공동부유를 실현하는 것이 아니라 각 개인의 창업과 치부(致富) 능력을 키워줌으로써 부자가 될 기회를 제공해주고, 이러한 과정에서 이른바 '내권(內卷)'이나 '당평(躺平)'의 문제도 해결할 수 있다고 본다.[10]

둘째, 공동부유를 실현하기 위해 공유제 경제의 중요한 역할과 함께 비공유제 경제의 발전도 촉진해야 한다고 하면서, 공유제를 주체로 하고 다종소유제 경제가 함께 발전하는 '기본 경제제도'를 견지할 것을 제시한다. 선부(先富)가 후부(後富)를 도와야 하지만, 여전히 '사회주의 초급단계'에 입각해야 하고, 공동부유가 장기적이고 점진적인 과정임을 강조하고 있다.

셋째, 최선을 다해 목표를 추구하지만 이와 동시에 힘을 헤아리며 실행해야 한다(盡力而爲量力而行)고 제기한다. 이는 공동부유의 실현을 위한 공공정책과 합리적 분배구도를 만들어야 하지만, 이와 동시에 민생 보장이 경제발전과 지속 가능한 재원의 토대 위에서 이루어져야 함을 강조하고 있다. 즉 공동부유가 정부가 모든 것을 떠안는 방식으로

10 '내권'이란 무의미한 일을 반복하고 많은 노력을 기울였지만 정당한 보상을 받지 못하는 극심한 경쟁사회를 풍자하는 말이고, '당평'이란 경쟁 대열에 참여하지 않고 드러누워 아무 것도 하지 않겠다는 뜻으로, 2020년과 2021년 중국 사회의 유행어가 되었다. 관련 연구로는 다음을 참고할 것. 하남석, 「시진핑 시기 중국의 청년 노동 담론: 내권(內卷), 당평(躺平), 공동부유」, 『마르크스주의 연구』, 2021년 18권 4호.

진행되거나 복지주의의 함정이나 비현실적인 목표 추구에 빠지면 안된다는 것이다.

넷째, 순서에 따라 점진적으로 추진해야 한다. 공동부유가 장기적인 목표이자 매우 어렵고 복잡한 과제임을 직시하여, 각 지역 상황에 맞게 점진적으로 추진할 것을 요구하고 있다. 이에 따라 '저장성 공동부유 시범구 건설'도 지정했으며,[11] 각 지역이 각자의 사정에 따라 점차 추진할 것을 강조한다.

이러한 원칙에서 볼 때 시진핑은 현재 중국의 발전단계를 사회주의 초급단계로 인식하고 있고, 획일적인 평균주의를 명확하게 부정하고 있으며, 공동부유를 장기적인 목표로 삼고 있다는 것을 알 수 있다. 이는 공동부유를 당장 실현해야 하는 이념으로 간주하기보다는, 경제발전을 추진하면서 동시에 달성해야 하는 장기적 목표로 본다는 점에서 마오쩌둥보다는 덩샤오핑의 기조에 가깝다고 할 수 있다. 공동부유 시범구를 지정한 발상 역시 경제특구라는 실험 지역을 통해 개혁을 확대해나간 덩샤오핑의 정책 방식과 유사하다.

그렇지만 공동부유라는 목표를 실질적으로 진전시켜 인민들이 체감할 수 있게 해주어야 한다고 강조한다는 점에서, 시진핑의 공동부

11 중국공산당 중앙과 국무원은 2021년 5월 20일 「저장 고품질발전·공동부유모델구 건설지원에 관한 의견」을 결정하고 6월 10일 공표했다. 「의견」에서는 저장성의 전략적 위상을 고품질생활을 누리는 선진지역, 도농 간 협력발전의 견인지역, 소득분배제도개혁의 시험구역, 문명의 조화롭고 아름다운 공동체 지역으로 정했다. 「中共中央国务院关于支持浙江高质量发展建设共同富裕示范区的意见(2021年5月20日)」『新华社』 2021/06/10. 저장성은 중앙의 문건에 의거하여 시범구 실시 방안도 내놓았다. 「浙江高质量发展建设共同富裕示范区实施方案(2021~2025年)」『浙江省自然资源厅』 2021/07/19.

유를 단순히 정치적 구호나 먼 장래의 목표만으로 간주할 수는 없다. 2020년 10월 개최된 「제14차 국민경제·사회발전 5개년 계획(2021~2025년) 및 2035년 장기목표 수립에 관한 당 중앙의 제안」 설명에서 시진핑은 공동부유의 촉진은 장기간에 걸친 임무이지만 이 목표를 향해 적극 노력해야 하며, 사회주의현대화의 기본 실현을 목표로 하는 2035년까지 공동부유가 보다 명확하고 실질적인 진전을 얻을 수 있도록 인민들의 삶의 질을 개선해야 한다고 강조하고 있다. 또한 2021년 1월 중앙당교에서는 "공동부유가 단순한 구호가 아니라 인민들이 눈으로 보고 만질 수 있는 것임을 절실히 느끼게 해야 한다"고 말하며,[12] 2035년까지 공동부유의 구체적인 성과를 요구했다.

20차 당대회 「보고」에서는 '공동부유'를 8차례나 언급했는데, 이는 '공동부유'가 '중국식 현대화'의 주요 목표이자 이를 달성하기 위한 구체적인 정책일 뿐 아니라, 현재 중국이 처한 대내외적 도전을 극복해나가기 위한 명분이라는 점에서 다목적의 포석을 깔고 있다고 봐야 한다.

우선 공동부유는 중국공산당이 새롭게 제시한 '신(新)발전이념'과 '고품질발전'에 걸맞은 목표이면서, 구체적인 분배정책이다. 중국은 19차 당대회에서 이미 '주요 모순'을 '불평형·불충분한 발전'이라고 재규정했으며, 이에 맞춰 국유기업 활성화와 대규모 산업정책을 골자로 한 '신발전이념'과 자국의 기술자립 및 자체 공급망 완성을 목표로 한 '쌍순환경제'를 제시하였다. 20차 당대회 보고에서는 이러한 주요 모순의 문제

12 「习近平在省部级主要领导干部学习贯彻党的十九届五中全会精神专题研讨班开班式上发表重要讲话」『新华社』 2021/01/11.

를 해결할 수 있는 민생 복지의 증진에 초점을 맞추었고, 계층 간, 지역 간 격차를 줄이는 좀 더 균형적인 정책 방향을 제시하고 있다. 정책의 구체적인 내용으로는 분배제도의 개선, 취업우선전략, 사회보장체계의 개선, 인민의 건강을 우선하는 '건강 중국'의 건설, 그리고 농업과 농촌 우선발전의 향촌진흥전략, 깨끗한 생태환경 조성 등이 포함되었다.

둘째, '공동부유' 비전의 제시 자체가 '먼저 부자가 된 계층'에게 경고를 하면서 중국공산당의 정책목표 추진에 동력을 부여하는 효과를 가져다준다. 계층 간 격차와 도농 격차의 축소는 중국이 중위소득 국가라는 목표를 달성하고 중진국 함정에서 벗어날 수 있는 중요한 과제이다. 이미 후진타오 시기부터 이러한 점을 지적하며 '과학발전관'이나 '조화사회' 방침을 강조하면서 각종 격차를 줄이기 위한 정책에 매진해 왔지만, 결국 빈부격차의 문제는 해결하지 못했다. 20차 당대회 보고에서는 당의 주도로 개혁개방이 초래한 양극화와 분배의 불공정 문제를 해결하겠다는 의지를 강하게 밝혔다. 공동부유 촉진의 근간으로 분배제도를 꼽으며 1차 분배, 2차 분배, 3차 분배가 조화를 이루는 제도체계 구축을 제시했다. 특히 분배제도 개혁을 얘기하면서, "개인이 부를 축적하는 메커니즘을 규범화한다(規範財富積累機制)"라고 강조했다. 이는 불법 소득을 차단하고 고소득을 조정함으로써 앞으로는 불법적인 부의 축적을 용인하지 않겠다는 강력한 의지를 표명한 것으로 볼 수 있다. 시진핑은 집권 이후 중소도시를 포함하여 농촌에 사는 10억 인구에 더욱 민감하게 반응해왔고, 삼농정책을 중시하면서 신농촌건설 그리고 후속의 향촌진흥 정책을 국가의 주요 전략으로 채택해왔다. 이는 식량주권 유지, 생태자원 보호, 기후변화 대처, 도농 균형발전과 같은 다양한 정책 목표를 실현하면서도, 농촌과 중소도시에 기반한 다수 인민의 정치적 지지를 끌어내 안정적인 집권을 유지해나갈 것이라는 정치적 계산도 깔려 있다.

시진핑은 "부자는 거액의 부를 축적하고, 가난한 자는 조강(거친 음식)을 먹는(富者累巨萬, 而貧者食糟糠)" 극단의 빈부격차 상황을 막아야 한다고 하면서, "함께 발전을 누리자(共享發展)"라고 강조하였다.[13] 중국공산당은 이미 '공동부유'를 촉진한다는 명분으로 여러 규제 정책들을 통해 많은 민간기업에 대한 정비를 진행한 바 있다. 교육산업, 게임 산업, 엔터테인먼트 산업, 과학기술 산업, 인터넷 대기업, 전자 상거래 등과 관련된 민간기업들은 당의 공동부유 정책에 호응하며 자선 기부에 나서고 있다. 중국 언론은 알리바바, 텐센트가 천억 위안 규모의 '공동부유' 기금을 기부하였고, 바이트댄스, 핀둬둬, 징둥 등 인터넷 기업들도 기부 목표와 계획을 밝혔다고 전했다.

셋째, 이미 "당의 집정지위와 관련된 중대한 정치문제"라고 밝힌 바와 같이, '공동부유'는 정치적으로 중국공산당의 합법성뿐 아니라 시진핑 개인의 권위도 강화하는 강력한 메시지가 되었다. 공동부유는 서구

---

13 2015년 10월 제18기 5중전회에서 시진핑은 "혁신, 협조, 녹색, 개방, 공향(共享)"의 이른바 5대 발전이념을 제시한다. 이 중에서 공향이란, "인민을 위한 발전, 인민에 의존한 발전, 그리고 발전성과를 인민들이 공유하며, 더욱 효과적인 제도적 안배를 통해, 전체 인민을 공동부유의 방향으로 안정적으로 전진시킨다"라는 것이다. "부자는 거액의 부를 축적하고, 빈자는 조강 겨를 먹는다"라는 말은 동한(東漢) 반고(班固)의 『한서·식화지(漢書·食貨志第四上)』에 나온 것으로, 심각한 양극화를 표현한 말이다. 燕连福, 「共享发展理念的深刻内涵及理论贡献」『经济日报』 2021/10/27.

와는 다른 현대화의 담론을 제공하고 서구의 제도보다 도덕적으로 우월한 중국의 제도를 과시할 수 있을 뿐 아니라, 나아가 사회주의 이데올로기를 실천하는 방법임이 강조됨으로써 공산당의 존재 이유를 강조하는 효과를 가져다준다. 이는 다분히 미국과의 장기적 경쟁을 염두에 둔 전략적 선택이라 할 수 있다.

요컨대 전체 인민의 공동부유를 촉진하여 '당의 장기적 집정'의 기초를 다져야 한다는 시진핑의 발언처럼, 중국공산당은 자신의 장기적 집권을 유지하기 위해선 빈부격차 문제를 해결하며 공동부유로 가는 로드맵을 제시해야 한다는 점을 잘 알고 있다. 그러나 공동부유의 강조가 마오쩌둥 방식으로의 회귀는 아니지만, 총체적 관점에서 자원을 재분배하면서 경제활동의 자유를 제한하고 통제를 강화하는 것이 필요하기 때문에, 향후 중국경제에 일정한 영향을 끼칠 수밖에 없을 것이다. 관건은 경제성장을 일정 수준으로 유지하면서도 인민들이 공동부유를 실감할 수 있게 하는, 즉 공동부유로 가는 속도와 성과를 적절하게 조정하는 문제일 것이다. 또한 이 과정에서 심각한 빈부격차를 어느 정도까지 좁힐 수 있을지, 그리고 1차 분배, 국가에 의한 재분배, 3차 분배 등에 관한 구체적인 제도 설계와 세심한 집행을 어떻게 진행할 수 있을지에 따라 공동부유의 운명이 달라질 수 있을 것으로 보인다. 경제가 침체되면 공동부유의 추진이 미뤄질 수 있지만, 만약 중국의 빈부격차가 좁혀지지 않는다면 향후 공동부유 실현을 위한 속도를 급격히 높일 수도 있을 것이다.

국가 현대화 전략과 경로에 내재한 문제들

현재 중국이 표방하는 이른바 '중화민족의 위대한 부흥'의 꿈과 '국가 현대화'라는 목표는 분명 미국이나 유럽의 국가건설 패러다임으로는 파악하기 어렵다. 여기에는 장기적인 문화적 지향과 고유의 세계관이 결합한 중국의 대국 건설과 통치 구상이 내포되어있다. 중국의 국가건설에는 역사적으로 지속하여 온 제국운영의 경험과 전통 세계가 붕괴하면서 새로운 질서를 고민했던 근대의 경험, 혁명과 사회주의 건설을 통해 기존의 질서관을 뒤집은 마오쩌둥 시기의 경험, 그리고 개혁개방이라는 새로운 방식으로 대국 건설의 비전을 제시한 덩샤오핑 시기의 경험 등이 혼합·중첩되어 있다. 이러한 중국의 대국 전략은 대내 질서나 통치 원리뿐 아니라 대외관계나 군사적 측면에서도 일관되게 드러난다.

그렇다면 시진핑 시대의 정치적 전환이 과연 정확한 판단에 기반을 둔 올바른 결정이었을까? 지난 10년간 재편해 온 통치구조는 실제로 국가의 통치체계와 통치능력을 향상하면서 제대로 작동할 수 있을까? '당의 전면적 영도'라는 처방으로 과연 내부 통합과 단결을 촉진하고, 나아가 급변하는 세계정세에 제대로 대처할 수 있을까? 이러한 문제들에 대해 중국식 통치에 내재한 한계와 난점이 무엇인지, 다음에서 질문 형식으로 묻고 정리해보고자 한다.

(1) 국가통치 현대화의 문제를 당의 전면 영도와 핵심 권력 강화로 해결할 수 있는가?

거버넌스의 문제는 주로 국가의 통치와 관련되지만, 당정체제 중국에서 당은 국가기관을 통해 자신의 영도지위를 관철하고 집정을 실현한다. 따라서 국가 거버넌스의 문제는 당 집정방식의 변화뿐 아니라 당 영도지위의 강화 조치와도 관련된다. 신시대 거버넌스 현대화의 구상은 한마디로 기존의 비효율적인 정책결정구조를 효율적으로 바꾼다는 것인데, 공산당이 제시한 해법은 당의 정책결정권 강화와 당 조직의 확장에 있다. 이러한 방침에 따라 핵심 지도자의 권력과 권위를 강화하고 당 주도의 정책결정구조로 기구개편을 단행한 것이다. 그러나 정책결정의 효율성과 집중성을 높이기 위해 개편한 제도 변화는 또 다른 부작용을 가져올 수 있다.

우선 가장 큰 문제는 국가주석에 대한 3연임 제한 규정을 폐지함으로써 권력 승계에 대한 불확실성이 증가하였고, 이에 따라 중국정치의 예측 가능성이 크게 하락했다는 점이다. 차기 후계자를 이전 당대회 회기에 미리 정치국 상임위원으로 지정하는, 지난 20여 년간 지켜왔던 규칙이 깨졌다. 시진핑의 종신 집권이 가능해진, 이제 명실상부한 '시진핑 시대'가 시작되었다. 시진핑이라는 핵심 권력, 이른바 '일존(一尊)'에 의존한 강력한 정책 결정이 가능해졌지만, 이러한 시대가 언제까지 지속할지, 언제, 누구에게로 권력 승계가 이루어질지, 급변사태가 발생하면 어떻게 될지, 모든 예측이 불가능해졌다.

둘째, 당 중앙으로 권력이 집중된 만큼, 정부에 대한 불만이나 비판의 초점이 당으로 집중될 수 있다. 지난 30년간 중국에서 대중들의 집단시위인 이른바 '군체성 사건'은 매우 빈번하게 일어났지만, 대개는 지방 관료의 부패나 지방 정부를 겨냥한 불만 및 시정 개선 요구였다. 이는 분권의 상황에서 지방 정부의 재량에 따라 경제사회정책의 제정이나 집행이 이루어졌기 때문에, 정책에 대한 불복종이나 저항 역시 지방 차원에서 진행된 것이다. 그러나 향후 경제 상황이 좋지 않거나 교육, 주거, 의료 등 기본적인 사회보장과 관련된 문제에 대한 불만이 커지게 되면, 인민들의 항의 대상은 점차 중앙을 향하게 될 것이다. 통치방식 변화와 사회구조 재편으로 당 조직이 인민과 직접 대면하게 된다면, 정책에 대한 불만도 점차 당과 중앙으로 집중될 수 있다.

셋째, 재편된 중국 거버넌스의 특징은 한마디로 '당이 영도하는 국가 거버넌스' 모델이다. 이러한 '당치 거버넌스' 모델로는 국가를 단위로 하는 국제사회의 다자주의 틀에서 보편적 질서를 주도적으로 기획하기 어렵다. 중국이 특수한 관계를 유지하고 있는 국가들은 대개 혁명 시기에 맺어진 역사적 관계에 기반을 둔다. 예컨대 중국과 북한의 관계는 당 대 당의 관계이지, 정상적인 국가 간 관계로 보기는 어렵다. 당이 국가를 장악하여 통치하는 정당 국가의 논리로 자국의 통치를 유지할지는 모르겠지만, 일당 국가의 원리를 국제적 규범으로 용인받기는 어렵다.

(2) 당은 무엇을 영도하고, 어떻게 영도하는가?

중국에서 '당의 영도'라는 말은 어디에나 있지만, 현실에서는 사실 모호하다. 우선 공산당 조직과 그 권한 규정은 '헌법' 안에 있지 않다는 점에서 당은 국가 영역 밖에 있다. 당은 당조를 통해 국가기관의 각 조직 안에 자신의 집정지위를 관철해 왔다는 점에서 당은 국가 안에 있기도 하다. 또한 당은 모든 정치운동을 영도하고 이러한 운동을 통해서 대중을 동원하고 조직해왔다는 측면에서 당은 사회 안에 있다. 동시에 당은 국가와 사회 간의 기능과 역할을 구분하면서도 모순과 갈등이 발생하면 국가와 사회를 매개하기도 한다. 요컨대 당은 (권력관계 측면에서는) 국가 밖에 있고 (통치 측면에서는) 국가 안에 있기도 하며, (운동 측면에서는) 사회 안에 있고, (조직적, 정치적으로는) 국가와 사회를 매개하기도 한다.

이렇듯 어디에나 존재하는 당의 영도는 과연 어떤 영역에서, 어떤 범위까지, 어떠한 방식으로 영도해야 하는지 매우 모호하다. "당이 모든 것을 영도한다"라는 철칙에도 불구하고, 당 영도의 영역, 범위, 방식에 일정한 기준이 없다는 점에서 당의 영도 원칙은 제도화를 지향하는 국가 거버넌스의 논리 안에 두기 어렵다는 한계를 갖고 있다.

둘째, 당 중앙을 대리하는 각급 당 서기에 의한 권력의 전횡 문제가 여전히 해결되지 않고 있다. 중국의 정책은 당 중앙에서 결정하지만, 정책집행은 성, 시, 현 등 각급 행정단위에서 이루어진다. 당 중앙의 의지대로 정책이 잘 집행되려면 각급 단위에서 전권을 가진 당 서기가 중앙의 정책을 잘 이해해야 하는 동시에 중앙의 정책목표에 동조해야 하고, 이러한 정책을 효율적으로 집행할 수 있는 의지와 능력을 갖추고 있어야 한다. 문제는 집행과정에서 중앙의 의도를 왜곡하거나 빠른 정책효과를 보기 위해 독단적인 행정 권력을 행사할 수 있다는 점이다. 이러한 부작용을 방지하기 위해 중국공산당은 위에서 아래로의 권력 감독을 강화해왔고, 각급 행정단위의 일인자와 영도집단에 대한 감독을 강화하는 문건을 발표하기도 했지만, 일당 집정이라는 위계적인 행정구조에서 이러한 문제를 해결하기는 불가능하다.

셋째, 당 영도가 모든 것을 해결하는 법보(法寶)일 리도 만무하지만, 설령 당 영도가 만병통치약이라 해도 당 영도가 잘 유지되기 위해서는 몇 가지 전제가 필요하다. 요컨대 당이 결정하는 정책이 모두 옳아야 하고, 당 엘리트 내부가 분열하지 않고 단결하여 일관된 정책을 제시해야 하며, 당 정책이 각급 행정단위에서 잘 집행되어야 한다. 그래야 당의 영도가 효력을 발휘할 수 있다. 그러나 중국의 역사를 보면 당의 잘못된 정책 결정으로 인해 비극적 사건이 일어나기도 했고, 당 엘리트 내부가 분열하면서 관료 부패에 대한 인민들의 불만이 터져 나오기도 했다. 중국공산당은 자신의 영도력 덕분에 경제성장을 이루었다고 보지만, 사실 경제가 발전했기 때문에 당 영도를 유지할 수 있었다. 거꾸로 말하면 경제 상황이 좋지 않았을 때 언제든 당 영도에 위기가 올 수 있다.

(3) 중국은 법과 제도의 권위를 세울 수 있을까?

국가통치를 '법에 의한 통치'로 바꾸겠다는 당 중앙의 의지는 확고하다. 1997년 15차 당대회 보고에서는 '의법치국' 실시와 '사회주의 법치국가' 건설을 제기하였고, 1999년 3월 전인대 9기 2차 회의에서 '의법치국'을 헌법에 수록한 바 있다. 국가통치뿐 아니라 당 조직의 활동 역시 법의 틀 안에서 이루어져야 한다고 강조하며, 2012년과 2013년, 2018년에는 각각 당내 법규제정과 5개년 계획을 발표하면서 당규가 당장뿐만 아니라 헌법에 따르도록 했다. 특히 「당내 법규제정 공작 5년 규획 강요」에서는 "헌법을 최상으로, 당장을 근본으로(憲法爲上, 黨章爲本)"라고 명시하면서, 당내 법규 제도체계(당)와 중국특색사회주의 법률체계(국가)를 내재적으로 통일시킨다고 밝히고 있다. 당 조직의 운영과 활동까지 헌법과 법률로 구속함으로써 당 통치의 법제화를 실현한다는 방침이다.

그러나 이러한 조치는 엄밀히 말하면 '정치' 제도화가 아닌 '통치'의 제도화이다. 즉 '국정 운영을 위한 제도화'이지 제도규칙 제정이나 권력에 대한 제도화는 아니다. 의법치국과 의법집정의 방침에 따라 당 집정 방식을 법 규범 안에서 규정한다 하더라도, 이러한 조치가 공산당 정치를 법으로 구속할 수 있는 것은 아니다. 중국 체제 논리에서 정치는 당이 영도하는 것이며, 정치 규칙은 법에 의해 구속되지 않는다.

당이 정치나 정책을 결정하고, 국가가 정책을 집행하는 당정 이원 구조에서는 당에 의해 단행되는 노선이나 정책의 갑작스러운 '전환'이 어색하지 않다. 제도 변경의 절차와 과정이 당의 정치적 결정에 따라 진행되기 때문에, 법과 제도에서 나오는 권위가 취약할 수밖에 없다. '의법치국'은 강조하지만 '의법영도'는 제기할 수 없는 상황에서, '의법집정'에 한계가 있을 수밖에 없다.

(4) '통치이념'이 거버넌스 현대화 추진을 위한 구심점이 될 수 있을까?

지난 백 년의 역사에서 중국공산당은 극적인 반전(反轉)의 역사를 거치며 '혁명을 영도하는 당'에서 '통치를 위한 집정당'으로 변신했고 중국을 부유한 경제대국으로 이끌었다. 이러한 역사적 경험을 총괄하는 동시에 당 사업에 정당성을 제공한 이념은 각각 마오쩌둥의 '혁명사상'과 덩샤오핑의 '개혁이론'이었다. 그리고 이제 '신시대'임을 선언하며 중국의 길을 가려는 공산당의 목표와 전략은 시진핑의 '통치이념'인 '시진핑신시대중국특색사회주의사상'으로 집약되며, 이는 향후 중국의 길과 노선을 가기 위한 중국 이론이자 중장기적 이념이다.

그런데 거버넌스를 위한 이데올로기는 변화나 혁신이 아닌 '수성(守城)'을 위한 보수적 이념이다. 기존의 혁명사상이나 개혁이론은 노선과 정책의 변화를 위한 동력을 제공했으나, 통치이념은 기본적으로 정치안정과 사회질서를 유지하기 위한 국가주의 이념이다. 국가와 사회 기층에서 안정적인 거버넌스 구조를 만들었지만, 각 행위자 주체에게 국가 거버넌스 현대화 과정에 적극적으로 참여하게 만드는 동기를 제공하진 못했다. 오히려 안정된 통치를 위한 강력한 통제가 지속해서 강화되었다.

또한 시진핑 집권 이후 지난 10년간 지속하여 온 반부패운동과 엄격한 정풍 운동이 일상화되면서 피로감이 쌓였다. 왜 우리 지방의 지도자들만 숙청되어야 하느냐는 불만도 터지고 있다. 반부패운동으로 당의 기강과 규율을 잡는 데는 어느 정도 성과가 있지만, '종엄치당'의 공정성 문제, 이른바 '시진핑의 사람(習家軍)'을 제외한 정치적 숙청이라는 불만도 높아질 수 있다.

(5) 사회주의 체제에서 정치적 주체로서의 인민의 권리를 어떻게 실현할 것인가?

신시대 새로운 변화 중 하나는 '인민'을 매우 강조한다는 점이다. 시진핑은 '인민의 주체적 지위'를 강조했고, 2021년 19기 6중전회를 하루 앞둔 11월 7일에는 『인민의 주인됨의 견지를 논한다(論堅持人民當家作主)』라는 책을 출판했다. 이 책은 18대 이후 시진핑의 관련 연설 및 문장 50편을 실은 것인데, '인민의 주인됨'이 사회주의민주정치의 본질이자 핵심이라고 강조하고 있다.

그러나 이러한 메시지의 대상은 인민이 아니라 당 간부와 당원이다. 즉 간부들에게 주인인 인민에게서 멀어지지 말고 인민이 주인임을 항상 잊지 말라는 것이다. 중국에서 인민대중은 기본적으로 당에 의해 영도, 동원, 조직되는 수동적 주체로 상정되며, 당은 선각자(先覺者)의 역할을 하는 전위대(前衛隊)라는 엘리트적 인식이 있다. 물론 "군중선전, 군중동원, 군중조직, 군중의존을 견지하자"는 당의 오래된 정치원칙에서 보여지듯이, 군중에 대한 선전과 동원, 조직 및 의존은 분리할 수 없는 유기적 성격을 띠지만, 기본적으로 당의 선전과 동원과 조직화 과정을 거쳐야만 인민이 자각적 군중으로 거듭날 수 있다는 서사구조를 갖고 있다.

또한 인민의 주체적 지위를 거론하고 있지만 '주체적 지위'란 어떠한 의미인지, 또한 인민이 주체로서 어떠한 권리를 행사할 수 있는지는 여전히 분명한 규정이 없다. 현재 강조되고 있는 군중노선의 방침이 대부분 '사상교육'이나 '집단학습'을 위주로 실천되고 있다는 점에서, 어떠한 제도를 통해 인민의 주체적 지위를 실현하고 보장한다는 것인지 모호하다. 시진핑 집권 초기의 군중노선 방침은 '당의 군중노선교육실천활동'의 이름으로 대개 당정 간부들을 대상으로 진행된 것이었고, 인민을 위해 일하고 인민에게서 멀어지지 말라는 당내 정풍운동의 성격이 강했다. 그러나 현재 국가통치 원칙으로 변화된 군중노선은 그 대상이 전체 인민으로 확대되며 일선 교육현장에서 사상정치교육을 통해 보급되고 있다. 주체적 지위에 있다는 인민이, 인민의 주체적 지위에 관한 학습을 통해 주체임을 주입받고 있는 셈이다.

또한 관념적으로는 단일하고 통일적인 '인민'을 상정하지만, 현실에서 하나의 인민을 사유하는 것은 불가능하다. 현실정치에서는 명백히 '인민'에서 배제된 '인민 바깥의 인민'의 문제가 존재하기 때문이다. 적대적 외부와의 투쟁 경험 속에서, 그리고 당 영도와의 관계 속에서 구성된 '인민'의 개념은 이제 공산당이 설계한 사회건설을 위해 매진하는 집단으로 주체화되고 있다.

(6) '윤리적 민족주의(ethical nationalism)', '가부장적 국가관'으로 타국의 공감을 불러올 수 있을까?

최근 진행되는 '인민 만들기'의 특징은 인민과 중화민족, 국가가 하나의 동일체라는 새로운 '가국관(家國觀)'을 주입한다는 점이다. 시진핑은 18차 당대회 이후 가정과 국가를 서로 연결한 '가국 정서'를 중시하고 추앙하며 '애가(愛家)와 애국(愛國)의 일체성'을 여러 차례 강조해왔다. 중화의 우수한 전통인 가국 관념은 서구가 주창하는 가국 이원론이나 개인주의적 가치와는 근본적으로 다른 것으로, '가국동구(家國同構, 가와 국의 구조적 동일성)', '가국일체(家國一體, 가와 국은 하나)'를 정치 질서로 삼고 개체 스스로 자기 수양을 통해 가정 건설과 국가통치를 연결한다는 것이다. 또한 시진핑 자신은 당과 국가의 최고 지도자로서 수신(修身)과 근정위민(近政爲民), 엄정실무(嚴政實務) 등 뛰어난 품성을 가지고 모든 간부와 인민군중들에게 모범을 보일 것이라고 강조하며, '가부장적 리더십'을 구축해나가고 있다.

이러한 '가국 정서'나 '중화민족 대가정' 담론은 내부적으로는 모든 구성원을 단결하게 만드는 상상을 제공하지만, 외부세계와의 교류에서 필요한 공감의 영역이 작아지는 문제가 있다. 예컨대 코로나19 전염병과 맞서 싸우는 상황은 개인의 윤리적 행동이 공동체의 안전과 생명을 지킨다는 경험을 공유하게 함으로써 내부적 결속력을 공고하게 하는 데 이바지하였다. 그러나 체제 내부 문제에 대한 비판이나 문제 제기조차 어렵게 만들면서, 이러한 문제를 지적하는 사람에 대해서는 나라 망신을 시켰다며 '매국노', '한간(漢奸)', '반역자'라는 딱지를 붙이고 맹목적으로 공격하는 현상도 나타났다. 우한(武漢)시의 봉쇄 경험을 담은 『우한일기』를 쓴 작가 방방(方方)이나 초기 상황을 알렸던 시민기자들이 엄청난 공격에 시달려야 했다.

이러한 내부 결속을 위한 '윤리적 민족주의' 정서가 외부세계의 공감을 불러오기 어렵다는 점은 중국의 학계에서도 잘 인식하고 있다. 중국 소장 학자들이 사회주의 통치의 도리(治理之道)에 관해 쓴 책에서도 이렇게 적고 있다. "민족 부흥이라는 표현은 전략적 비전을 제시할 수 있다. 내부에 일정한 호소력을 전달할 수 있을 뿐만 아니라 사회주의라는 단어와 결합할 수도 있다. 그러나 국제적으로는 호소력을 피력할 수 없기 때문에 극히 신중하게 사용해야 한다."[14]

(7) 개방된 인터넷 시대에 수직적 정보통제가 지속 가능한가?

중국에서 국가 거버넌스의 현대화는 강조하지만, 이에 걸맞게 정보의 원활한 소통이나 정책결정 과정의 투명한 공개는 이루어지지 않고 있다. 중국에서 '정보'는 오랫동안 통치의 중요한 수단으로 기능해왔고, 일반 시민들이 권력 내부의 인사 조정이나 정무에 접근하는 일은 거의 불가능하다. 엘리트들조차 자신이 위치한 행정등급에 따라 접근할 수 있는 정보에 차등적 권리를 갖는다. 중국공산당 문건에는 종종 '내부문건', 혹은 '기밀(機密)'이나 '절밀(絕密)' 등의 표시가 있다. 특정 정보에 대한 접근 권한을 매우 위계적이고 엄격하게 규정하고 있다. 당의 매체인 언론은 민생과 관련된 사안일지라도 당 선전부의 지침에 따라야 하며, 권력 내부의 스캔들이나 집단시위, 홍콩 민주화 운동 등과 같은 매우 민감한 사안에 대해서는 일절 보도하지 않는다. 인터넷에서 당·국가 관료들의 비리나 권력형 부패를 고발하는 일도 쉽지 않고, 당의 정책과 다른 주장이나 의견을 피력하기도 어렵다.

이러한 정보통제 정책은 국가 거버넌스 현대화 방침이나 개방정책

14 옌이룽 외 지음, 성균중국연구소 옮김, 『중국공산당을 개혁하라』 (서울: 성균관대학교출판부, 2015). pp. 92~93.

의 방향과 모순된다. 현재 중국은 자유무역의 원칙을 강조하면서 교역과 투자 부분에서는 경제적, 물적 개방을 더욱 확대하려 하지만, 사회와 문화 분야는 검열하고 제한한다. 교육, 사상, 학술, 지식, 미디어, 문화 등의 분야에서 통제가 강화되고 있고, 인민의 생활과 오락까지 단속하는 방향으로 가고 있다. 이러한 현실은 중국의 커진 국력이나 국제적 위상을 실감하고 싶어하는 인민들의 자부심에 커다란 상처를 낸다.

더욱더 큰 문제는 중국의 자아 인식과 중국을 바라보는 외부 인식 간의 괴리가 점차 커졌다는 점이다. 특히 코로나 위기 이후 중국인들의 내부 체제에 대한 주관적 판단과 외부세계의 중국에 대한 평가는 그 어느 때보다 격차가 크다. 오미크론이 발생하기 전 팬데믹 상황에 잘 대처한 정부에 대한 중국인의 신뢰도가 98%까지 상승했다는 조사가 있는 반면,[15] 2020년 10월 초 미국 여론조사기관 퓨리서치센터가 세계 14개 주요국 국민을 대상으로 한 조사에서는 약 73%가 중국을 비호감 국가로 꼽았다.[16] 주요 선진국에서 반중(反中) 정서는 역대 최고 수준에 이르렀다는 평가가 나온다.

또한 인터넷과 미디어 통제 정책은 중국이 추진하는 문화 동질화 정책에도 불구하고 주류 문화와 하위문화로 양분되는 결과를 가져올 수 있다. 즉 당과 공식 교육기관에서 선전하는 관방문화와 생활의 즐거움을 추구하는 인터넷상에서의 민간문화가 서로 소통하지 않는 두 개

15 「加拿大学者调查：中国民众对中国政府信任度升至98%」『中国新闻网』 2021/05/06

16 Laura Silver, Kat Devlin and Christine Huang, "Unfavorable Views of China Reach Historic Highs in Many Countries", *Pew Research Center*, October 6, 2020.

의 문화로 분리되는 현상이 갈수록 강화되고 있다.

(8) 기층 사구에서 어떠한 지역 공동체 자치 질서를 만들 것인가?

19차 당대회에서는 "함께 건설하고 함께 관리하며 함께 혜택을 누린다"는 이른바 '공건공치공향'을 사회거버넌스의 정책 방향으로 제시한 바 있다. 그러나 기층 거버넌스 과정에 다양한 주체들이 참여하는 내용보다는, 기층정부의 행정 집행권 강화를 강조하고 있다. 이는 기층 수준에서 문제의 소지를 신속하게 발견하고 현지에서 원천적으로 막아, 법 집행의 효율을 높인다는 목적이다.

이러한 방침은 자치보다는 기층의 행정화 경향을 더욱 강화할 수 있고, 막강한 권한을 가진 공무원의 무리한 법 집행으로 인해 현지 주민과의 충돌을 일으킬 수 있다. 이러한 기층에서의 행정권력 남용 문제 외에도 갈수록 자본의 논리에 따라 치안을 유지하는 문제도 심각하다. 많은 도시에서 도시 관리의 법 집행, 이른바 '청관(城管)'을 외주(外包)의 형태로 해결하고 있으며, 아무 소란 없이 한 해를 보낸 단위의 경우, 소속 구성원에겐 안정유지비를 지급하기도 한다. 해당 단위 안에서 안정을 유지한 대가로 인센티브를 주는 것이지만, 일정한 편제 안에 들지 못한 구성원은 철저히 배제한다. 또한 지역 사구 공동체 안에서의 돌봄 노동이나 궂은일들을 대부분 저임금의 불안한 고용 형태로 여성에게 전가하는 문제도 날로 심각해지고 있다. 인구 유동이 적고 비교적 긴 '숙인사회(熟人社會)'의 특징을 가진 지역 공동체의 경우에는 혈연이나 지연 등을 이용한 공동체 내의 비호관계 문제도 심각하다.

나가며:
'당치국가' 중국의 변화와 난제

나가며:
'당치국가' 중국의 변화와 난제

20차 당대회와 백 년 정당:
두 번째 백 년의 꿈을 향하여

시진핑 총서기는 2022년 중국공산당 제20차 전국대표대회 개막식에서 보고하며, 지난 5년과 신시대 10년간의 성과를 총결산하고 향후 계획을 밝혔다. 20차 당대회는 러시아–우크라이나 전쟁이 지속하고, 중국을 '유일한 경쟁 상대'로 지정한 미국의 「국가안보전략」이 발표된 가운데 개최되었다. 2021년에 창당 백 주년을 맞이하며 '전면적 소강사회 건설'의 완성을 선언한 이후, '건국 백 년(2049년)'이라는 두 번째 백 년 목표를 향해 첫걸음을 내딛는 당대회였다. 미국의 견제라는 지정학적 변화에 적극적으로 대응하면서도, 또 다른 목표를 향해 나아가기 위한 내부 단결과 투쟁 정신을 강조한 대회였다. 시진핑은 '우환의식(憂患意識)'을 높이고 '거칠고 사나운 파도(驚濤駭浪)'와 같은 시련을 겪을 준비를 단단히 하기 위해, '총체적 국가안보관', '전면적 인민전쟁', '자신감과 자강' 등으로 무장할 것을 강조했다. 또한 '마르크스주의'가 중국공산당과 중국을 일으켜 세우는 근본적 지도사상이라는 점을 강조하면서, '중국식 현대화', '전 과정 인민민주', '전면적 의법치국', '신발전이념 및 고품질발전' 등 그동안 체계화해왔던 '중국특색사회주의'를 구성하는 핵심 개념들을 정리하였다.

두 번째 백 년의 목표를 완성하기 위해서는 무엇보다 대만과의 통일이 중요한데, 20차 당대회 보고에 이를 적극적으로 반영했다. 우선 "대만 문제 해결은 중국의 문제로, 중국인이 결정해야 한다"고 선언하며 외부세력의 간섭 여지를 완전히 배제하였고, 평화통일을 위해 최대한의 노력을 다하겠지만, "절대 무력사용을 포기한다고 약속하지는 않는다"고 하면서 19차 당대회 보고에는 없었던 '무력'이라는 말을 사용했다. 이와 관련하여 "건군(建軍) 백 주년의 분투 목표를 실현하겠다"라고 밝혔는데, 2027년이 인민해방군 창설 백 주년이 되는 해인 만큼 대만에 대한 통일 시한을 정해놓은 것이 아니냐는 추측을 가능하게 했다.

또한 "국가안보는 민족부흥의 근간이고, 사회안정은 국가 강성(強盛)의 전제"라고 하면서 '사회안정'을 변화된 '국가안보' 정책과 연동하여 설계하였다. 미국의 중국 견제가 갈수록 거세지고 장기화함에 따라 중국은 첨단과학기술 발전과 기술자립, 자족적 공급망 완성, 그리고 "당과 국가를 위한 인재 양성"을 강조하였다. 중화 전통문화의 특성을 결합한 사회주의 문화와 사회주의 정체성을 강화하는 사상교육의 중요성을 제기하고, '애국주의, 집체주의, 사회주의' 이념 교육을 심화하며, 사회적 이익을 최우선으로 하고, 사회 전체가 '사(私)'보다는 '공(公)'을 위해 매진하는 분위기를 조성하겠다는 의지를 밝혔다. 19차 당대회에서 새로 규정한 '주요 모순'의 해결과 '공동부유'라는 목표에 맞춘 민생문제 해결의 의지도 언급했다.

요컨대, 20차 당대회 「보고」의 전체적 기조는 현재 중국이 처한 대외적 위기감을 그대로 반영하면서, '중국특색사회주의'를 내건 '중국식 현대화'로 '중화민족의 위대한 부흥'이라는 꿈을 향해 매진하고 분발할 것을 독려한 것이다. 미국의 대중국 압박 수위가 점점 강해지는 상황에서, '국가는 당을 중심으로, 당은 시진핑을 중심으로' 하는 사회 전체의 일치성을 강조하고 있고, '정치 우선 사회'로의 방향 전환을 뚜렷하게 보여준다. 이러한 기조에 따라 곧이어 열린 20기 1중전회에서는 시진핑의 총서기 3연임이 확정되었고, 정치국 상무위원의 자리도 오래전부터 시진핑과 함께 일해왔던 측근들로 채워졌다. 그야말로 전체 당은 당 중앙과, 당 중앙은 정치국 상무위원과, 정치국 상무위원은 시진핑 영도핵심과 하나되는 '일치의식'을 완성하고 실현한 것이다.

지난 10년을 돌이켜볼 때, 2012년 18차 당대회가 "폐쇄적이고 경직된 낡은 길"도, "기치를 바꾸는 그릇된 길"도 아닌 오직 "중국특색사회주의의 길"이라는 중국이 나아갈 확고한 '방향'을 정한 대회였다면, 2017년 19차 당대회는 '백년변국'이라는 시대인식과 '신시대'라는 새로운 시대 구분으로 "전면적 소강사회 완성"과 "중화민족의 위대한 부흥"이라는 중국의 꿈을 천명하며, 중국의 '목표'를 새롭게 제시한 대회였다. 그리고 2022년 20차 당대회에서는 이러한 중국의 꿈을 향해 '당의 전면적 영도' 아래 전 인민이 한 몸처럼 일치단결하여 매진해나가자는 '중국식 현대화'의 '방법'을 제시하고 있다. 저소득층의 소득을 증가시키고 지나치게 높은 소득을 조절하며, 통합사구를 통해 생활에 필요한 기본물자를 공급하려 한다. 개혁개방 이후 경제성장이란 목표를 향해 모든 지방이 앞다퉈 경쟁한 것처럼, 각 지방과 지역에서 주요 모순을 해결하는 방법과 모델을 경쟁적으로 내놓고 있다. 성장을 위해 달려왔던 중국이 앞으로의 매진 목표를 민생해결에 둔 것이다.

그동안 진행되어온 통치제도의 개혁과 권력 구조의 변화는 중국의 꿈이라는 목표를 실현하는 구체적인 방법이며, 또한 통치구조의 변화는 중국의 꿈을 이루기 위한 것으로 합리화되어왔다. 중국공산당 자신의 '자아혁명'이라는 방법으로 역사적인 '흥망성쇠의 주기적 법칙'을 극복할 수 있다고 선언했다. 20차 당대회는 새로운 목표를 실현하기 위한 모든 준비를 마쳤다는 것을 선포한 대회이며, 향후 10년이 중국이 '세계대국'으로 발돋움할 수 있는 결정적 시기라고 규정하며 당 중앙과 시진핑을 구심점으로 한 대통합을 강조한다. 지난 10년간 중국공산당 중앙은 무소불위 권력으로 확장되었고, 이와 더불어 시진핑의 개인 권력도 막강해졌다. 당 전체가 시진핑과의 고도의 일치성을 완성했다. 당과 국가 간의 긴장을 유지해왔던 기존의 '당-국가체제'는 이제 실질적인 당 통치가 작동하는 '당치국가'로 변화되었다.

'중국식 현대화'의 (불)가능성

시장경제와 민주주의를 특징으로 하는 대표적인 발전이론으로 '근대화 이론'이 있다. 근대화 이론은 경제가 발전할수록 사회가 다원화되고, 정치 역시 전체주의 모델에서 권위주의 모델로, 다시 민주주의 모델로 이행한다고 본다. 그러나 1990년대 이후 냉전이 종식되고 전 지구적 차원의 세계화가 진행됨에 따라, 기존의 '서구중심적 근대성'을 성찰하면서 근대화 과정이 다양한 경로로 전개되어왔다고 보는 관점이 제기된다.[1] 서구를 좇아가는 근대화 전략을 취했던 비서구 지역 역시 나름대로 자기성찰을 하기 시작했다. 특히 1980년대 이후 급성장한 동아시아는 경제적 성과를 바탕으로 새로운 자기 인식과 정체의식이 생겨나기 시작했고, 물질만능주의가 만연한 자본주의 체제를 극복하기 위한 다양한 대안적 근대화론이 등장했다.[2]

그런데 2010년 미국이 아시아 회귀 전략을 발표하고, 중국 봉쇄를 목표로 동아시아 국가와의 관계를 재설정하면서 지각변동이 일어났고,

---

1 아이젠스타트는 전 지구적 근대화 과정이 서구가 걸어왔던 방식만이 아니라 매우 다양한 경로로 진행돼왔음을 밝히며, "다원적(다중적) 근대성"이란 개념을 제기한다. S. N. Eisenstadt, "Multiple Modernities", *Daedalus*, Vol.129, No.1, 2000.

2 대표적으로 김상준은 다중근대성의 문제의식을 이어 "중층근대성"의 개념을 제기했고, 19세기 동아시아의 역사에 주목하며 제기된 "유교적 근대론"도 있다. 김상준, 「중층근대성: 대안적 근대성 이론의 개요」『한국사회학』 2007년 제41집 4호. 미야지마 히로시, 배항섭 엮음, 『동아시아는 몇 시인가?』 (서울: 너머북스, 2015). 중국학계에서도 다원적 근대성의 이론적 함의와 역사적 실천에 관한 서구학자들의 논의를 소개한 책이 번역되기도 했다. 许纪霖主编, 『现代性的多元反思』, (江苏人民出版社, 2008).

중국공산당은 2012년 18차 당대회에서 '중국특색사회주의의 길'을 가겠다고 공식 선언했다. 그리고 10년이 지난 2022년 20차 당대회에서 서구식 현대화의 방식이 아닌 중국의 방식으로 현대화를 이루겠다는 '중국식 현대화'를 선언했다. 중국식 현대화의 내용과 방법이 무엇인지는 아직 모호하지만, 경제성장에 따라 높아진 국력과 문화적 자신감을 토대로 자신의 방식대로 현대화를 달성하겠다고 선언한 것은 일면 당연해 보인다. 더구나 미국의 '중국 때리기'가 날로 거세지는 상황에서 국제사회에 정당한 대우를 요구하면서 담론권을 확장하는 전략을 취한 것은 나름 합리적인 조치라 하겠다. 그러나 '중국식 현대화'의 제기는 그것이 내포하고 있는 관점이나 인식, 그리고 담론의 전략적 측면에서 몇 가지 한계를 보인다.

첫째, 중국은 자신을 서구의 자유민주주의 국가와는 다른 가치와 제도에 기반을 둔 국가로 상정하고 '중국식 현대화'를 제기하면서, 이와는 대립 면에 있는 '서구식 현대화'를 하나의 고정된 실체로 인식한다. 서구 근대화의 길은 20세기 식민/제국주의로 확장되고 전쟁과 냉전을 거치면서 근대에 대한 성찰과 함께 탈근대에 대한 다양한 논의가 진행되어왔으며, 또한 서구의 각 지역과 국가마다 구체적인 정책이나 실천도 다르다. 그런데 중국은 서구식 근대화를 하나의 동질한 성격을 지닌 것으로 전형화하고 대상화하며, 인류가 공동으로 추구해온 근대적 가치나 현대 사회의 제도와 문화를 '서구의 것'으로 타자화한다. 대표적으로 2019년 범죄인 인도법(송환법) 반대로 시작되었던 홍콩 민주화 시위의 원인을 서구의 영향을 받은 홍콩의 식민화 교육 탓으로 돌린다. 원래 중화문명은 그렇지 않은데 홍콩이 식민지 상황에서 '민주'라는 서구 사상에 물들었기 때문이라는 것이다. 홍콩 스스로 근대 식민/제국 체제에서 만들어온 '민주'의 경험과 정체성을 모두 '서구 민주'의 이식으로 단순화한다. 이러한 방식의 대응은 근대를 넘어서려는 것이 아니라 오히려 이항대립과 경쟁 담론을 더욱 공고하게 떠받들며 근대의 논리를 강화한다.

둘째, '중국식 현대화'의 제기는 개혁개방 시기 개발 위주의 성장 과정에서 확대된 불평등과 환경파괴 등의 문제를 극복하려는 하나의 대안적 방법으로 제기된 측면이 있다. 그러나 서구와는 차별화된 중국의 길이라는 점을 강조함으로써, 체제 정당성을 확보하기 위한 목적이 훨씬 강하게 내포되어있다. 나아가 중국이 걸어왔던 발전의 길을 단순히 시장경제의 채택이나 개혁개방의 정책 차원이 아니라, 독자적인 발전 서사를 만들어 이를 포괄적인 '중국모델'로 내세우려는 담론 전략도 담겨있다. 시진핑이 제기한 '중국식 현대화'에는 물질적 측면뿐 아니라 정치적, 사상적 내용을 담고 있으며, 현대화 길의 지적 자원을 자체 사회주의와 전통 사상 등 '자신의 것'에서 찾는다. 중국이 가고자 하는 현대화의 길은 서구 근대화의 과정에서 형성되고 다듬어온 사상과 가치 지향과는 다른 현대화의 길이라고 차별화한다. 중국식 현대화의 발전 논리가 새로운 문명 형태로 전환될 수 있다는 가능성을 거론하지만,[3] 그것의 실천은 매우 자국 중심적이다.

셋째, 당 영도 중심의 '중국식 현대화'가 제기되자, 관방이 관련 담

3 张跃国, 「中国式现代化及其生成条件」『开放时代』 2022年 第1期.

론을 독점하고 중국모델을 설명하는 독자적인 중국 이론을 창안하고자 한다. 즉 서구식 근대화가 반드시 보편적인 것은 아니고 중국은 서구와는 다른 역사를 걸어왔으며, 따라서 당이 영도하여 중국의 문명성을 중요한 자산으로 삼아 '중국 나름의 현대화'를 완성하고, 이러한 과정을 '중국 이론'으로 설명하고 완성해낸다는 것이다. 이는 서구 중심의 근대 역사 서사를 거부하면서 중국 자체의 역사 과정에서 현대화를 달성한다는 '중국 중심의 발전관'을 만들려는 것으로, 일종의 '보편 중국' 선언이라 할 수 있다. 유럽 중심의 세계 보편이 아니라 중국을 하나의 또 다른 보편으로 자리매김하고자 하는 이론화의 시도이다.[4] 중국 학계에서도 과거 전통에서부터 현대에 이르는 길을 하나의 연속적인 '문명'의 과정으로 파악하면서, '공동체 사회주의'나 '중화정치' 등을 표방하며 중국 자체의 발전과 현대화의 길을 설명하는 이론화를 시도하고 있다.[5]

넷째, 당이 중국의 발전과 현대화에 관한 담론을 독점하면서 이와 관련된 다양한 논의들은 민간학계에서 점차 사라지게 되었다.[6] 2천년대

---

4 관련 논의로는 다음을 참고할 것 조문영, 「'보편' 중국의 부상과 인류학의 국가중심성 비판」, 『중국사회과학논총』 2019, 창간호; 전인갑, 『현대중국의 제국몽: 중화의 재보편화 100년의 실험』 (서울: 학고방, 2016); 이욱연, 『포스트 사회주의 시대 중국 지성』 (서울: 서강대학교출판부, 2017).

5 관련 저술은 다음을 참고할 것. 文扬, 『人民共和国』 (上海人民出版社, 2017); 寒竹, 『中国道路的历史基因』 (上海人民出版社, 2018); 鄢一龙, 白钢等, 『大道之行: 中国共产党与中国社会主义』 (中国人民大学出版社, 2015), 『天下为公: 中国社会主义与漫长的21世纪』 (中国人民大学出版社, 2018); 潘维, 『信仰人民: 中国共产党与中国政治传统』 (中国人民大学出版社, 2017).

6 왕샤오밍, 「중국 대륙의 문화연구가 직면한 도전과 요구」 『황해문화』 2023년 봄. 비판적 시각에서 오랫동안 문화연구를 주도해왔던 저자는 오늘날 중국 현실에 개입할 수 있는 문화연구의 가능성에 대해 비관적인 전망을 한다.

이후 학계에서는 '오리엔탈리즘'이나 '유럽중심주의' 논의를 극복하면서 동아시아의 시각에서 대안의 근대성을 찾고자 하는 담론 제안과 지적 노력이 꾸준히 진행되어왔다.[7] 그러나 현재 중국은 '서구식 근대화'에 맞선 '중국식 현대화'라는 구도로 서구를 자신의 정체성 형성의 중요한 대상으로 삼고 있는데, 이러한 시각에는 아시아의 자장 속에서 벗어나면서 동시에 중국이 아시아를 대표한다는 인식이 저변에 깔려있다. '중국식 현대화'의 달성을 위해 민족주의 논리가 강화되고 있으며, 이러한 과정에서 역사와 전통, 문화, 학술 영역이 모두 국가주의의 담론 속에 빨려 들어가고 있다. 서구중심주의와 국민국가의 틀을 초월하면서 자본주의를 극복하기 위한 하나의 변혁적 인식이자 사상적 담론이었던 동아시아론이, 이제 중국 중심의 동아시아 질서에 편입되지 않기 위해 중국을 상대하는 담론으로 바뀌어야 할지도 모르겠다.

국내에서는 근대를 보는 대안적 시각으로 "근대적응과 근대극복의 이중과제론"(이하 '이중과제론')이 제기된 바 있다. 창비 그룹의 대표적인 학자인 백낙청은 근대의 특성에는 성취해야 할 것과 부정해야 할 것이 함께 들어 있으므로, 근대에 '적응'하려는 노력과 근대를 '극복'하려는 노력이 동시에 이루어져야 한다고 보고, 근대적응과 근대극복이라는 과

---

7 지역질서 차원뿐 아니라 하나의 사상적 대안으로 동아시아 담론을 주도해온 집단으로 창비 그룹이 있다. 관련된 주요 저서는 다음과 같다. 백영서 외, 『동아시아의 지역질서: 제국을 넘어 공동체로』(서울: 창비, 2005); 최원식, 백영서 엮음, 『동아시아인의 '동양' 인식』(서울: 창비, 2010); 백영서, 『핵심현장에서 동아시아를 다시 묻다』(서울: 창비, 2013); 박경석 엮음, 『연동하는 동아시아를 보는 눈』(서울: 창비, 2018). 또한 한일 아시아 학자들과 소통하며 논의를 이어온 중국학자로는 쑨거(孙哥)가 있다. 孙哥, 『寻找亚洲: 创造另一种认识世界的方式』(贵州人民出版社, 2019).

제를 '이중적인 단일기획'으로 이해한다.[8] 백영서는 바로 이러한 관점에서 중국 현대사를 근대적응과 근대극복을 향한 '100년의 변혁'으로 고찰하고 있다.[9] 이남주 역시 '시진핑신시대중국특색사회주의사상'을 분석하면서, 통치이념의 사상적 변화는 중국 현대사에서 지속한 근대적응과 근대극복의 이중과제라는 변증법적 운동을 반영하고 있다고 평가한다.[10] 또한 20차 당대회에서 제시한 중국식 현대화의 내용 중 공동부유와 사람과 자연의 조화·공생 등 두 방향의 제시는 중국에서 자본주의와 다른 방식으로 발전을 실현하겠다는 의지의 표현이라고 평가하기도 한다.[11]

그러나 이중과제론의 논의에서는 자기 문명전통에 대한 문제의식이나 재해석 및 현재 사안과의 재결합 과정에서 더욱 고착화될 수 있는 일국 중심의 문제를 간과했다. 중국과 같은 거대한 규모의 국가가 현재 국민국가 단위의 세계구도 속에서 자신의 과거 문명을 연결하려고 할 때, 국가 중심의 논리와 국가 간의 경쟁구도를 훨씬 더 강화할 가능성이 높다. 동아시아적 시각에서 역사를 함께 성찰하려는 시도가 있었지만, 여전히 국민국가 단위 중심으로 역사를 전유하고 전통을 재구성하는 현실의 한계를 넘어서진 못했다. 전통과 중화문명을 현대화 과정과 연결지어 재구성하려는 '중국식 현대화'의 기획은 '이중과제론'으로 설명하기에는 한계가 있어 보인다. 그러나 현재 변화된 중국을 분석하는데

8 이남주 엮음, 『이중과제론: 근대적응과 근대극복의 이중과제』 (서울: 창비, 2009).

9 백영서, 『중국 현대사를 만든 세 가지 사건: 1919, 1949, 1989』 (서울: 창비, 2021).

10 이남주, 「개혁개방 "신시대"와 시진핑(習近平)사상」 『동향과 전망』 2018년 103호.

11 이남주, 「제20차 당대회 이후 중국의 변화」 『황해문화』 2023년 봄.

는 한계가 있지만, '이중과제론'은 중국 논의에 비판적으로 개입하면서 동시에 우리 사회를 성찰하고 변혁하기 위한 사상적, 전략적 담론으로는 여전히 중요한 의미를 갖는다고 하겠다.

중국공산당이 '중국식 현대화'를 제기한 배경에는 세계를 바라보는 인식의 변화가 큰 영향을 미쳤다. 기존의 '중국모델'이 개도국의 발전 경험을 이론화하는 차원에 머무른 것이라면, 오늘날 '민족부흥의 강국의 길'을 제시한 것은 국내 차원에 머무르지 않고 세계로 확장된다. 즉 강국 지향의 목표와 발전 경험을 국내 차원을 넘어 급변하는 세계 구도(格局) 속에 두고 관찰한다.[12] 시진핑은 중국과 같은 초대규모 국가의 현대화 실현은 "세계적이고, 세기적인 난제"이며, 중국뿐 아니라 인류사회의 발전역사에도 모두 기념비적인 의미가 있다고 본다.[13] 만약 생태환경과 기후위기 측면에서 중국이 뚜렷한 성과를 거두고 이를 선도해 나간다면, 인간과 자연의 조화로운 공생 내용을 담고 있는 중국식 현대화는 새로운 평가를 받으며 큰 의미가 있을 것이다.

그러나 중국식 현대화는 '강국' 지향의 현대화이자 '중화민족' 중심의 일국적 현대화의 성격이 짙다. 새로운 문명세계를 지향하지만, 당과 국가, 중화민족을 강조하기 때문에, 외부세계에서 볼 때 이 둘은 서로

12 国防大学习近平新时代中国特色社会主义思想研究中心编写,『新时代强国之道』(北京: 人民出版社, 2021). 이 책은 강국부흥의 실질적 함의와 시대 특징 및 전진 동력을 체계적으로 논술하며, '동승서강(東昇西降)'이란 흐름에서 관찰한다. "미래의 중국은 더 열린 자세로 세계를 포용하고, 더욱 역동적인 문명의 성취로 세계에 공헌할 것"이라는 포부를 밝힌다.

13 中共中央宣传部编,『习近平新时代中国特色社会主义思想学习问答』(北京: 学习出版社, 人民出版社, 2021).

모순된다. 또한 '당'이 영도하는 '중국식 현대화'는 다른 국가에는 적용할 수 없는 모델이며, 이를 실현하는 방법 역시 아직 구체적이지 않다. 중국식 현대화로 인류의 평화와 발전을 위한 공헌을 하겠다고 선언하지만, 대만해협에 대한 무력 개입도 배제하지 않으면서 동아시아의 긴장을 고조시키고 있다. "인류 현대화의 새로운 선택을 제공할 것"이라는 말을 정확히 해석한다면, 기존 현대화 방식을 넘어선 현대화가 아니라, 중국식 현대화가 성공해야 다른 국가에도 현대화의 기회가 제공될 수 있다는 의미일 것이다. 이처럼 중국식 현대화의 논의에는 자본주의체제의 모순을 극복하겠다는 것보다는 중국이 가진 시장 파워와 서구에 대항하는 담론 전략으로 중국을 중심으로 한 세계질서의 표준과 규범을 만들고자 하는 욕망이 내장되어 있다.

무엇보다 이중과제론의 한 축인 '근대 극복'이란 국가나 자본의 논리가 아니라 인간과 민중의 시선에서 근대를 다시 성찰하고, 국가 간 경쟁체제에서 쌓아 올린 자본주의 문명과 제도, 발전의 논리를 다시 돌아보는 일일 것이다. 그러나 국가 현대화라는 목표 달성을 위해 당 영도와 애국주의를 주입하면서 민간의 저항을 누르고 지식인의 입을 막아버리는 중국의 모습은, 오히려 국가발전의 꿈을 위해서라면 모든 것을 억압할 수 있다는 강자의 논리를 적나라하게 보여주고 있다.

당의 통치 논리, 인민의 정치 요구

중국공산당 자신의 100년이라는 시간의 관점에서 보았을 때, 혁명

시기와 사회주의 건설기, 그리고 개혁개방의 시간을 거치며 찾아낸 '당의 전면적 영도'라는 결론은 중국공산당이 안정적인 집권을 지속해나갈 수 있는 최적의 답안일 수 있다. 중국공산당은 전통사회 붕괴 이후 흩어진 사회를 조직하고 인민을 동원하여 혁명에 성공했고, 사회주의 건설 시기에는 대외적인 고립 상황에서도 사회 총동원을 통해 산업 기반을 구축했다. 개혁개방 시기에는 행정에 대한 당의 일상적 개입을 줄이고 '당정분리'라는 구상을 중심으로 정치개혁을 추진하였다.

그러나 당정분리의 방향이 지나친 권력집중 현상을 극복하는 데는 도움이 되지만, 국가권력에 대한 당의 권위가 약화된다는 한계가 드러나기도 했다. 이에 따라 2천년대 들어서는 '당의 집정지위'라는 아이디어로 공산당의 위상을 전체 중국을 대표하는 것으로 재정립하면서 정치개혁의 방향을 '거버넌스'의 문제로 조정했다. 공산당은 이제 '혁명당'이 아니라 국가발전에 총력을 다하는 '집정당'으로, '법에 의한 통치'를 확립하고 '국가 현대화'를 이끄는 주체라는 것이다. 이와 동시에, 당의 '영도지위'를 강조하며 정치적, 조직적 독점력을 장악하고 이를 중국특색사회주의제도로 체계화해왔다. 2018년에 단행한 당·국가기구 개혁은 개혁개방 이후 정치체제개혁의 핵심이었던 '당정분리'의 구상을 완전히 포기하는 것이었다. 많은 국가기구가 당 기관으로 통폐합되면서 사실상 흡수되었고, 조직이나 이념 등 당 고유의 업무 영역뿐 아니라 거시경제나 국가안보, 외교, 사법 등 중요한 영역에서 당 중앙의 의사결정권을 제도화한 '위원회'와 '영도소조' 체제는 중국특색사회주의제도의 중요한 특징이 되었다.

권력구조의 측면에서도 중국공산당은 '4개 의식', 그중에서도 '일치 의식'을 통해 시진핑 총서기를 중심으로 하나의 유기적인 조직을 구축했고, '4개 자신감'은 중국이 중화민족의 위대한 부흥이란 꿈을 이루기 위해 갖추고 견지해나가야 하는 전가의 보도가 되었으며, '두 개의 수호'와 '두 개의 확립'은 이러한 새로운 여정으로 나아가는데 지켜야 할 철칙이 되었다. 신시대의 이러한 새로운 정치원칙들은 당원에게만 적용되는 것이 아니라, 전 국민을 대상으로 한다. "당정군민학, 동서남북중, 당이 모든 것을 영도한다"라는 선언은 시진핑 체제 그 자체의 특징을 보여주는 구호이다.

이른바 '신시대'에 들어와 중국 국가와 사회 각 층위에서 진행되어 왔던 통치(거버넌스)구조 개편은 과거 경험으로부터 교훈을 얻어, 강력한 집권당의 영도력과 집정능력을 바탕으로 한 새로운 거버넌스의 방법을 찾아낸 것이라 하겠다. 국가기관뿐 아니라 기업, 군대, 사회조직, 학교, 기층 등 전방위적으로 당 조직이 건설되었고, 조직적 당사(黨史) 학습을 통해 일치된 집단적 단결력을 과시하고 있다. 이 과정에서 '군중노선'이 복원되고 당의 외곽 조직인 '군중단체'의 역할도 강화되었다.

그러나 당이 모든 것을 영도하고 결정하는 일원적 시스템에서 통치의 효율을 높일 수 있을지는 모르지만, 이와 동시에 정당 고유의 정치적 기능이 경직되고 형식화되고 있다. 당이 인민을 영도하며 인민과 소통하는 수단들, 예컨대 군중노선이나 각종 운동 등이 일종의 통치 도구로 전환됨에 따라, 중국공산당 스스로 인민대중에 기반한 정치성을 잃고 관료집단화되고 있다. 사회조직과 민간의 활동공간을 강력하게 통제하면서 당과 인민 간의 정치적 긴장도 사라져버렸다. 당이 완전히 국가를 대체할 수 없음에도 불구하고, '당치국가'의 논리로 통치한다면 정당으로서의 정치적 정체성과 역량을 상실하게 될 것이다.

개혁개방 이후 시장화로 인해 다양해진 사회 구성원의 욕망과 요구를 삶에 반영할 수 있는 정치적 과제를 해결해야 했지만, 중국공산당은 정치적 권리와 참여의 확대가 아닌, '통치'의 논리로 정치적 문제에 대응하는 쉽고 빠른 길을 선택했다. 이러한 기조 아래 진행되어온 통치제도 확립과 권력구조의 재편은 미국에 맞서면서도 중국의 꿈을 실현할 수 있는 '중국의 길'로 합리화되어왔다. '중국특색사회주의'의 기치와 '당의 전면적 영도' 아래 당 전체는 당 중앙으로, 당 중앙은 다시 '시진핑' 핵심으로 권력이 집중되었다.

중국공산당은 인민을 영도하는 정치적 정당이면서, 국가를 통치하는 중국의 유일한 집정세력이다. 일당체제에서는 당이 이 두 가지 역할을 동시에 수행해야 하므로 그 과정에서 끊임없는 모순과 갈등이 생길 수밖에 없다. 정치 논리로 대중운동을 동원하면 관료체제의 질서가 불안정할 수 있고, 행정 논리로 통치질서를 강조하면 정치적 활력이 사라지고 사회가 억압된다. 인민의 정치적 권리를 보장하면서도 안정된 통치질서를 유지하는 일은 결코 쉽지 않다.

혁명당이 통치당이 된 일당체제에서도 정당의 정치적 역할은 중요하다. 인민들의 다양한 요구를 표출할 수 있게 하고, 서로 다른 이해관계를 조절할 수 있어야 하며, 인민들의 자유로운 활동을 보장하면서 자발적으로 정치에 참여할 수 있게 해야 한다. 그러나 지난 10년간 단행되어 온 당 우위의 흐름은 정치를 빠르게 행정화하였다. 중국공산당으로서는 통치의 철칙을 발견했을지 모르지만, 강건한 통치를 완성하는 순간 현대정치의 원리는 실종되었다. 더욱 촘촘해진 당의 통치구조에서 인민들의 자유로운 발언은 '법치'의 논리로 가로막히고, 일상적인 통제에 대한 불만은 점차 커지고 있다. 역설적이지만 바로 그곳에서 다시 인민의 정치가 꿈틀대고 있다. 삼엄한 경계가 내려진 '통치의 공간' 베이징에서, 방역 조치에 항의하는 현수막을 내건 쓰퉁(四通)교, 백지를 들고 항의하던 량마허(亮馬河)가 '정치의 장소'로 다시 등장했다.

중국 사회는 이미 다원화되었다. 독립적인 사회조직권이 없고 기층정부에서는 문제의 소지부터 원천적으로 틀어막지만, SNS를 통해 집단적 요구가 물결처럼 등장했다 사라지기도 한다. 일당체제에서도 당이 단순한 통치기관이 아니라 정치적 조직의 성격을 지니는 한, 인민에게 법과 규범을 들이밀며 통치의 논리만을 강요할 수는 없다. 당과 인민은 정치적 관계이다. 인민의 자발적인 참여가 있어야 당의 영도와 집정에서 동력을 발휘할 수 있으며, 이러한 정치적 관계는 당의 통치를 제도화하는 방식만으로는 해결할 수 없다. 인민에게 주인으로서의 정치적 효능감을 느끼게 해주어야 한다. 당은 엄격한 규율로 관리할 수 있지만, 인민은 규율로 관리되지 않는다. 중국식 현대화를 실현할 수 있을지의 여부는 당과 국가 차원에서 거버넌스체계와 능력을 갖추고 이를 제대로 작동하게 만드는 것도 중요하지만, 더 좋은 사회를 꿈꾸는 인민대중의 자발적 의지를 모아낼 수 있어야 한다. 즉 대다수의 중국 인민들이 어떤 꿈을 위해 싸울 것인지, 그리고 끝까지 지키고자 하는 것이 무엇인지는 당이 결정해주는 것이 아니라, 공통의 경험을 바탕으로 한 공유된 기억과 공적 의지가 모아져야 한다. 국가통치 주체로 변신한 당이 인민들의 다양한 열망과 욕구를 응집시키며 새로운 정치의 공간을 열어갈 수 있을까?

후 기

2023년 3월 10일, 새로운 5년의 회기가 시작된 제14기 1차 전인대에서 시진핑은 만장일치로 국가주석 3연임을 확정하며, 집권 3기 체제를 완성했다. 이어 16일에는 당 중앙과 국무원이 「당·국가기구개혁방안」을 발표했다. 미국과의 경쟁이 치열한 금융과 과학기술 분야에 당 중앙기구인 '위원회'를 신설했다. 국무원 산하에 데이터 관련 업무를 한곳으로 모은 국가데이터국도 신설했다. 이로써 2018년에 단행되었던 당·국가기구개혁과 함께 이번 기구개혁 방안을 통해 향후 미국과의 금융과 기술 경쟁에 대비할 조직 개편의 방향을 완성했다. 전통적으로 당이 맡아오던 거시 정책과 군대, 인사, 선전, 정법, 통일전선의 영역뿐만 아니라 외교, 안보, 사법, 신문출판영화, 홍콩·마카오, 금융, 과학기술, 사회관리 등 거의 모든 분야에 걸쳐 당 중앙기구를 두고, 당이 모든 정책을 총괄하여 결정하고 업무를 추진하는 구조로 기구 개편의 방침을 정했다. 이로써 향후 당 자체가 국가통치기관이 되고, 국무원이 맡아온 행정권의 범위가 축소되어 점차 실무를 집행하는 경제민생기구의 성격을 띠게 될 것으로 보인다. 당 중앙기구로 승격된 부문에 대해서는 정부에 소속된 각급 부문이 관여할 수 없으며, 중국 체제는 이제 당이 직접 국가를 통치하는 '당치국가'가 되었다.

이로써 중국공산당은 미국 중심 질서에서 탈피하고 이에 대응하기 위한 내부 정비를 마쳤다. 내부적 불안요인이 있고 실행의 문제가 있지만, 분산된 권력과 통치구조의 내부 모순을 해소할 수 있는 상층의 제도 디자인은 완성한 셈이다. 과거와는 달리 세계 2위 경제대국이라는 상당한 국부(國富)도 축적했고, 첨단 기술력과 현대적인 국방력도 갖췄다. 세계화의 퇴조(Slowbalization)와 공급망 재편 과정에도 대비할 수 있는 내수지향적 경제전략도 함께 세웠고, 국가안전과 사회안정을 하나로 연결한 사회관리 구조도 만들었다. 시진핑을 핵심으로 하는 당의 집중통일영도체제에서는, 당 중앙에서 명령하면 모두가 따르는 권위주의적인 통치방식으로 미·중 간 패권 경쟁의 상황을 유리하게 끌고 나갈 수도 있다.

갑작스러워 보이지만, 차근차근 준비해온 중국공산당의 이러한 전략적 변화가 처음은 아니다. 1장에서 언급했듯이 중국공산당은 혁명과 발전모델의 탐색 과정에서 모두 소련식 모델과의 결별을 선언한 전략적 방향 전환이 있었다. 마오쩌둥이 소련식 모델에서 벗어나 중국의 길을 모색했다면, 시진핑은 서구식 담론에 대한 비판과 부정을 통해 자신의 길을 간다는 정당화의 논리를 확보하고자 한다. '중국식 현대화'도 이러한 차원에서 제기된 하나의 전략적 담론이자 목표라 하겠다. 달라진 것이 있다면, 마오쩌둥이 '발전'의 길을 찾기 위해 '중국의 길'을 강조한 것인데 반해, 시진핑은 중국이 주도하는 질서와 규범을 만들기 위한 담론 전략에 매진한다는 점이다.

또한 '중국식 현대화'에 담긴 인식의 한계에도 불구하고, 중국은 현재 세계정치에서 치밀한 계산 하에 움직이고 있다. 상하이협력기구 등 다양한 형식의 국제기구를 통해 유라시아 지역을 새롭게 규합하고, 유럽에 대해 지속적인 유인책을 제공하면서도, 중동, 아프리카, 동남아, 남미 등 비서구 지역에 대해 자신이 보유한 국가 자본과 에너지 구매력, 광대한 시장 규모를 통해 영향력을 넓혀나가고 있다. 담론의 세계와는 또 다른 현실 무대에서 미국에 대항하여 기술과 금융, 에너지를 둘러싸고 장기전을 벌일 준비를 해왔다.

미·중 간의 각축전에서 세계 각국 역시 자국의 이익과 안보를 위해 매우 발 빠르게 움직이고 있다. 역사적으로 중국이 다른 지역에게 매력적이었던 이유는 중국이 강했기 때문이 아니라 부유했기 때문이다. 중국식 현대화의 운명을 세계경제의 미래와 함께 묶는 전략은 중국이 보유한 국력과 외교력 측면에서 보았을 때 어느 정도 실현가능성이 있어보인다. 그러나 이를 뒤집어 본다면 세계 다른 지역들이 중국의 현대화에 올라탈 의사가 있는지의 여부가 중요하다는 말이 된다. 중국이 지속적인 유인책을 제공하고 충분히 신뢰할만한 비전과 실천을 보여주지 않는다면, 중국식 현대화는 그저 담론으로 끝날 수도 있다. 내부적으로는 중국 성장의 한계와 사회 불만의 증가, 인구 고령화 등의 문제도 풀어나가야 한다. 미국의 봉쇄 전략에 맞서 중국이 어떠한 카드로 반격에 나설지도 주목해봐야 한다.

중국은 이미 개혁개방 시기 우리가 알던 중국이 아니다. 중국은 우리에게뿐 아니라 세계 모든 국가가 직면한 실존적 문제가 되었다. 우리는 이러한 중국과 어떻게 마주하고 소통해야 할까? 중국을 우리 사회의 관점에서 판단하고 이념적, 감정적으로 평가할 것이 아니라, 정부와 학계, 그리고 민간의 각 경제주체와 시민사회 각자의 영역에서 최선을 다해 지혜를 모아내야 할 것이다. 중국과의 대화와 소통, 협력을 지속적으로 유지하고 관리하여, 그 어느 때보다 치열해진 국가 간 경쟁으로 인해 한반도가 극단적이고 위험한 상태에 빠지지 않도록 해야 한다. 중대한 과제가 우리 앞에 놓여있다.

참고 문헌

국문 자료

강준영, 「중국 보시라이 사건의 정치학」『국제지역연구』 2014년 17권 4호.

김상준, 「중층근대성: 대안적 근대성 이론의 개요」『한국사회학』 2007년 제41집 4호.

김용호, 「시진핑 시대 중국 공산당의 집단영도체제는 어디로 가고 있나?」『SNUAC 다양성+Asia』 2022년 12월(19호).

뤼샤오보 지음, 이정남, 유은하, 정주영 옮김, 『중국의 민주주의: 민주 관념의 생성과 변천』 (서울: 아연출판부, 2019)

리리펑, 「모호한 주체: 근대중국의 군중 담론」『개념과 소통』 2018년 제21호.

리쩌허우 지음, 임춘성 옮김, 『중국근대사상사론』 (서울: 한길사, 2005)

모리 가즈코, 『현대중국정치: 글로벌 강대국의 초상』 (서울: 한울아카데미, 2013)

문정인, 『문정인의 미래 시나리오: 코로나19, 미·중 신냉전, 한국의 선택』 (서울: 청림출판, 2021)

미야지마 히로시, 배항섭 엮음, 『동아시아는 몇 시인가?』 (서울: 너머북스, 2015)

미조구치 유조 지음, 서광덕·최정섭 옮김, 『방법으로서의 중국』 (서울: 산지니, 2016)

박경석 엮음, 『연동하는 동아시아를 보는 눈』 (서울: 창비, 2018)

박민희, 『중국 딜레마: 위대함과 위태로움 사이에서, 시진핑 시대 열전』 (서울: 한겨레출판사, 2021)

박철현, 「개혁기 중국 사회관리와 스마트시티: 동북지역 노후공업도시 선양의 사례」『중국사회과학논총』 2020년 2권 2호.
______, 「코로나19와 중국 스마트시티: 격자망화 관리, 방역관리 플랫폼, 건강정보코드와 사회관리체제」『중국지식네트워크』 2020년 6월.
백승욱, 「중국공산당 역사결의를 통해 본 시진핑 체제의 성격」『마르크스주의 연구』 2022년 제19권 제2호.
백승욱, 장영석, 조문영, 김판수, 「시진핑 시대 중국 사회건설과 사회관리」『현대중국연구』 2015년 제17집 1호.
백영서 외, 『동아시아의 지역질서: 제국을 넘어 공동체로』 (서울: 창비, 2005)
백영서, 『중국 현대사를 만든 세 가지 사건: 1919, 1949, 1989』 (서울: 창비, 2021)
______, 『핵심현장에서 동아시아를 다시 묻다』 (서울: 창비, 2013)
성균중국연구소, 『중국공산당 제20차 전국대표대회 보고』 (서울: 지식공작소, 2022)
셰마오쑹, 「거국체제 방역의 정치학」. 백영서 엮음, 『팬데믹 이후 중국의 길을 묻다: 대안적 문명과 거버넌스』 (서울: 책과함께, 2021)
안치영, 「개혁 이후 중국의 승계제도와 후계자 양성체계의 형성과 변화」『현대중국연구』 2022년 24권 2호.
왕샤오밍, 「중국혁명의 문화 난제(中國革命的文化難題)」 2021년도 한국중국현대문학학회 춘계학술대회. "문화로 돌아보는 중국공산당 백년". 2021년 5월 22일.
______, 「중국 대륙의 문화연구가 직면한 도전과 요구」『황해문화』 2023년 봄.
왕후이 지음, 성근제, 김진공, 이현정 옮김, 『탈정치 시대의 정치』 (서울: 돌베개, 2014)
유현종, 「정치-행정 관계의 이론적 곤경과 해결방안」『한국행정학보』 2018년 제52권 제4호.
이남주 엮음, 『이중과제론: 근대적응과 근대극복의 이중과제』 (서울: 창비, 2009)
이남주, 「2021년 중국정치: 두 백년의 교차와 시진핑체제의 공고화」『2021 중국정세보고』 (서울: 국립외교원, 2022)
______, 「개혁개방 "신시대"와 시진핑(習近平)사상」『동향과 전망』 2018년

103호.
______, 「제20차 당대회 이후 중국의 변화」『황해문화』 2023년 봄.
이세평 저, 최윤수, 조현숙 역, 『중국현대정치사상사』 (서울: 한길사, 1989)
이욱연, 『포스트 사회주의 시대 중국 지성』 (서울: 서강대학교출판부, 2017)
이재현, 「시진핑 '신발전' 체제의 정치적·경제적 본질」『마르크스주의연구』 2021년 18권 4호.
이종화, 「중국의 '통일국가(大一統)'정체성 형성과 의미: 중국의 통일과 분열의 역사 순환을 어떻게 볼 것인가?」『중소연구』 2014년 38권 3호.
이홍규, 「보시라이 숙청과 충칭모델의 미래」『현대중국연구』 2012년 14권 1호.
이희옥, 장윤미 편집, 『중국의 민주주의는 어떻게 가능한가: 중국의 논의』 (서울: 성균관대학교출판부, 2013)
자오쯔양 지음, 비오푸 정리, 장윤미, 이종희 옮김, 『국가의 죄수』 (서울: 에버리치홀딩스, 2010)
장영석, 「사회동원화 조직화」, 이희옥, 백승욱 편, 『중국공산당 100년의 변천: 혁명에서 '신시대'로』 (서울: 책과함께, 2021)
장윤미, 「중국모델에 관한 담론 연구」『현대중국연구』 2011년 13권 1호.
______, 「개혁개방 "신시대"와 시진핑(習近平)사상」『동향과 전망』 2018년 103호.
______, 「신시대 중국 정치의 전변: 연속과 단절」『계간 철학과 현실』, 2020년 여름호.
______, 「중국 정치의 동학: 황제체제의 지속인가?」『DiverseAsia』 10호, 2020년 9월.
______, 「중국의 당, 국가, 사회의 관계: 거버넌스(治理) 구조의 변화」『중소연구』, 2021년 45권 1호.
______, 「현능주의 논의에서 바라본 차이나 모델의 구상과 한계」『중소연구』 2021년 44권 4호.
장융러, 「능력주의 정치와 민주 정당성」, 『성균차이나브리프』, 2014년 2권 3호.
전성흥, 『중국모델론: 개혁과 발전의 비교 역사적 탐구』 (서울: 부키, 2008)
전인갑, 『현대중국의 제국몽: 중화의 재보편화 100년의 실험』 (서울: 학고방, 2016)
조문영, 「'보편' 중국의 부상과 인류학의 국가중심성 비판」, 『중국사회과학논

총』 2019, 창간호.
조영남, 「2018년 중국정치의 현황과 전망: 13기 전국인민대표대회 1차 연례회의를 중심으로」『2018중국정세보고』(서울: 국립외교원, 2019)
_____, 『중국의 엘리트 정치: 마오쩌둥에서 신시대까지』(서울: 민음사, 2019)
지만수, 「중국견제 시대와 한국의 대응」, 원승연 외, 『정책의 시간』(서울: 생각의힘, 2021)
진관타오, 류칭펑 지음, 양일모 외 옮김, 『관념사란 무엇인가2』(서울: 푸른역사, 2010)
최원식, 백영서 엮음, 『동아시아인의 '동양' 인식』(서울: 창비, 2010)
필립 쿤 지음, 이영옥 옮김, 『영혼을 훔치는 사람들: 1768년 중국을 뒤흔든 공포와 광기』(서울: 책과함께, 2004)
하남석, 「시진핑 시기 중국의 청년 노동 담론: 내권(內卷), 당평(躺平), 공동부유」, 『마르크스주의연구』, 2021년 18권 4호.
홍명교, 「우루무치 화재 참사와 백지 시위」『플랫폼C』 2022/12/02.
후안강, 성균중국연구소 역, 『중국공산당은 어떻게 통치하는가』, (서울: 성균관대학교출판부, 2016)

영문 자료

Andrew J. Nathan, "Authoritarian Resilience", *Journal of Democracy*, Volume 14, Number 1, January 2003.
Andrew Leber, Christopher Carothers & Matthew Reichert, "When Can Dictators Go It Alone? Personalization and Oversight in Authoritarian Regimes", *Politics & Society*, March 4, 2022.
Daniel A. Bell, *The China Model: Political Meritocracy and the Limits of Democracy*, Princeton University Press, 2016, 김기협 역, 『차이나 모델: 중국의 정치 지도자들은 왜 유능한가』(서울: 서해문집, 2017)
David Shambaugh, *China's Communist Party: Atrophy and Adaptation* (Berkeley: University of California Press, 2009)
Dingxin Zhao, Hongxing Yang, "Performance Legitimacy, State Autonomy and China's Economic Miracle", CDDRL Working Papers, April 2013.
Dingxin Zhao, *The Confucian-Legalist State: A New Theory of Chinese History*,

Oxford University Press, 2015.

Elizabeth J. Perry, Cultural Governance in Contemporary China: "Re-Orienting" Party Propaganda, Vivienne Shue, Patricia M. Thornton(eds.), *To Govern China: Evolving Practices of Power*, Cambridge University Press, 2017.

J. C. Teets, "Let Many Civil Societies Bloom: The Rise of Consultative Authoritarianism in China", *The China Quarterly*, Volume 213, March 2013.

John P. Burns, "Strengthening Central CCP Control of Leadership Selection: The 1990 Nomenklatura," *The China Quarterly*, No. 138, 1994.

Kenneth Lieberthal, *Governing China: from revolution through reform*, W. W. Norton & Company, 2003, 김재관 역, 『거버닝 차이나: 현대 중국정치의 이해』(서울: 심산출판사, 2013)

Minxin Pei, "China's Evolution Toward Soft Authoritarianism", in Edward Friedman and Barrett L. McCormick (eds.), *What If China Doesn't Democratize? Implications for War and Peace* (Armonk: ME Sharpe, 2000)

______, *China's Crony Capitalism: The Dynamics of Regime Decay*, (Harvard University Press, 2016)

Mun Young Cho, *The Specter of "THE PEOPLE": Urban Poverty in Northeast China*, Cornell University Press, 2013.

S. N. Eisenstadt, "Multiple Modernities", *Daedalus*, Vol.129, No.1, 2000.

Xueguang Zhou, *The Logic of Governance in China*, Cambridge University Press, 2022.

Zheng Yongnian, *The Chinese Communist Party as Organizational Emperor: Culture, reproduction, and transformation*, Routledge, 2009.

"Unites States Strategic Approach to the People's Republic of China", 2020/05/20, https://trumpwhitehouse.archives.gov/wp-content/uploads/2020/05/U.S.-Strategic-Approach-to-The-Peoples-Republic-of-China-Report-5.24v1.pdf

중문 자료

江金权,「中国模式研究: 中国经济发展道路解析」(北京: 人民出版社, 2007)

景跃进, 陈明明, 肖滨, 谈火生, 于晓虹,『当代中国政府与政治』(北京: 中国人民大学出版社, 2016)

郭声琨,「坚持和完善共建共治共享的社会治理制度」,『〈中共中央关于坚持和完善中国特色社会主义制度、推进国家治理体系和治理能力现代化若干重大问题的决定〉辅导读本』(北京: 人民出版社, 2019)

国防大学习近平新时代中国特色社会主义思想研究中心编写,『新时代强国之道』(北京: 人民出版社, 2021)

刘建军, 孙杨程,「历史·社会·环境: 中国古代治理体系长期存续的三重密码」『河南社会科学』2017年 第12期.

刘明福,『中国梦: 后美国时代的大国思维与战略定位』(北京: 中国友谊出版公司, 2010)

刘炳辉,「党政科层制: 当代中国治体的核心结构」『文化纵横』2019年 第2期.

李景治,「中西执政党执政方式比较及其启示」『中国人民大学学报』2005年 第5期.

林尚立,『当代中国政治: 基础与发展』(北京: 中国大百科全书出版社, 2017), 린상리 지음, 성균중국연구소 옮김,『현대중국정치』(서울: 사회평론아카데미, 2020)

文扬,『人民共和国』(上海人民出版社, 2017)

潘维,『信仰人民: 中国共产党与中国政治传统』(中国人民大学出版社, 2017)

谢庆奎 主编,『当代中国政府』(沈阳: 辽宁出版社, 1996)

谢春涛,「《论十大关系》与中国社会主义建设」『中直党建网』2013/07/22.

薛澜,「国家治理体系下的社会治理: 发展, 挑战与改革」『社会治理』2015年 第2期.

孙哥,『寻找亚洲: 创造另一种认识世界的方式』(贵州人民出版社, 2019)

宋世明,「深化党和国家机构改革, 推进国家治理体系和治理能力现代化」『行政管理改革』2018年 第5期.

宋玉波, 黄锟,「党政体制改革的探索与优化」『上海行政学院学报』2020年 第21卷 第1期.

习近平,『习近平谈治国理政』(北京: 外文出版社, 2014)

杨彬彬,「党的政治建设与党政关系调适」『社会主义研究』2019年 第5期.
鄢一龙, 白钢, 章永乐, 欧树军, 何建宇,『大道之行: 中国共产党与中国社会主义』(北京: 中国人民大学出版社, 2014), 성균중국연구소 옮김,『중국공산당을 개혁하라』(서울: 성균관대학교출판부, 2015)
______,『天下为公: 中国社会主义与漫长的21世纪』(中国人民大学出版社, 2018)
闫健,『民主是个好东西: 俞可平访谈录』(北京: 社会科学文献, 2006)
闫洪丰, 李康震, 王倩, 周芮,「社会心理服务体系的价值内涵与实践路径」『心理与健康』2020年 第6期.
王林生,『中国地方政府决策研究』(广州: 华南理工大学出版社, 2005)
王翔, 李慧勇,「"中华民族"入宪: 民族共同体理念的文本轨迹和演化逻辑」『河南大学学报(社会科学版)』2019年 第2期.
王长江,「中国共产党执政七十年党建经验再思考」『党政研究』2019年 第4期.
______,「关于改革和梳理党政关系的思考」『马克思主义与现实』2014年 第3期.
王浦劬, 汤彬,「当代中国治理的党政结构与功能机制分析」『中国社会科学』2019年 第9期.
王晓晖,「坚持以社会主义核心价值观引领文化建设制度」『〈中共中央关于坚持和完善中国特色社会主义制度, 推进国家治理体系和治理能力现代化若干重大问题的决定〉辅导读本』(北京: 人民出版社, 2019)
汪晖, 罗岗, 梁展, 李放春, 张翔,「20世纪中国革命与作为政治过程的人民战争」『杭州师范大学学报(社会科学版)』2021年 第3期.
俞可平,「中国治理变迁30年(1978−2008)」『吉林大学社会科学学报』2018年 第3期.
______,『增量民主与善治』(北京: 社会科学文献出版社, 2005)
应星 主编,『中国社会』(北京: 中国人民大学出版社, 2015), 장영석 옮김,『중국사회』(서울: 사회평론아카데미, 2017)
任剑涛,「以党建国: 政党国家的兴起, 兴盛与走势」『江苏行政学院学报』2014年 第3期.
张曙,「陈云力主清理"三种人"」『党史文汇』2015年 第6期.
张小劲, 李岩,「国家治理现代化的语义图解与模式理解」, 张小劲, 景跃进主编,『理解政治: 全球视野与中国关怀』(北京: 中央编译出版社, 2016)

张跃国,「中国式现代化及其生成条件」『开放时代』2022年 第1期.

张永会,「卡尔·施米特的国家观简析」『政治学』2010年 2期.

褚松燕,「改革开放以来社会组织党建政策的演进及其逻辑」,『探索』2020年 第4期.

田飞龙,「中国法治的现象解释与理性展望」『安徽大学法律评论』2010年 第1辑.

赵鼎新着, 夏江旗译,『东周战争与儒法国家的诞生』(上海: 华东师范大学出版社, 2011)

曹正汉, 王宁,「一统体制的内在矛盾与条块关系」『社会』2020年 第4期.

周光辉, 赵德昊,「教化: 大一统国家韧性的形成路径」『探索与争鸣』2021年 第4期.

周雪光,「运动式治理机制: 中国国家治理的制度逻辑再思考」『开放时代』2012年 第9期.

______,『中国国家治理的制度逻辑: 一个组织学研究』(北京: 生活·读书·新知三联书店, 2017)

中共中央宣传部编,『习近平新时代中国特色社会主义思想学习问答』(北京: 学习出版社, 人民出版社, 2021)

中央文献研究室编,『三中全会以来重要文献选编(下)』(北京: 人民出版社, 1982)

中华人民共和国教育部制定,『普通高中思想政治课程标准(2017年版)』(北京: 人民教育出版社, 2018)

池丽萍, 辛自强,「社会心理服务体系建设的应然与实然: 基于全国12个试点地区的评估」『心理科学』2020年 2期.

陈明明,「双重逻辑交互作用中的党治与法治」『学术月刊』2019年 第51卷.

______,『在革命与现代化之间: 关于党治国家的一个观察与讨论』(上海: 复旦大学出版社, 2015), 천밍밍 지음, 이희옥, 김현주 옮김,『중국의 당국가체제는 어디로 가는가: 혁명과 현대화의 경계』(서울: 성균관대학교출판부, 2019)

陈明明, 李松,「当代中国党政体制的沿革: 路径与逻辑」『统一战线学研究』2020年 第6期.

陈伟,「卡尔·施米特的政治理论及中国启示: 敌友界分·政治决断·空间革命」https://www.aisixiang.com/data/40771.html

秦前红, 李元,「中国共产党对立法的影响」

http://ww2.usc.cuhk.edu.hk/PaperCollection/Details.aspx?id=2357
陈天祥, 应优优, 「甄别性吸纳: 中国国家与社会关系的新常态」, 『中山大学学报』 2018年 第2期.
蔡定剑, 『历史与变革: 新中国法制建设的历程』 (北京: 中国政法大学, 1999)
清华大学凯风发展研究院社会进步研究所, 清华大学社会学系社会发展课题组, 「2011年度社会进步系列研究报告」.
秋石, 「中国特色社会主义民主政治的制度优势与基本特徵」 『求是』 2010/09/16.
编辑部, 「在党的创新理论伟大旗帜下阔步前进」 『党建研究』 2017年 第7期.
冯军旗, 『中县干部』 (北京大学社会学系博士学位论文, 2010)
贺东航, 「"大一统"治理与中国政治的内生性演化之路」 『中央社会主义学院学报』 2021年 第4期.
寒竹, 『中国道路的历史基因』 (上海人民出版社, 2018)
许纪霖主编, 『现代性的多元反思』, (江苏人民出版社, 2008)
许记霖, 『家国天下: 现代中国的个人, 国家与世界认同』 (上海: 上海人民出版社, 2017)
许耀桐, 「党和国家机构改革: 若干重要概念术语解析」 『上海行政学院学报』 2018年 第9期.
侯猛, 「"党与政法"关系的展开」 『法学家』 2013年 第2期.

중국공산당 18차. 19차. 20차 전국대표대회 및 중앙위원회 전체회의 정치보고 문건
시진핑과 주요 지도자의 각종 연설 및 담화
신화사, 인민일보, BBC, NYT 등 주요 매체 보도

대만 및 홍콩 자료

俞可平, 『中國政治體制』 (台北: 風雲論壇出版社, 2001)
尹鈦, 「當代中國政治中'領導核心'制之研究」 『二十一世紀雙月刊』 2020年 4月號.
趙建民, 吳仁傑, 「習近平積極建構中共中央高層新權力架構」 『展望與探索』 2019年 17卷 4期.
陳如音, 「中共的黨國體制: 論黨對政治運作的領導」 『展望與探索』 2003年 第1

卷 第4期.
何清漣, 程曉農, 張清溪, 吳國光, 徐友漁, 『中國: 潰而不崩』 (臺北: 八旗文化, 2017)

찾아보기